Berliner Chroniken

Dans la même collection

LES LANGUES MODERNES / BILINGUE
*Série allemande dirigée par Brigitte Vergne-Cain
et Gérard Rudent*

Berliner Chroniken

Chroniques berlinoises

Traduction, préface et notes de
Claire de Oliveira et Catherine Sauvat

Le Livre de Poche

Principales abréviations

accus. - *accusatif*
comp. - *comparatif*
conjonct. - *conjonction*
dat. - *datif*
diff. - *différence*
disc. ind. - *discours indirect*
gén. - *génitif*
jn - *jemanden*
jm - *jemandem*
litt. - *littéralement*
oppos. - *opposition*
par ext. - *par extension*

part. - *participe*
pers. - *personnage*
pop. - *populaire*
prév. - *préverbe*
rég. - *régional*
sens fig. - *sens figuré*
s.-e. - *sous-entendu*
sub. - *subordination*
syn. - *synonyme*
term. - *terminaison*
vx - *vieux*

Signes conventionnels

*indique une forme reconstituée : ex. : *panzer-artig
/ indique un verbe à particule séparable : ex. : auf/machen

La collection « Les Langues Modernes » n'a aucun lien avec l'A.P.L.V. et les ouvrages qu'elle publie le sont sous sa seule responsabilité.

© Aufbau-Verlag Berlin und Weimar 1978 pour *Jungfrauen* et *Das Herz*, extraits de Heinrich Mann : *Novellen*.
© Luchterhand Literaturverlag, Frankfurt/Main, pour *Yvette*, extrait de Carl Sternheim : *Gesamtwerk Band 4*, 1964.
© Rowohlt-Verlag, pour *Bilder aus dem Geschäftsleben* et *Die zufällige Republik*, extraits de *Gesammelte Werke I* et *III*, Rowohlt-Verlag, 1960.
© Walter Verlag pour *Von der himmlischen Gnade* et *Deutsches, Allzdeutsches*, extraits de *Erzählungen aus fünf Jahrzehnten*, Büchergilde Gutemberg, Walter Verlag, 1978.

© Librairie Générale Française, 1992, pour la traduction, la préface et les notes.

Sommaire

Préface

« Tout y était permis ; les interdits qui fleurissaient partout et surtout en Allemagne se fanaient sur pied à Berlin. On pouvait venir d'une vieille capitale comme Vienne, on se sentait provincial à Berlin. » La métropole allemande des années vingt, comme Elias Canetti avait pu la voir[1], était, au positif, un gigantesque creuset de cultures et un carrefour où les avant-gardes artistiques et littéraires exécutaient leur inlassable chassé-croisé. Au négatif, l'autre Berlin, sombre et morbide, était le Léviathan hanté par des malades mentaux, des prostituées et des ouvriers faméliques particulièrement présents dans le paysage imaginaire des expressionnistes.

Puisant toute son énergie créatrice dans l'antagonisme fécond de ces deux pôles, Berlin était au début du siècle — en concurrence avec Vienne dans le monde germanique — une capitale européenne qui donnait le ton et imprimait sa marque à un cinéma, une peinture, un théâtre et une littérature écartelés entre des mythologies anciennes et les ruptures esthétiques de la modernité ; la bohème artistique de l'Europe entière venait s'asseoir sur les banquettes de velours rouge du « Café National » en compagnie d'une collection d'entraîneuses, et allait finir la soirée au « Tingel-Tangel », le cabaret aux attractions déjà surréalistes ; au bord de la Spree, non loin du Tiergarten, bourgeois, prostituées, nouveaux riches et militaires dînaient coude à coude dans des restaurants dont l'un se vantait d'accueillir

1. Elias Canetti, *Le Flambeau dans l'oreille — Histoire d'une vie 1921-1931*, Paris, Albin Michel (1982, p. 341).

dix mille personnes, toutes avides de plaisir et de provocation. Au cabaret «Schall und Rauch» *(Bruit et Fumée)* que Max Reinhardt avait ouvert en 1901, la chanteuse Claire Waldoff entonnait des refrains rocailleux de gavroche qu'aimait Heinrich Zille, le Daumier des petites gens de Berlin. On y chantait l'ironie berlinoise faite de «Herz und Schnauze», d'un cœur et de moustaches. Les «Schlager» de Paul Linke ou de Walter Kollo, rengaines entendues un soir au fond d'un boui-boui, étaient reprises le lendemain par toute une ville raffolant d'insolence et de nouveauté.

L'extrême animation qui avait frappé Canetti faisait de Berlin une ville qui semblait dédiée au plaisir sous toutes ses formes : la rue surprenait d'abord par sa profusion de cafés, «Bierlokale», «Kneipen» et restaurants ouverts jour et nuit : on en comptait plus de deux cent cinquante dans la Friedrichstrasse, dont les lampions et les vitrines étaient éclipsés par le Berlin nouveau riche du «Kudam». Le théâtre de Max Reinhardt et d'Erwin Piscator triomphait avec Ibsen, Strindberg, Gerhart Hauptmann et Else Lasker-Schüler ; nombre de ces pièces révolutionnaires, après 1918, n'étaient plus soumises aux rigueurs de la censure. Le Berlin des peintres exposait «Die Brücke» : les couleurs claquantes de Kirchner, de van Dongen, de Nolde et de Schmidt-Rotluff étaient, avec leurs déformations aussi violentes qu'angoissées, le plus sûr ferment de l'expressionnisme d'un Dix, d'un Kokoschka ou d'un Grosz dénonçant dans le même temps la guerre, la misère de l'après-guerre et la corruption. Le quartier général de la bohème littéraire était le «Romanisches Café», rebaptisé par les Berlinois «Le Mégalomane» («Café Grossenwahn»). L'expressionnisme gagnait comme une traînée de poudre tout le «Milljöh» des écrivains et des peintres fascinés par le délire angoissant d'une grande ville avec ses entrepôts, ses rues noires, la fumée de ses usines, que devaient noyer dans l'exotisme ou l'humour les premiers films muets des studios UFA, qui révélaient les acteurs Pola Negri dans *Carmen* (1918), *Le Tombeau indien* (1920), Emil Jannings (*Danton*, 1920) et le réalisateur Ernst Lubitsch à ses débuts. Dans les cabarets littéraires, Kurt Tucholsky distillait ses satires antinationalistes. Berlin, ville de toutes les licences et de toutes les modes, semblait hésiter entre ses deux visages : masque coloré et changeant — presque vénitien — d'une métropole de la frivolité, ou masque tragique pressenti, amplifié et poétisé par les auteurs et les artistes, d'une « cité du Nord et de la Mort (...) au sol qui s'ouvre comme le ventre des femmes en gésine[1] ». Avec ses avenues peuplées de refrains, ses premiers grands immeubles rouges et prolétaires, concrétisation d'un idéal révolutionnaire déjà meurtri, avec ses cabarets où Berlin racontait sa propre légende et dévoilait ses faux-semblants, la ville était aussi littérature.

Elle avait pu jeter de la poudre aux yeux pendant un temps, celui des « années de fondation » (Gründerjahre), en partie grâce aux cinq milliards de francs-or versés par la France au titre d'indemnités de guerre : des constructions pompeuses et cossues comme la cathédrale ou le Reichstag s'étalaient au centre, dans de grandes artères à la Haussmann, mais ne suffisaient pas à masquer le Berlin rouge et les grands quartiers prolétariens de Wedding, Kreuzberg ou Moabit, victimes des injustices sociales évoquées par Döblin ou Tucholsky. Berlin avait grandi trop vite : tandis que partout surgissaient des usines, la population atteignait les deux millions en 1905. Les inégalités sociales allaient de pair avec les progrès d'une social-démocratie qui gagnait du terrain à chaque élection même si, en 1914, c'est l'esprit nationaliste qui prévalut lorsque Berlin se jeta à corps perdu dans la guerre. En témoigne l'écrivain Yvan Goll, qui voit dans la capitale en pleine mobilisation générale « les soldats rouges aux gestes rectangulaires comme sur les tableaux expressionnistes agiter les étendards d'un crépuscule foudroyant[2] ». L'échec militaire, après le cri fou du « Nach Paris ! » ne fera qu'exaspérer les mécontentements jusqu'à la fin des hostilités, quand l'armistice sera enfin signé grâce à l'abdication de Guillaume II ; la lassitude devient générale et détone curieusement avec les folies d'un Berlin pourtant

1. Yvan Goll (1991, Saint-Dié-1951, Paris), *Sodome et Berlin*, éditions Circé, Strasbourg, 1989 (p. 5). Goll a vécu à Berlin jusqu'en 1914.

2. Yvan Goll, *op. cit.*, p. 15.

plongé dans le chaos : le chancelier Ebert, aux prises avec l'extrême gauche et l'extrême droite, subit dans l'impuissance la vague d'assassinats politiques et d'insurrections qui déferle sur la ville. En janvier 1919, Rosa Luxemburg et Karl Liebknecht sont sacrifiés sur les décombres du soulèvement spartakiste. Un an plus tard, c'est un putsch ultra-nationaliste qui échoue de justesse alors même que naît le Grand Berlin : huit villes de banlieue et une soixantaine de communes rurales sont absorbées dans la capitale qui se divise en vingt arrondissements. Les années folles, avec leur inflation vertigineuse et leur chômage, marqueront durant la République de Weimar la lente descente aux Enfers d'un Berlin à la fois paralysé et fasciné par la montée du nazisme.

Au sein de cette métropole légendaire, dont la caractéristique majeure est précisément sa disparité, le choix de ces quatre auteurs pour des *Chroniques berlinoises* se veut avant tout un croisement de tendances, un réseau sensible de variantes allant de la peinture de mœurs à la caricature, du réalisme jusqu'aux velléités sentimentales. Berlin misérable de Döblin, Berlin passé au crible et raillé par Tucholsky, Berlin désincarné et réduit chez Sternheim, Berlin rejeté, simplement évoqué au loin depuis les villégiatures italiennes par Heinrich Mann... Quatre écrivains, quatre manières de démanteler la cadence de ce lieu que Else Lasker-Schüler appelait « l'usine universelle en rotation » *(die kreisende Weltfabrik)* et Heinrich Mann « l'atelier humain » *(die Menschen-Werkstatt)*. Le constant maniement de la satire est indéniablement l'apanage de tous, comme l'est peut-être aussi le refus des barrières imposées par les lois de genres, ou encore par des factures stylistiques. Döblin a pu aussi bien écrire le roman d'une insurrection paysanne dans la Chine du XVIIIe siècle *(Wang-loun)*, ou le récit médical et psychologique d'un fait divers criminel *(L'Empoisonnement)*, tout comme Heinrich Mann a pu passer des *Déesses ou les Trois Romans de la duchesse d'Assy*, d'une inspiration très d'annunzienne, aux tourments passionnels de *L'Ange bleu*... *(Professor Unrat*, 1905). Comme s'ils s'étaient efforcés de tout explorer, de tout dire et de tout saisir.

Berlin a attiré et inspiré beaucoup d'écrivains. En 1900, on ne comptait pas moins de 5000 auteurs professionnels. Certains, parmi les plus illustres, n'y firent qu'un bref passage comme Robert Walser, Kafka, Rilke ou Canetti, d'autres y puisèrent l'essentiel de leurs visions : Döblin avec *Berlin Alexanderplatz*, Heinrich Mann avec *Im Schlaraffenland (Au pays de cocagne)*, d'autres encore prenant Berlin pour cible comme Tucholsky dans ses pamphlets, Sternheim avec son essai *Berlin oder Juste Milieu*, mais aussi avec ses nouvelles et son théâtre où se profile une métropole stylisée. Pourtant la Babel tant dépeinte devait chasser définitivement ceux qui l'avaient créée. En 1933, à une semaine d'intervalle, Döblin et H. Mann partent en exil, en 1935 Tucholsky se donne la mort en Suède où il réside depuis 1929, Sternheim meurt en Belgique en 1942. Avant la catastrophe nazie, tous ont déjà sévèrement critiqué les régimes politiques successifs et les mœurs qui en dérivent. Heinrich Mann qui combat d'abord l'impérialisme de l'ère wilhelminienne — son roman *Le Sujet* (*Der Untertan*, 1914) sera censuré — mais qui est aussi déçu par la République de Weimar ; sous des pseudonymes, Döblin et Tucholsky sont engagés dans de virulentes polémiques ; Sternheim enfin dont certaines pièces connaîtront divers déboires (blâmes, scandales...) et dont l'incessante mise à nu des travers de l'époque lui vaudra de subir de dures attaques et un boycottage grandissant.

Berlin séduit mais repousse, au point de forcer ses admirateurs à de permanents va-et-vient. L'œil toujours fixé sur la capitale, ils cherchent ailleurs d'autres modèles. Tucholsky trouve un élan nouveau à Paris, et dans un poème intitulé *Parc Monceau* (1924), il écrit : « Ici tout est beau. Ici je peux rêver tranquillement. Ici je suis un homme, et pas seulement un civil ». De même, H. Mann après un enthousiasme de jeunesse pour l'Italie, se découvre une inclination francophile. Sternheim qui, toute sa vie, n'a pu tenir en place, se décide finalement pour Bruxelles, au centre de ce qu'il nomme le « champ européen ». Dans l'exil, Döblin optera même, dès 1936, pour la nationalité française et travaillera au ministère de l'Information avec Giraudoux (en 1939/1940). Il faut pourtant bien reconnaître que ces auteurs n'ont pas trouvé en France de véritable écho.

Nous avons donc voulu présenter ici une constellation aussi vaste et contrastée que possible, privilégiant notamment quelques aspects inattendus. Ainsi, les deux récits de Heinrich Mann sont aux antipodes de ce que l'on croit ordinairement connaître de son œuvre. Écrits entre *L'Ange bleu* et *Le Sujet*, ils ont ceci de commun que l'arrière-plan géographique de Berlin est presque absent, voire inexistant. « Je n'ai jamais eu de patrie. Toi et moi, nous sommes seuls », écrit H. Mann dans une lettre à René Schikele le 23 mars 1909. Tant il est vrai que ce Lübeckois d'origine, qui s'épanouira pourtant à différentes périodes dans la capitale, refuse au fond tout ancrage, toute appartenance. Ses nouvelles s'attaquent aux conflits relationnels et sentimentaux de couples (ici homme/femme et deux sœurs), tous traversés d'élans impossibles vers l'autre et de désirs révélateurs. Dans ce recueil de *Chroniques berlinoises*, ses histoires viennent finalement s'inscrire comme sur un négatif. C'est presque le cas aussi de Sternheim dont le territoire littéraire est tissé de destinées individuelles, de « sténographies de l'âme » vouées en général à leur propre quête.

Chez tous on retrouve le même désespoir, la même fatalité d'être enserré dans une culture inadéquate, glissante. Sternheim se voulait le « médecin de son temps », pensant que l'envers du miroir devait être exhibé ; Döblin l'était de profession et proclamait en outre que sa formation était indispensable à l'exercice de l'écriture. Tucholsky n'eut pas recours, il est vrai, à ce type de métaphores, mais son œuvre jaillit de ce qu'il nomma une « fureur élémentaire ». « La satire a-t-elle des droits ? Tous ! » affirmait-il en intitulant ainsi l'un de ses articles. Enfin, Heinrich Mann, dédaignant le public des esthètes, cherchait à atteindre les masses et à leur rendre leur vrai rôle.

Les textes retenus ici, du début du siècle jusque dans la moitié des années 20, montrent, par-delà leurs différences, plusieurs facettes de l'identité berlinoise. À sa manière chaque auteur a réglé ses comptes avec cette métropole à la

fois imaginaire et réelle, en s'efforçant d'en percer les faux
secrets.

Döblin

L'homme, à l'instar de la ville, est une mosaïque toute en
contrastes difficiles à saisir. Tellement marqué par la
tentation du refus et de la rupture qu'au lendemain de la
Seconde Guerre mondiale, il renoncera au judaïsme pour se
convertir sur le tard à un catholicisme parcouru de
tendances confucianistes. Médecin attiré par la psychiatrie
mais dégoûté par la psychologie conventionnelle, il écrit très
tôt et beaucoup. En 1945, il servira dans l'armée d'occupation française : est-ce pour l'exilé une manière de dépasser sa
crise d'identité en reniant ses origines ? Döblin le destructeur
de catégories et de frontières se moque bien des classifica-
tions et des systèmes anciens : il renie nation allemande et
culture juive pour renaître dans une nation plus difficile,
mais qu'il aura choisie, « celle des enfants et des fous »
(*Médecin et écrivain*, 1927). Ses anciens compatriotes ont du
mal à le lui pardonner, qui voudraient ne garder en
mémoire que le Döblin de la période allemande, réduit à
une œuvre unique, *Berlin Alexanderplatz*, en excluant toute
autre forme de sa création. L'engouement extrême pour ce
roman suffit certainement à expliquer le relatif désintérêt du
public allemand pour les autres récits, longtemps restés
méconnus[1].

Fréquentant les milieux littéraires, collaborant à la revue
de H. Walden, *Der Sturm* (1910-1932), il se frotte certes aux
avant-gardes expressionnistes et futuristes, et signe du nom
de « Linke Poot » (Patte gauche) des pamphlets incendiaires,
tout comme Tucholsky le satiriste qu'il retrouve avec Stefan
Zweig et Alfred Polgar au club qu'il a créé, le « Groupe
1925 ». Son choix de la forme brève et épique est aussi
caractéristique de l'expressionnisme des débuts, rappelant les

---

1. Signalons ses nouvelles parues dans la même collection bilingue,
en 1990 : *L'Assassinat d'une renoncule.*

nouvelles de Heym, parues en 1913 sous le titre *Der Dieb (Le Voleur)* ou le *Tubutsch* d'Ehrenstein paru en 1911. Mais la nouvelle döblinienne dépasse déjà largement le cadre fixé par le programme expressionniste : l'auteur ne prophétise ni une apocalypse sociale ni l'avènement d'un nouveau siècle spirituel ; il n'appelle ni à un retour à l'individualité avec des accords mystiques, ni à une révolution de la pensée, même si l'intensité presque brutale des sentiments et des instincts rompt définitivement avec l'ambiance parfois édifiante des créations impressionnistes ou symbolistes. De l'expressionnisme, il retient comme Tucholsky la leçon d'une nouvelle vision de la vie, en rupture totale avec une bourgeoisie wilhelminienne engoncée dans des schémas de pensée devenus trop étroits, et la nécessité d'un engagement politique, social et esthétique.

Publiées entre 1910 et 1915 dans la revue « Der Sturm » *(L'Assaut, La Tempête)*, le grand hebdomadaire consacré à la culture expressionniste, ces nouvelles sont des compositions que leur auteur veut « fantastiques, burlesques et grotesques », et qu'il considère indifféremment comme des « Geschichten », « Erzählungen » ou « Novellen ». Nées d'un tissu textuel de montages abracadabrants, savamment déconstruites pour égarer le lecteur et le faire achopper sur des détails puissants et « fous » puisque sortis de la norme, les nouvelles seront « épiques ». Leur forme brève s'inscrit d'emblée dans un programme paradoxal aux allures de provocation qui veut représenter l'épopée « illimitée » par le biais du laconisme, le surréalisme et l'imagination débordante dans un contexte réaliste, et veut parler de la condition humaine en montrant une simple scène tirée du quotidien. Ces nouvelles de jeunesse, très diverses, sont tantôt des réflexions sur l'écriture, des exercices de style au bord de l'artificiel (Döblin aurait dit : des « numéros de cirque »), tantôt des jaillissements en raccourci d'épopées composites, dont la gravité presque mystique, trouée par le rire sardonique des faubourgs de Berlin, provoque un frisson et un étonnement salutaires.

De la grâce divine (1913), avec son titre à mi-chemin entre la religiosité et l'insolence — est-il homme moins touché par

la grâce que le personnage de Nasske ou celui de sa
«vieille»? — révèle un Döblin proche de Brecht, utilisant
de manière extrêmement contrôlée la technique du montage
et mettant en scène dans un Berlin sans couleur locale, mais
typique et cru, avec la violence primitive de courtes phrases
en dialectes, des personnages incapables de pratiquer la
vertu, peinant sur leur labeur quotidien avec la lassitude
désabusée des *Repasseuses* de Degas. En quête de sa propre
mort, perdu dans une irrésistible fuite en avant, le couple
des Nasske semble symboliser par sa dualité tragi-comique le
déclin d'un monde qui a mal vieilli.

Mettant en parallèle deux autres microcosmes typiques
dans le récit *Allemand, trop allemand* (1922), les flonflons d'une
fête populaire et la fanfare d'une pompeuse cérémonie au
Reichstag, Döblin montre combien ces deux moments de
l'Allemagne weimarienne ne font qu'un. La manipulation
politique inhérente aux mouvements populistes semble avoir
plus d'un point commun avec le conservatisme de la
«nationaille» si bien représentée dans la Reichswehr et le
gouvernement (p. 74). Les tribuns républicains ne valent
guère mieux que les officiels plastronnants, contrastes d'un
univers en plein chaos. Döblin est ici étonnamment proche
du Tucholsky de *La République par hasard* : sans jamais tomber
dans la caricature, sa satire antinationaliste — plus que
jamais d'actualité — est bien ancrée dans son époque et se
veut avant tout le reflet fidèle des troubles du moment, sans
exclure la violence ou le cynisme qui les ont marqués.

Tucholsky

Aussi composite, dérangeante et mal comprise par ses
contemporains que celle de Döblin, son œuvre est celle
d'intuitions brèves, de cris au bord du silence, d'authenti-
ques «Witze» *(mots d'esprit)* appelant sans désemparer à la
vigilance. Personnage détesté par le juste-milieu weimarien,
farouche adversaire du nationalisme, de la fleur au fusil, du
philistinisme et de toutes les formes de bêtise, social-

démocrate à la fois convaincu et sceptique jetant sur son pays un regard toujours dépaysé — et ce, bien avant le recul apporté par l'exil — il a, dès 1933, été déchu de sa nationalité tandis que ses livres nourrissaient les premiers autodafés nazis, et qu'il était lui-même mis au ban de la société et de la culture de son temps.

Satiriste insaisissable, irréductible à une tendance unique, il choisit délibérément la multiplicité de l'identité et le camp de ceux qui osent encore amuser tout en jouant des griffes : il signe dans la « Schaubühne » Peter Panter, Dagobert Dachs *(le blaireau)*, Theobald Tiger ou Ladislas Löwe *(le lion)*, pseudonymes carnassiers qui ne trompaient plus personne, mais témoignaient, comme il devait l'avouer plus tard, d'une « joyeuse schizophrénie ». Lui qui écrivait déjà en Allemagne comme de l'extérieur, refuse de parler directement de lui-même quand il écrit pour les autres, même si le moi représente pour lui l'objet d'étude par excellence : s'il parle de lui-même, c'est encore de l'extérieur, comme s'il était un autre.

Refusant l'ambition döblinienne d'un roman épique et totalisant, mais persuadé de l'efficacité ponctuelle du verbe, Tucholsky produit des œuvres qui ressemblent invariablement à des fragments. Rédacteur en chef de la revue « Ulk » *(La Blague)*, il veut développer une conception nouvelle de la satire : elle sera un avertissement prophétique, une analyse clairvoyante, une attaque par le rire grinçant. À une époque où l'action politique passe par l'assassinat délibéré, il est l'un des seuls à dénoncer la vérole revancharde et nationaliste sous le fard plaisant de la République. Les sociaux-démocrates ne sont pas épargnés : leur lâcheté, leur opportunisme et leur inefficacité les placent aussitôt sur le banc des accusés. Enfin, reprenant à son compte la formule hugolienne, il veut, avec la seule arme de la satire politique, « déshonorer la guerre ». *La République par hasard* (1922) met à nu toutes les failles de la politique weimarienne en proposant un programme politique courageux et un peu fou, proche des tendances socialistes et anarchistes, et rompant aussi avec une certaine forme d'opposition tiède.

Tucholsky croit qu'une vraie révolution doit jaillir de

l'individu : si son programme de changement de la société a un volet constructif et général (voir la modification des grands rouages de la société qu'il propose dans *La République par hasard*, pp. 50-52), la révolution selon lui passe aussi par une simple critique ponctuelle, démolissant d'une négation discrète le microcosme de la «vie de bureau», parce que l'auteur voit dans la hiérarchie sclérosée d'une bureaucratie incapable d'autocritique le reflet de tout un monde qu'il condamne. Les *Scènes de la vie de bureau* (1924) sont le pendant de la *République par hasard* : elles procèdent de la même révélation des instincts les plus bas de l'humanité que le satiriste veut encore démasquer en craquelant le vernis fallacieux du quotidien, politesse hypocrite et haineuse déguisant mal une immense soif de pouvoir.

Sternheim

Jean Launay remarquait dans son évocation biographique (in *Napoléon et autres récits,* cf. Repères, p. 174) que sa tombe même fut déplacée à plusieurs reprises. En effet, Sternheim est sous le signe du mouvement : au mieux un esprit vivace, toujours en recherche, au pire une âme inquiète souvent acculée à la folie. Un père banquier, un oncle directeur de théâtre (la «Belle-Alliance» à Berlin) pour les origines, et des pièces écrites dès l'âge de 15 ans. Prophète persifleur dans l'Allemagne wilhelminienne, il est un Molière féroce qui épingle et démasque les travers de ses contemporains. Il devient l'un des dramaturges les plus joués de Berlin et de la République de Weimar et, selon Heinrich Mann, leur «seul auteur comique». Franz Blei avec lequel il fonde une revue de critique («Hyperion») le décrit comme un «colocataire de Berlin» (der berlinische Hausgenosse). Figure marquante de la scène culturelle de la métropole, on le retrouve ainsi dans *Méphisto* (1936), le roman de Klaus Mann, sous les traits de Theophil Marder (jeu sur Theobald Maske, l'un des protagonistes de Sternheim) à côté de Max Reinhardt et Elisabeth Bergner, les grands noms du théâtre de ces années.

(Pour la petite histoire, Pamela Wedekind, fille de l'auteur dramatique et fiancée de Klaus Mann, deviendra la troisième épouse de Sternheim.) Auteur d'une trentaine de pièces de théâtre, d'une vingtaine de nouvelles, d'un roman, d'essais, d'une autobiographie, Sternheim recevra en 1915 le prestigieux prix Fontane — il enverra à Kafka la somme qui l'accompagne. Mais il est aussi un personnage qui attire les querelles et la malveillance. Sa vie est remplie de scandales parfois scabreux (une jeune femme qu'il poursuit de ses ardeurs et qui, pour lui échapper, saute par la fenêtre et se brise les jambes) et de crises de nerfs — effondrements nerveux et plusieurs internements complétant le tableau. « Celui pour qui le miracle est un besoin élémentaire de la vie, un manque de vraisemblance ne saurait le décourager », fait-il dire à son *Don Juan*. Son destin est sans aucun doute à cette image.

Yvette, le texte retenu ici, figure dans la *Chronique du début du vingtième siècle*, recueil composé de différentes nouvelles, dont chaque titre arbore un nom ou un prénom de personne. Ces récits se veulent une « chronique de l'ère des mensonges » comme le dit alors un critique (Max Hermann-Neisse in « Die Erde », en 1919). Musil quant à lui décrit son travail comme « créatif dans la négation » (« Neue Rundschau », 1914). Sorte de anti-héros, ses personnages traversent de violentes secousses personnelles, sans pour autant progresser vraiment. Même s'ils se révèlent à eux-mêmes, ils sont trop emprisonnés dans leur carcan émotionnel ou intellectuel ou encore social. Pas de rédemption possible, pas plus que de dépassement de soi : ils sont à jamais rivés à leurs propres insuffisances. En commun également, la relation au sexe et à l'argent, ce que le théâtre de Sternheim montre aussi. Ainsi, Yvette qui a pouvoir, argent et beauté sera défaite par l'art, l'amour et le sexe. Combat évident des valeurs intérieures contre le mirage extérieur, de la profondeur contre la surface. Cette fable presque morale est pourtant cruelle et n'épargne pas non plus le personnage social que symbolise Sternheim lui-même. Lui qui a connu et apprécié richesse, confort et luxe, n'hésite pas ici à en démonter les rouages, à en exposer les mécanismes. L'art est l'un des derniers refuges, allant jusqu'à être pour lui « une religion ». La fin du récit laisse même un espace entrouvert non pas sur la puissance de l'amour, mais plutôt sur celle de l'abandon amoureux. Et pourtant, il a pris soin de semer des indices qui visent à ébranler ses assertions : sous les espèces de la satire, de la provocation, voire de la dérision.

Heinrich Mann

Pour des raisons de santé, Heinrich Mann — l'aîné de la famille — dut partir en Italie où il écrivit notamment un roman berlinois satirique, *Im Schlaraffenland*. Auparavant, il avait suivi des cours à l'université de Berlin et travaillé entre-temps pour les éditions Fischer. Berlin n'est certes pas pour lui « un conglomérat de calamités », comme le formule Wedekind (lettre à Arthur Holitscher), c'est un arrière-plan pour certains de ses romans (*Le Sujet* par exemple s'y déroule) et un endroit où il revient toujours, sans y être fixé. Ses amis, comme Döblin avec lequel il rédige un manuel scolaire socio-politique, Hasenclever et Walter von Molo qu'il fréquente au « Romanisches Café », E.M. Remarque qu'il rencontre au bar de l'« Eden-Hotel », et le rôle qu'il joue volontiers au sein de l'Académie des Arts qu'il présidera en 1931 — section poésie —, tout cela l'y ancre davantage. Il ne faut certes pas négliger l'ampleur de son engagement ; ainsi, pour les expressionnistes Heinrich Mann est le représentant de l'« activisme ». Dans les années 20, il est celui du mouvement pan-européen. Il est l'écrivain qui décide de lire ses livres en public dans le grand magasin berlinois Karstadt, et qui se déclare en faveur du théâtre populaire ou du film. En 1917, ses œuvres complètes ne représentent déjà pas moins de dix volumes. Il se dirige toujours plus sûrement vers une littérature qui tente de saisir la réalité dans sa dimension sociale. Pamphlétaire n'hésitant jamais à intervenir, il est un critique vigilant de son époque : « Ce qui s'est passé de grand en Allemagne a dû vivre contre le régime, dans la haine et le mépris du régime... L'esprit fleurit dans un air ennemi... » (in *Macht und Mensch*, 1914). En 1921, il écrit un essai simplement intitulé *Berlin*, où il prédit que « l'épopée de Berlin ne pourra s'écrire que dans l'époque à venir », ce qui est sans doute la marque d'une clairvoyance fataliste. Exilé dès les premières heures, il ne reviendra plus jamais en Allemagne : il mourra peu de temps avant un voyage prévu pour Berlin-Est, en 1950.

Les dates de publication des deux nouvelles présentées ici — 1906 pour *Demoiselles* et 1910 pour *Le Cœur* — les situent dans la période d'opposition au pouvoir wilhelminien. Pourtant à la première lecture, notamment pour *Demoiselles*, on a l'impression de suivre des historiettes un peu trop douces, aux antipodes de l'aspect grinçant, voire grotesque d'autres récits. Mais sous la description à plat, sans beaucoup de procédés littéraires, resurgissent précisément les différents plans de la réalité. Dans ces récits, d'amour dans l'un et d'amourachement dans l'autre, se déploient toutes les tares : l'absence de scrupule, la vanité absurde, le manque d'imagination ou de générosité. L'amour fou de deux êtres, après avoir bravé mille difficultés, ne survit pas à l'ennui ; deux jeunes sœurs se sont presque séparées à jamais pour la conquête d'un homme — l'homme en question est aussi falot et ridicule que possible, assez proche d'ailleurs du personnage de Diederich Hessling *(Le Sujet)*. À la fois pitoyables et grandioses, les êtres sont montrés pour ce qu'ils sont, dans leur fragile dénuement humain.

En clamant comme dans le *Tournant* de Klaus Mann : « Entrez donc, Mesdames et Messieurs, chez moi, ça y va fort, ou plutôt ça s'en va à vau-l'eau », la métropole allemande semblait annoncer sa propre chute. Capitale de la République de Weimar, capitale de l'Allemagne de l'Est avec son îlot occidental, désormais nouvelle capitale de l'Allemagne réunifiée, Berlin n'aura sans doute jamais cessé de renaître de ses cendres.

Claire de OLIVEIRA et Catherine SAUVAT.

Ouvrages généraux à consulter

— Lionel RICHARD : *D'une apocalypse à l'autre*, U.G.E., Paris, 1976.
— *Paris-Berlin : rapports et contrastes*, Centre Georges-Pompidou, 1978.
— François ÉTIENNE, W. Egon GRAF : *Berlin, capitale — mythe — enjeu*, Presses Universitaires de Nancy, 1988.
— Franz HESSEL : *Promenades à Berlin*, Presses Universitaires de Grenoble, 1989.
— Jean-Michel PALMIER : *Retour à Berlin*, Payot, 1990.
— *Berlin 1919-1933*, revue *Autrement*, série Mémoires, numéro dirigé par L.-Richard, octobre 1991.
— *Berlin n'est plus une île*, revue *Critique*, août-septembre 1991.

Alfred Döblin

Von der himmlischen Gnade

De la grâce divine[1]

Kein Land ist an Friedlichkeit jenem zu vergleichen, das in den Tod führt. Das Leben wölbt sich über dem Kopf wie ein Brückenbogen, und unten fließt das Wasser, trägt den Kahn, nimmt ihn weiter.

Friedrichsfelde bei Berlin; ein heller Sommerabend[2]. Die Fredersdorferstraße eng, schlecht gepflastert; eine Reihe niedriger verfallener Häuser, Kohlenplätze, Baustellen. Die schmutzigen, verwachsenen[3] Kinder lärmten nicht mehr draußen. Gebückt zog ein altes Menschenpaar vor der Chaussee[4] her in die Gasse ein. Er an der Deichsel des ratternden Hundewagens, sie daneben, die Hände unter der schmierigen roten Schürze, die sie wie einen Muff aufgerollt hatte. Sie fuhren blicklos die Gasse herauf, unter dem blühenden Kastanienbaum hindurch, der schräg gegenüber ihrem jämmerlichen Häuschen wuchs.

---

1. » De la grâce divine « s'inscrit dans le cycle de récits de jeunesse publiés dans » Der Sturm « (pour celui-ci, septembre 1914, n° 12), puis en recueil en 1917, *Die Lobensteiner reisen nach Böhmen*. Le titre, parodiant celui d'un traité théologique, produit un contraste saisissant avec l'humour macabre et la satire sociale du récit.

2. **ein heller Sommerabend:** cette indication, aux allures de cliché, n'est en fait qu'une parodie de récit idyllique, aussitôt démentie par une ambiance prolétaire. La nouvelle entière hésite entre les deux pôles du réalisme et du merveilleux dont le chardonneret se fait ici le médiateur. On retrouve la même polarité dans « Le vicaire », où le personnage grotesque de l'ecclésiastique traîne sa « carcasse en détresse » dans un

Aucun pays n'égale en sérénité celui qui conduit à la mort. La vie s'arrondit au-dessus de la tête comme l'arche d'un pont; l'eau coule en dessous, porte la barque et l'entraîne avec elle.

Friedrichsfelde, à Berlin : une claire soirée d'été. L'étroite rue Fredersdorfer, mal pavée; une rangée de maisons basses tombées en ruine, des dépôts de charbon, des chantiers. Les enfants sales, contrefaits, ne faisaient plus de bruit dehors. Un vieux couple courbé, venant de l'avenue, s'engageait dans la petite rue. Lui au timon d'une voiture grinçante tirée par un chien, elle à côté, les mains sous un tablier rouge crasseux qu'elle tenait roulé comme un manchon. Le regard vide, ils remontaient la ruelle en passant sous le marronnier en fleur qui poussait presque en face de leur masure.

_____

« après-midi ensoleillé du mois de mai » (in *L'Assassinat d'une renoncule*, PUG, p. 120).

3. **ver/wachsen** : le préfixe **ver** est péjoratif. Le sens de **verwachsen** peut aller jusqu'à *difforme, contrefait*. Le thème de la déformation morale ou physique, de la maladie, est fréquent dans les premiers récits de Döblin, (cf. « La danseuse et le corps », paru dans la même édition bilingue).

4. **die Chaussee** peut désigner aussi *la route nationale*.

Ein Stieglitz sprang auf den Baum, hüpfte Zweig auf, Zweig ab; nach einigem » Kiwitt, kiwitt, zwrr « sang er:

» Grün ist der Mai. Mit mancherlei[1] schönen Blümelein gezieret sind Berg und Tal. Viele kalte Brünnlein rauschen, darauf wir Waldvögelein lauschen[2]. «

Die äußeren Äste der Kastanien berührten den hohen Bretterzaun vor Naßkes Häuschen. Hinter einem verwilderten Hof, auf dem Brennholz und Ziegelsteine stapelten, einen schmalen Gemüsegarten vor der Front, stand das einstöckige Bauwerk. Die Fensterscheiben blind, mit Staub beladen, einige verhängt mit Lumpen und Laken. Im ersten Stock waren Fenster geöffnet; irgendwer bullerte oben und warf von Zeit zu Zeit etwas um. Sie fuhren in den Hof ein, trabten drin langsam und blicklos.

Der Alte schirrte den Hund ab, an die Leine unter einem niedrigen Schuppen, schüttete, den Eimer auf den Knien und geduckt, dem schnappenden Tier Abfall vor. Sie gingen nicht gleich ins Haus. Neben dem Wagen, der sich in den weichen Schutt tief mit den Rädern eingrub, saßen sie auf umgekehrten Kiepen vor dem Gemüsegarten. Die Spatzen schrien, der Stieglitz rief weiter. Der Alte murrte: » Wat die nu[3] zu krähen haben. « Sie saßen still nebeneinander und sahen geradeaus[4].

---

1. **mancherlei** : m. à m. : *divers, toutes sortes de* (suivi du pluriel).

2. **lauschen** : la traduction « murmurent », « ramure » rend compte de l'assonance » rauschen, lauschen «.

3. **wat die nu** : dialecte berlinois pour : **was sie nun**. Plusieurs bribes de conversation comportent des déformations typiques du dialecte berlinois (**et/es, des, det/das, Been/Bein, rin/rein, ick/ich, mir/mich, wat/was, jeh/geh, jeklaut/geklaut**). Les occurrences de mots dialectaux sont savamment dosées selon chaque personnage : très accentuées chez le couple prolétaire des Nasske ainsi que chez les représentants du « milieu » que sont Emma et Rutschinski, plus discrètes chez le médecin et son infirmier, d'une classe sociale plus aisée.

4. **Sie ... sahen geradeaus** : *ils regardaient droit devant eux* reprend l'idée du regard vide (**blicklos**), quelques lignes plus haut (p. 24); cette vacuité est celle du dénuement total et de l'attente de la mort. Döblin a

Un chardonneret se posa sur l'arbre et sautilla d'une branche à l'autre ; après quelques « cui, cui, vrr », il chanta :

« Vert est le mois de mai. Les monts et les vallons se parent de mille fleurettes jolies. Beaucoup de fraîches fontaines murmurent, et nous les oiseaux, nous écoutons dans la ramure. »

Les branches extérieures du marronnier touchaient la haute palissade de planches devant la petite maison des Nasske. Au fond d'une cour abandonnée où étaient empilées des bûches et des briques, se dressait une construction à un étage avec un mince potager devant la façade. Les vitres, aveugles, chargées de poussière, certaines recouvertes de chiffons et de torchons. Au premier étage, des fenêtres étaient ouvertes ; en haut, quelqu'un fourgonnait et renversait de temps en temps quelque chose. Ils entrèrent dans la cour en trottinant lentement, le regard vide.

Le vieux dételal le chien, l'attacha à un appentis et, accroupi, le seau sur les genoux, il lança des déchets à l'animal qui les happait. Ils n'entrèrent pas tout de suite dans la maison. Ils étaient assis devant le potager sur des hottes renversées, à côté de leur voiture dont les roues s'enfonçaient profondément dans les gravats. Les moineaux s'égosillaient, le chardonneret continuait à chanter. Le vieux marmonna : « Mais qu'est-ce qu'ils ont à piailler, ceux-là ! » Assis l'un à côté de l'autre sans mot dire, ils regardaient droit devant eux.

élaboré une savante alternance entre mouvement et fixité, qui peut rappeler la succession des plans dans les films muets des années vingt. Sur la technique cinématographique de Döblin, voir aussi n. 1, p. 36.

Braune Klinkersteine von Öfen lagen da und blitzten.
Dann fing der Vogel wieder an: »Kiwitt, kiwitt.«

»Man wird doch seine Ruhe haben können vor die
Äser[1].« Einen Stein nahm der Alte, schmiß ihn über den
Zaun in das Laub hinauf, der Vogel flog fort. Nicht lange,
fing leise im ersten Stock eine Handharmonika an,
wimmernd und stöhnend; die Musik kam hinter ihren
krummen Rücken her und ging mit der Luft. Nach einer
Weile wiegte die vertrocknete Großmutter den Kopf unter
ihrem Umschlagetuch: »Et zieht; ick jeh rin.« Unbeweg-
lich saß er, mit den Armen auf den Knien; die Klinkersteine flammten. »Jeh man.« Er hörte auf die Musik.

Die Blicke der beiden waren wie Gummiringe[2], die
allmählich überweitet wurden; die Haut hing als ein zu
weiter Lumpensack[3] um ihr Gestell. Grausam verrunzelte
Gesichter boten sie dem Licht. Bei Tag fuhren sie Hundefutter durch die Stadt, an den Markthallen lasen[4] sie
Fleischabfall, halbverweste Fische, Kartoffeln, Schalen
auf. Das Sprechen hatten sie sich abgewöhnt. Ihre Kno-
chen taten unermüdlich den Dienst, Maschinen, die einmal angelassen waren; trugen das Herz, das träge und
zögernd sein Ticktack machte, die keuchenden Lungen;
und die Köpfe schaukelten auf den verdorrten[5] Hälsen.

---

1. **vor die Äser** = vor den Äsern (vor + dat.); das Aas, die Äser, *la
charogne*. La métaphore de la charogne est récurrente au début de la
nouvelle (**halbverweste Fische, verdorrt,** *infra*).

2. **wie Gummiringe**: la métaphore du caoutchoucs est une variation
sur le thème du non-regard, (cf. n. 4, p. 26) et de la dépersonnalisation
qui culminera dans l'autre métaphore de la machine: le corps humain,
mécanique et passif, n'obéit plus qu'à la routine.

3. **Lumpensack**: par ce seul mot évoquant la vision d'un sac de
chiffons qui pendent tristement, Döblin parvient à annoncer avec un
effet proche du flash-forward la description du corps de Nasske (p. 50):
**Da hing er, hinter einem übergelegten Sacklumpen, (...) wie ein leichtes
langes Paket.** Le naturalisme de Döblin est avant tout un appel à la
vigilance rappelant la fin de *Berlin Alexanderplatz*: »Wach sein, wach
sein, es geht was vor in der Welt. Die Welt ist nicht aus Zucker

Des carreaux de poêle bruns, en brique vernissée, brillaient par terre. L'oiseau reprit : « cui, cui ».

« Elles vont nous ficher la paix, ces charognes ! » Le vieux prit une pierre, la lança vers les feuilles par-dessus la palissade, l'oiseau s'envola. Peu après, au premier étage, un accordéon entonna doucement une plainte gémissante ; la musique passait derrière leurs dos courbés et se perdait dans l'air. Quelques moments plus tard, la grand-mère desséchée hocha la tête sous son foulard : « Y'a des courants d'air. Je rentre. » Il était assis immobile, les bras sur les genoux ; les briques vernissées flamboyaient. « Va donc. » Il écoutait la musique.

Les regards des deux vieux étaient comme deux anneaux de caoutchouc qui s'élargissaient peu à peu ; la peau pendait autour de leur carcasse comme un sac de haillons trop large. Ils offraient à la lumière des visages cruellement ridés. Pendant le jour, ils parcouraient la ville avec de la nourriture pour chiens, ils ramassaient sur les marchés des déchets de viande, des poissons à demi pourris, des pommes de terre, des épluchures. Ils avaient perdu l'habitude de parler. Leurs os exécutaient inlassablement leur travail, mécanismes que l'on avait un jour mis en marche ; portaient le cœur qui faisait son tic-tac lourd et hésitant, les poumons qui ahanaient ; et leurs têtes se balançaient sur leurs cous desséchés.

---

gemacht. « « *Être vigilant, vigilant, il se passe quelque chose dans le monde. Le monde n'est pas fait en sucre.* » (*Œuvres complètes*, p. 500.)

4. **auf/lesen (a, e)** : d'emploi assez rare, à ne pas confondre avec **lesen (a, e)** : *lire*.

5. **verdorrt** : forme ancienne empruntée au vocabulaire baroque, synonyme de **vertrocknet**, produisant un intéressant effet de contraste à côté des tournures en dialecte berlinois et des mots d'argot. La traduction transpose ce contraste en rendant **keuchen** par le verbe *ahaner*, cher aux poètes de la Pléiade.

Rasch wurde es finster. Und wie die beiden auf ihrem stummen Zimmer wirtschafteten, schlug der Hund an[1]. Mannesschritt auf den Stufen, eine derbe Gestalt streckte den Kopf in die dunkle Küche, knipste, und der weiße Lichtkreis lief über Säcke, Töpfe, Herd und ein Durcheinander von Konservenbüchsen: »Sind Naßkes hier? Ist das dunkel! Ne, ist das dunkel!« Ein zweiter Mann kam herauf, stand neben ihm, behelmt, ein Schutzmann mit dem Revolver am braunen Gurt. Die beiden Alten saßen auf der Matratze im Zimmer nebenan. Sie knuffte ihn in die Seite, zischte: »Du«, und zeigte nach der Küche. Er tat, als ob er schliefe.

»Warten Sie mal, Fiebig, Sie brauchen nicht mitzukommen«, sagte der bärtige Mann an der Küchentür, »bleiben Sie draußen, lassen Sie aber die Hoftür offen.« Vorsichtig stieg er durch die verstellte[2] Küche, stieß die Stubentür auf: »Warum meldet ihr euch denn nicht? Wenn man euch ruft? Was? Sie sind Naßke?« Der Alte krabbelte unter dem stechenden, fahndenden Lichtkreis hoch, stützte sich gegen die Wand. »Sind Sie Naßke? Sagen Sies doch. Wo ist denn die Alte? Na, verkriechen Sie sich man nicht, Großmutterken[3]; wir kriegen Ihnen[4] schon[5].«

Er hob sie unter den Lumpen hoch: »Die Beenekens[6] taugen wohl nicht mehr. Aber es langt noch.«

---

1. **an/schlagen (u, a)**: *battre*. Mais **der Hund schlägt an**: *le chien aboie* (syn. **bellen**).

2. **verstellen**: 1) *déplacer, déranger*; 2) *dissimuler* (**seine Stimme verstellen**: *déguiser sa voix*).

3. **Großmutterken**: le suffixe **ken** correspond au diminutif **chen**.

4. **Ihnen**: le verbe **kriegen** *(recevoir, attraper)* est normalement suivi de l'accus., et non du dat.

5. **schon**: pas de sens temporel ici, mais renforcement (oral) d'une affirmation.

6. **Die Beenekens**: berlinois pour **die Beinchen**. Par un effet de métonymie dont Döblin est coutumier, l'être humain n'est jugé par ses semblables qu'en fonction d'une partie de son corps (ses jambes ou

Le soir tomba vite. Et tandis que les deux s'affairaient dans leur chambre muette, le chien se mit à aboyer. Un pas d'homme sur les marches : un personnage trapu passa la tête dans la cuisine sombre, fit de la lumière, et le cercle blanc courut sur les sacs, les casseroles, la cuisinière et tout un bric-à-brac de boîtes de conserve. « Il y a quelqu'un chez les Nasske ? Il fait drôlement noir... Qu'est-ce qu'il fait noir ! » Un deuxième homme monta le rejoindre et resta à côté de lui, casqué : un agent de police avec un revolver à sa ceinture brune. Les deux vieux étaient assis sur le matelas dans la pièce à côté. Elle lui donnait des coups dans les côtes, sifflait : « Eh, toi ! », en montrant la cuisine. Il faisait semblant de dormir.

« Attendez, Fiebig, vous n'avez pas besoin de venir avec moi », fit le barbu, à la porte de la cuisine, « restez dehors, mais laissez ouverte la porte de la cour ». Il traversa avec précaution la cuisine en désordre et ouvrit brusquement la porte de la chambre : « Et pourquoi ne répondez-vous pas ? Alors qu'on vous appelle ? Hein ? C'est vous Nasske ? » Le vieux se redressa tant bien que mal sous le cercle aveuglant de la lumière qui cherchait, et s'appuya contre le mur. « C'est vous Nasske ? Mais dites-le donc ! Où est passée la vieille ? Allez, ne vous carapatez pas comme ça, grand-mère, on vous aura, je vous le garantis. »

Il la sortit d'un tas de chiffons : « Les gambettes ne sont plus bonnes à grand-chose. Mais ça ira encore. »

---

l'accoutrement de celles-ci) ; le personnage de l'infirmier, aussi supérieur que le policier, remarquera tout d'abord les jambes d'Emma (voir infra p. 40, **» Wat hat det Luder für 'ne Kledasche an. Stiefeletten bis unter die Knie «**, « *Qu'est-ce qu'elle a comme guenilles, cette traînée... Des bottines jusqu'au dessous des genoux !* »

Die Alte kreischte, hob die Hände über den Kopf und drehte sich nach der dunklen Wand zu. » Ne, olle Dame[1], schreien hilft nischt[2]. Stehen Sie mal janz uff[3]; Sie sollen mitkommen uff's Revier. « » Ick hab nich jestohlen, Herr Wachtmeester[4] «, plärrte die Frau. » Das können Se nachher erzählen. Hut haben Sie woll nich ? « » Ick hab nischt jestohlen[4] und ick hab nischt jestohlen. « Sie gingen vor dem kräftigen Mann mit gesenkten Köpfen her. » Nu macht man bloß kein Klamauk hier. Fiebig, Sie gehen mal rauf hier oben[5]. Det sind doch eure Freinde, die lange Emma und der dufte Rutschinski, alles auf einem Haufen. Den Leutchen gehört der Hund, Fiebig; sagen Sie, von wegen Nummer sicher mit die Naßkes, und kucken Sie sich bei die Jelegenheit[6] ein bißchen um. « Er flüsterte dem Schutzmann ins Ohr: » Vorsicht; ich warte solange. «

Sie hatten am Vormittag in einem Haus von Rummelsburg den Mülleimer durchsucht. Als sie mit ihrem Sack durch den Hausflur kamen, stand ein Bierwagen vor der Tür; der Bierfahrer hatte einen leeren Bierkasten im Hausflur abgestellt, während er durch einen Hintereingang eine frische Ladung in die Restauration trug. Versehentlich tat der Mann sein Beutelchen mit Kleingeld statt in die Tasche in ein Schubfach des leeren Kastens. Naßke griff unbedenklich im Vorübergehen danach; sie fuhr ängstlich hinter ihm her, schimpfte leise: » Wat willste[7] denn damit? Leg wieder hin. «

---

1. **olle Dame** = **alte Dame**: l'expression est à la fois familière et légèrement irrespectueuse, comme les diminutifs **dle Leutchen** et **Großmutterken**.

2. **nischt**: orthographe berlinoise correspondant à la prononciation de la négation **nicht**.

3. **janz uf** = ganz auf; **uff's Revier**: aufs (Polizei) Revier.

4. **ick hab nich jestohlen** = ich habe nicht gestohlen; **Wachtmeester** = Wachtmeister.

5. **rauf hier oben**: l'expression est ici volontairement redondante, **herauf** s'ajoutant à **oben**. La langue parlée par le policier révèle une

La vieille cria, se protégea la tête de ses mains et se tourna vers le mur sombre. « Mais non, ma bonne dame, ça ne sert à rien de crier. Allez, levez-vous comme il faut. Vous allez me suivre au commissariat. — J'n'ai pas volé, monsieur l'Agent », pleurnichait la femme. « Ça, vous nous le raconterez plus tard. Vous n'avez sans doute pas de chapeau, c'est ça ? — J'n'ai pas volé, je vous dis que j'n'ai pas volé... ». Ils passèrent la tête basse devant le costaud. « Faites donc pas tout ce chambard. Vous, Fiebig, vous montez là-haut. Ce sont bien vos amis, la grande Emma et le beau Rutschinski... c'est tout la même bande. Le chien est à ces individus, Fiebig ; dites-leur qu'à cause du numéro ils sont sûrement voisins des Nasske, et profitez-en pour jeter un coup d'œil. » Il souffla à l'oreille du policier : « Soyez prudent ; je vous attends. »

Le matin, ils avaient fouillé dans la poubelle d'une maison de Rummelsburg. Comme ils passaient dans le vestibule avec leur sac, une camionnette de bière était arrêtée devant la porte ; le livreur avait laissé une caisse vide dans le vestibule et portait une nouvelle caisse aux cuisines par l'entrée de service. L'homme, par inadvertance, posa sa bourse de petite monnaie non pas dans sa poche, mais dans un compartiment de la caisse vide. Sans hésiter, Nasske la saisit au passage ; la vieille, en courant peureusement derrière lui, le grondait à voix basse : « Mais qu'est-ce que tu vas faire avec ? Remets-la où tu l'as prise. »

---

certaine simplicité d'esprit, alliée à un mépris brutal à l'égard des deux chiffonniers.

6. **bei die Jelegenheit** = bei Gelegenheit : *à l'occasion*. Après **bei**, on trouve en principe le dat. (ce serait ici **der**), (voir supra, même absence de dat. : **mit die Naßke**).

7. **wat willste ?** = Was willst du ?

Er tauchte den Beutel in seinen gleichmütig abgeschulter-
ten Lumpensack[1], öffnete die Tür, sie sockten langsam mit
ihrem Wagen um die nächste Ecke. Die Frau schön hinten
an dem Karren; sie war ängstlich, er hatte das Gefühl:
»Die Sache hat ihre Ordnung, dem Dicken haben wirs
besorgt[2].« Er kaufte sich bei einem Händler in der Kneipe
eine Stange extrafeinen Priem, sie ein paar wollene
Pulswärmer, eine Flasche süßen Likör und ein kariertes
Umschlagetuch. Der Rest des Geldes wurde am Boden
zwischen die Bretter des Karrens geklemmt. Man fuhr die
abgelebten widerspenstigen Geschöpfe nach Moabit[3] hinaus. Ihn steckte man zusammen mit einem behäbigen
schlauen Bruder, der schon öfter ein Ding gedreht[4] hatte.
Zuletzt hätte er eine schöne Stange Geld geerbt, erzählte
er dem Alten, den er mit den Worten begrüßte: »Mensch,
dir hätten Se ooch lieber gleich in de Müllkute lassen
können[5].« Er suchte 'die olle Mumie' zu bewegen, ihm
etwas zu erzählen. Als der schwieg und immer giftig auf
die Diele hinsah, reizte er ihn: »Wat hast du denn
jeklaut? Nen doten Heringsschwanz, wat? Und denn
gleich jekocht in de Sechserkneipe und alleene uffjefres-
sen[6]?« Der Alte blieb stumm. Er war mit einem dumpfen
Grimm gefüllt; wenn er störrisch die Suppe herunter-
schluckte und seinen Teller ausleckte, fuhr der Dicke vor
ihm zurück: »Beiß mir man nicht; sonstens bestell ick
'nen Maulkorb.«

---

1. **Er... Lumpensack:** Comme dans *Berlin Alexanderplatz*, Döblin
semble vouloir démontrer que l'homme ne peut pratiquer la vertu dans
un système corrompu; tel Biberkopf qui tente vainement de reprendre
une vie normale après son incarcération, Nasske commet un méfait par
désarroi; la faute du héros peut souvent être une recherche inconsciente
de la mort.

2. **es jm besorgen:** *rendre la pareille à qqn;* autre sens: **besorgt sein
um jn:** *se faire du souci pour qqn.*

3. **Moabit:** ce quartier abritait l'une des plus grandes prisons de
Berlin.

4. **ein Ding drehen** = **ein Verbrechen begehen.**

Il fourra le porte-monnaie dans son sac à chiffons qu'il avait fait tomber négligemment de son épaule, ouvrit la porte, et tous deux tournèrent lentement le coin de la rue avec leur voiture. La femme bien à l'arrière sur le chariot ; elle était apeurée, et lui songeait : « L'affaire est réglée, on lui a rendu la monnaie de sa pièce, à ce gros. » Au bistrot, il acheta à un vendeur une barre de chique extrafine, et elle une paire de mitaines en laine, une bouteille de liqueur sucrée et un foulard à carreaux. Ils coincèrent le reste de l'argent dans le fond du chariot, entre les planches... On emmena ces créatures inanimées et fantomatiques à Moabit. Lui se retrouva avec un gaillard jovial et déluré qui n'en était pas à sa première affaire. Il avait fini par hériter d'un gros magot, raconta-t-il au vieux qu'il accueillit avec ces mots : « Eh ben dis donc, y zauraient mieux fait de te laisser dans ta poubelle ! » Il essayait de secouer la « vieille momie », de lui raconter quelque chose. Comme celui-ci se taisait et ne cessait de fixer le plancher dans sa rogne, il le provoqua : « Mais qu'est-ce que t'as donc fauché ? Une vieille queue de hareng, c'est ça ? Et puis vite, tu te l'es fait cuire dans un bistrot de quatre sous et tu l'as bouffée tout seul, hein ? » Le vieux restait muet. Il était plein d'une colère sourde ; quand il avala sa soupe d'un air buté, puis lécha son assiette, le gros fit un pas en arrière : « Va pas me mordre, sinon j'commande une muselière. »

---

5. **dir hätten Se (...) = dich hätten sie auch lieber gleich im Müll lassen können.** Le même sarcasme typique de la **Berliner Schnauz'** *(la gueule de Berlin)* se trouve dans la manière dont Rutschinski rudoie Emma après son équipée : *Au poste de secours, ils auraient mieux fait de te flanquer dehors...* (p. 46).

6. **Und denn gleich (...)? = Und dann gleich gekocht in der Sechserkneipe** (*bistrot de quatre sous* —, cf. **der Sechser** (fam.) = » Fünfpfennigstück « désigne par dérision une *pièce de 5 pfennigs*) **und allein aufgefressen?**

Eines Morgens[1] greinte und quakte Naßke: » Mein Zahn wackelt. « » Wat soll ick denn damit? « » Ick will 'nen Balbier[2] haben für mein Zahn. « » Wat is? « »Ick will 'nen Balbier haben. « » Laß dir ausstellen im Zoologischen, oller Affe mit dein Zahn. « Der Alte knarrte weiter, der andere meinte ruhig: » Wenn de noch viel jaulst, kriegst eins in die Fresse und der Zahn hoppst raus. « Zwei Wochen saß Naßke; am Abend, bevor er entlassen würde, brummte er wieder. Der Gauner fragte: » Wat möchste? « Naßke sah vergrämt vor sich hin und sagte nach einer Pause: » Wat man möchte? Man möchte am liebsten dot sin. «

Im ersten Stock bei Naßkes wohnte Emma mit dem duften[3] Rutschinski. Rutschinski ging in der Zeit, während die beiden festgenommen wurden, nicht aus, weil er sich den Fuß auf der Treppe umgeknickt hatte. Er war ein großer schlanker Mann, hatte ein schönes volles Gesicht. Seine schöne Figur hatte sein Schicksal bestimmt. Sobald er das erste Mal keine Arbeit fand und spazieren ging, entdeckten zwei ledige Fräuleins seine schwarzen Haare und die stumpfe Nase, dazu ein Paar grade Beine. So spazierte er bald weiter mit einer samtenen Mütze und der kecken Strizzilocke[4] auf der Stirn; die ledigen Fräuleins arbeiteten für ihn. Nun beschützte er die lange Emma[5], ein blondes ehemaliges Kindermädchen[6].

---

1. **eines Morgens**: on remarque la fréquence des changements de perspective, rappelant la technique cinématographique du montage: d'un personnage à l'autre, avec l'incise d'un flash-back, avant le brusque retour à la réalité; on a pu comparer le montage döblinien à l'écriture de Joyce dont Döblin admirait la « technique de la simultanéité » (*Ausgewählte Werke*, VIII, p. 290).

2. **Balbier** = **Barbier**, déformé par l'élocution difficile de Nasske. Le barbier était traditionnellement aussi rebouteux ou dentiste.

3. **duft**, syn. **kess** (fam.): *chouette, épatant*.

4. **der Strizzi** = **der Zuhälter**: *le proxénète*. Biberkopf, dans *Berlin Alexanderplatz*, est un proxénète qui finira gardien et petit-bourgeois. Rutschinski en est à un stade inférieur de l'ascension sociale, mais sa fonction symbolise aussi la corruption de la société.

Un matin, Nasske se mit à pleurnicher et à geindre :
« Ma dent bouge. — Qu'est-ce que tu veux que j'y fasse ?
— Je veux un balbier pour ma dent. — Quoi ? — Je veux
un balbier. — Montre-toi au zoo, espèce de vieux singe,
avec ta dent ! » Le vieux piaillait toujours, et l'autre fit
tranquillement : « Si tu gueules encore comme ça, tu vas
t'en prendre une dans le portrait, qui te la f'ra sauter, ta
dent. » Nasske fit deux semaines de prison ; la veille de sa
libération, il se remit à bougonner. Le filou lui demanda :
« Qu'est-ce que tu veux encore ? » Nasske regardait dans le
vide d'un air misérable et dit, après un temps : « C'que
j'voudrais ? J'aimerais encore mieux êt' mort. »

Emma habitait à côté des Nasske, au premier étage,
avec le chouette Rutschinski. Pendant la période où les
deux vieux étaient en prison, Rutschinski ne sortit pas de
chez lui parce qu'il s'était foulé le pied dans l'escalier.
C'était un grand homme mince, avec un beau visage plein.
Sa silhouette avantageuse avait déterminé son destin. Tout
de suite, la première fois où il ne trouva pas de travail et
qu'il partit se promener, deux demoiselles célibataires
découvrirent ses cheveux noirs, son nez retroussé, et par-
dessus le marché ses deux jambes bien droites. Peu après, il
continuait sa promenade avec un béret de velours, et sur le
front, l'accroche-cœur insolent des maquereaux : les
demoiselles célibataires travaillaient pour lui. Maintenant,
il protégeait la grande Emma, une blonde qui avait été
bonne d'enfants.

---

5. **die lange Emma** : « nom de guerre » de cette fille décrite ici avec les
mots de son milieu.
6. **das Kindermädchen** : figure typique du folklore berlinois du début
du siècle, la bonne d'enfants dévoyée par un souteneur.

Wenn es soweit war[1] mit dem Geld, wollten sie heiraten und ein Gemüsegeschäft aufmachen. Als die Naßkes in Moabit saßen, sagte Rutschinski, Emma solle flott[2] verdienen gehen, sie wollen den alten Leuten ein kesses Abendbrot zukommen lassen und einen Anwalt bestellen.

Am nächsten Morgen um sechs entstand vor der Rettungswache[3] Ecke Fredersdorferstraße ein großer Lärm. Emma wurde von einem Mann hereingeführt am Arm. Sie torkelte. Sie hatte eine Kratzwunde an der Stirn, ihre Nase und Oberlippe blutete; in Strähnen fiel ihr das blonde Haar zottelig auf die Schulter. Die Blumen auf ihrem Hut halb heruntergerissen; die weiße Bluse mit Straßenschmutz beklebt. Der Mann hielt ihren Sonnenschirm in der Hand; er war mitten entzweigebrochen, die Stangen mit dem roten Bezug hingen. Aus einer Seitentür des hellen viereckigen Raumes, in dem Instrumentenschränke, Verbandkästen standen, stampfte gewichtig ein älterer Mann in einer weißrot gestreiften Bluse mit bloßen Armen; er trug eine Stahlbrille, in der Mitte des Schädels waren ihm die Haare ausgegangen, an den Seiten wuchsen sie buschig, bösartig[4] nach vorn, schwarz und grau. Er sah, die Arme in die Seiten gestemmt, zu, wie der Arbeiter prustend das Mädchen über den Boden schleifte und hingleiten ließ. Er kommandierte grimmig: »Legen Sie den Schirm daneben. Die Person kennen Sie natierlich[5] nicht? Na, dann kennen Se gehen.«

---

1. **wenn es soweit war** = Emma et Rutschinski attendent d'avoir réglé leurs problèmes financiers (**ich bin soweit :** *j'y suis, je suis prêt*).

2. **flott** (fam.): *bien*. Encore un mot familier de discours indirect libre incorporé à la narration.

3. **die Rettungswache :** cf. **retten,** *sauver,* **die Wache,** *la garde.* Dans un poste de police, un service de premier secours où des infirmiers se chargeaient des alcooliques et des prostituées récupérés par la police sur la voie publique. Döblin a connu ce genre de scènes lorsqu'il était médecin populaire, cf. Repères p. 70.

Ils avaient l'intention de se marier dès qu'ils auraient de l'argent et d'ouvrir un magasin de fruits et légumes. Pendant que les Nasske étaient en prison à Moabit, Rutschinski dit à Emma de mettre les bouchées doubles au travail pour faire envoyer un gueuleton aux vieux et leur payer un avocat.

Le lendemain matin à six heures, grand bruit devant le poste de secours au coin de la rue Fredersdorfer. Emma entra avec un homme qui la tenait sous le bras. Elle titubait. Elle avait une éraflure sur le front ; le nez et la lèvre supérieure étaient en sang ; ses cheveux blonds tombaient en mèches ébouriffées sur ses épaules. Les fleurs de son chapeau étaient à moitié arrachées, son corsage blanc collé par la boue de la rue. L'homme tenait son ombrelle à la main ; elle était cassée en deux par le milieu, et les baleines pendaient avec leur garniture rouge. Dans la pièce claire et carrée où se dressaient des armoires pleines d'instruments et de boîtes de pansements, un homme d'un certain âge entra lourdement par la porte de côté, l'air important, avec un tablier à rayures blanches et rouges, les bras nus ; il portait des lunettes d'acier et avait le milieu du crâne dégarni ; sur les côtés, de méchantes touffes noires et grises poussaient vers l'avant. Les poings appuyés sur les hanches, il observa l'ouvrier essoufflé qui traînait la fille pour la faire avancer. Il commanda d'un air furieux : « Posez le parapluie à côté. Évidemment, vous ne connaissez pas cette personne ? Bon, vous pouvez vous en aller. »

---

4. **bösartig** : cet hypallage attribuant aux cheveux l'agressivité propre à l'infirmier donne à la description une immédiateté destinée à provoquer une sorte de choc par sa dissonance.

5. **natierlich** = natürlich.

Emma schnarchte am Boden; der Schleim hing ihr aus dem Mund und bildete schon eine Lache auf dem Linoleum, ein Dunst von Schnaps und Tabakrauch ging von ihr aus. Die Treppe im Hintergrund des Raumes sprang ein Herr im weißen Mantel herunter; lang, schmalwangiges Gesicht, geschäftsschlaue Züge, muntere Bewegungen. » Herr Doktor «, rief ihm der Heilgehilfe entgegen, der noch immer mit eingestemmten Armen vor Emma stand, » ein neuer Fall[1]. « » Das sieht ein Blinder, Walter. Wenn Sie weiter nischt von mir wollen, kann ich ja wieder gehen. Aber 'ne feine Nummer für den frühen Morgen. Man sollte es nicht für möglich halten. Die hat sich aus der Linienstraße[2] hier rauf verirrt. « » Haben wir jetzt alle selber hier am Ort[3], Herr Doktor. « » Na, sehen Sie zu, Walter, klingeln Sie's Revier an. «

Der Heilgehilfe war mit dem Mädchen allein. Er ging um sie herum, spuckte verächtlich zu ihren Füßen aus: » Pfui! « Aus dem Verbandschrank holte er einen Wattebausch, goß einen Schuß Salmiak darauf, stubbste ihn hinkniend der schnarchenden Person unter die Nase. Die drehte den Kopf ab, spuckte aus. Er folgte hingekniet mit dem Bausch, klammerte ihren zerzausten Kopf in seinen linken Arm fest. Sie schlug mit den Beinen. » Wat hat det Luder[4] für 'ne Kledasche[5] an. Stiefeletten[6] bis unter die Knie. « Ihre blauseidenen durchbrochenen Strümpfe kamen zum Vorschein.

---

1. **Ein neuer Fall**: l'auteur veut montrer qu'Emma n'est pas prise en charge comme un être individuel, mais comme une prostituée parmi tant d'autres, un *cas* médical qui fait partie pour cet infirmier de la routine quotidienne. Le substantif employé par le médecin (**'ne feine Nummer)** témoigne du même oubli de l'individualité.

2. **die Linienstraße** (fam.): le jeu de mots fonctionne sur l'association entre **die Linie,** *la ligne,* et **der Strich,** *le tapin, le trottoir.* **Auf den Strich gehen:** *faire le tapin.*

3. **Haben wir jetzt alle selber hier am Ort**: l'infirmier, dont la complicité avec le médecin est évidente, fait remarquer qu'ils n'ont pas

Emma ronflait sur le sol; la bave lui coulait de la bouche et formait déjà une flaque sur le linoléum; elle dégageait une odeur de schnaps et de tabac. Un homme en combinaison blanche descendit d'un bond l'escalier au fond de la pièce; grand, un visage aux joues minces, la mine avertie de celui qui connaît son métier, les mouvements vifs. «Docteur», lui cria l'aide-infirmier qui était encore campé devant Emma, les poings sur les hanches, «un nouveau cas. — Ça, un aveugle le verrait, Walter. Si c'est tout ce que vous avez pour moi, je peux repartir... Ah, mais voilà un joli numéro pour ce début de matinée. On ose à peine y croire... Elle a dû se perdre ici en montant de la Rue du Tapin. — Maintenant, docteur, on les retrouve toutes ici. — Bon, occupez-vous-en, Walter, et appelez le commissariat».

L'infirmier était seul avec la fille. Il tourna autour d'elle, et cracha d'un air méprisant vers ses pieds: «Pouah!» Il tira un bouchon d'ouate de l'armoire à pansements, y versa un peu d'ammoniac et, en s'agenouillant, tamponna le nez de la fille qui ronflait. Elle détourna la tête et recracha quelque chose. Lui, à genoux, la suivit avec son tampon d'ouate et maintint la tête ébouriffée de son bras gauche. Elle se mit à ruer des jambes. «Qu'est-ce qu'elle a comme guenilles, cette traînée... Des bottines jusqu'au dessous des genoux!» Ses bas percés, en soie bleue, apparurent.

---

besoin de se déplacer jusqu'à la «Rue du Tapin» pour profiter de la compagnie des prostituées.
4. det (= das) Luder: *la garce* (fém.); *le bougre* (masc.) — das Luderleben (pop.): *vie crapuleuse.* Voir aussi l'adjectif liederlich, *dissolu, dévergondé.*
5. die Kledasche (Kledage): fam. pour die Kleidung.
7. die Stiefelette: diminutif de der Stiefel: *la botte.*

Mit einem Ruck wand sie ihren Kopf aus seinem Arm, kauerte hin, dann kroch sie wie ein Hund auf allen Vieren bis an den Verbandtisch, während ihr die Haare über das verschwollene Gesicht hingen, richtete sich prustend hoch; er dicht hinter ihr mit dem Lappen. Sie taumelte zur Wand hin, zerrte an dem Schloß des Verbandkastens, beschmierte die Scheibe mit ihrem angepreßten Gesicht. Er schleuderte sie zur Seite: » Mensch, nimmste[1] die Pfoten[2] weg. « Von hinten preßte er der Torkelnden wieder den scharf riechenden Bausch vor den Mund; sie würgte, brüllte, stürzte seitwärts auf die Hände. Der Doktor rief hell von drinnen: » Sie werden wohl mit dem Weib nicht fertig, daß die so schreit[3]? « » Wird eben wach, Herr Doktor. « » Na schön. « Das Gesicht Emmas war dick gequollen, ihre Augen tränten. Der Mann mit der Glatze nahm sie, die wieder kroch, von rückwärts über sie gebeugt, die Zähne zusammenbeißend, auf den Arm, schleppte und krachte sie[4] auf den Verbandtisch hin; er flüsterte: » Jetzt bleibste aber liegen, olle Toppsau[5] du. « Schwapp[6], die feuchte Ladung saß wieder im Gesicht. Sie fing an zu ringen, mit den Beinen zu strampeln, um vom Tisch zu kommen und dem stechenden Dunst zu entgehen. Er drückte sie mit seinem breiten Oberkörper nieder, stemmte ihre Knie herunter, hielt sie umklammernd gegen die Tischplatte. Er knirschte, der Schweiß machte seine Glatze feucht und glänzend:

---

1. **nimmste = nimmst du**, équivalent familier de l'impératif **nimm**.

2. **die Pfoten** (fam.): *la patte* (s'emploie pour un animal). Voir quelques lignes plus haut **sie kroch wie ein Hund auf allen Vieren**.

3. **daß die (= sie) so schreit**: proposition à sens consécutif, cf.: **Was ist dir denn, daß du so weinst?**: *Qu'as-tu donc à pleurer ainsi?*

4. **krachte sie**: on note la violence du verbe **krachen**, *éclater, claquer, tonner*, presque une onomatopée; cf.: **der Krach**: *le vacarme, le fracas*.

5. **die Sau**: *la truie*. L'emploi d'une terminologie triviale renforce l'arrière-plan érotique de la scène, suggéré à plusieurs reprises par les

D'une secousse, elle dégagea la tête de son bras, s'accroupit et se carapata comme un chien jusqu'à la table à panser, à quatre pattes, les cheveux pendant sur son visage gonflé, et se redressa en haletant ; lui la serrait de près avec une compresse. Elle vacilla jusqu'au mur, attrapa la serrure de l'armoire à pansements et graissa la vitre avec son visage qu'elle y collait. Il la repoussa brutalement sur le côté : « Eh, bas les pattes ! » Par-derrière, il appuya le tampon à l'odeur forte sur la bouche de la fille qui titubait ; elle s'étouffa, brailla et tomba de côté sur les mains. Le docteur cria de l'autre pièce : « Vous n'en venez donc pas à bout, de cette femme, pour qu'elle hurle comme ça ? — Ça y est, docteur, elle se réveille ! — Ah, bien. » Le visage d'Emma était tout enflé, ses yeux pleins de larmes. Alors qu'elle recommençait à se carapater, l'homme à la calvitie la ceintura par-derrière en se penchant sur elle et, les dents serrées, la traîna et la flanqua sur la table à pansements. Il murmura : « Maintenant, tu vas rester couchée, espèce de cochonne. » Vlan, le paquet humide était de nouveau sur le visage : la fille se mit à lutter, à ruer des jambes pour descendre de la table et échapper aux vapeurs suffocantes. Il la plaqua de son torse large, lui écrasa les genoux et la maintint coincée contre la table. Il grinçait des dents, la sueur mouillait sa calvitie et la faisait briller :

---

attitudes des deux protagonistes et la description très précise des dessous d'Emma entrevus par l'infirmier ; la situation d'Emma la « garce » n'en est que plus dégradante dans une scène qui se situe à mi-chemin entre le comique et le mélodrame sordide.

6. **schwapp** : l'effet d'onomatopée fait entendre la scène, auparavant très visuelle (mouvements, couleurs, postures).

» Läßt du meine Bluse los[1], Dreckfink[2], gemeiner. Schämen sollste dich, daß du dich so aufführst, schämen
sollste dich, schämen sollste dich!« Sie kämpfte erwa-
chend immer heftiger, er ließ von ihrer Nase nicht ab. Wie
sie, während ihr die Kleider bis an das Gesäß hochrutsch-
ten, vom Tisch herunterstrampelte und ihm über die
Backe kratzte, wuchtete der grimmige Mann zurückfahr-
rend, atemlos seine rechte Faust mit dem Lappen zweimal
auf ihren Mund, gegen ihre Zähne, daß sie stöhnte[3],
geiferte, die Augen aufriß. Sie saß auf dem Boden vor dem
Tisch, sabberte: » Herr Rat, ich kann ja nichts davor. Tun
Sie mir nichts.« » Tu man nich noch so dämlich.« » Der
Franz hat mir zuerst geschlagen mit mein Schirm[4], Herr
Rat[5].« » Jetzt stehste uff und hältst die Klappe.« Er ging
an den kleinen Spiegel über dem Waschbecken, wischte
sich mit einem Sublimattupfer[6] die lange Kratzstrieme.

Draußen klinkte die Türe; ein fahler junger Mann in
einer blauen Pelerine polterte herein. » Franz«, gröhlte
Emma heiser, » Liebling, Liebling! Komm doch her. Es ist
mein Bräutigam.« » Ja, sie meint mir[7].« » Ick tu mir[8] was
an, wenn du nicht zu mir kommst.« » Beruhige dir doch,
Emma; es is weiter nischt.«

Mit einmal blinzte sie gegen ihn hin. » Det will 'n[9]
Rechtsanwalt sind«, sagte sie blickend, am Boden herum-
krabbelnd, » det will mein Bräutigam sind? Un nachher
wird er mein Schirm an mir kaputt hauen.

---

1. **Läßt du...los**: impératif familier, voir **nimmste** n. 1, p. 42.

2. **der Dreckfink** (fam.): mot composé de **der Dreck**: *la crotte,* **der Fink**: *le pinson.*

3. **daß sie stöhnte**: prop. consécutive, voir n. 3, p. 42.

4. **mit mein Schirm**: pas de marque du dat., le langage familier d'Emma ignore la déclinaison.

5. **Herr Rat**: m. à m. *Monsieur le Conseiller.* Ce titre fantaisiste, aussi galvaudé que » Herr Doktor«, est le seul qu'Emma ait pu trouver pour témoigner du respect à l'infirmier.

6. **Sublimattupfer**: le sublimé est un antiseptique composé de bichlorure de mercure.

« Lâche mon corsage, saligaud, dégoûtant ! T'as pas honte de te tenir comme ça, t'as pas honte, non mais t'as pas honte ! » En se réveillant, elle se débattait de plus en plus violemment, mais il ne lui lâchait pas le nez. Comme ses vêtements lui remontaient jusqu'aux hanches, qu'elle gigotait pour descendre de la table et lui griffait la joue, l'homme furieux, en reculant tout essoufflé, lui assena deux coups du poing droit sur la bouche avec son tampon, contre les dents, ce qui la fit gémir et baver, les yeux écarquillés. Assise par terre devant la table, elle piaulait : « Monsieur le conseiller, j'y peux rien. Ne me faites pas de mal ! — Arrête donc tes idioties. — C'est Franz qui a commencé à me battre avec mon ombrelle, Monsieur le conseiller... — Ça va, lève-toi et ferme-la. » Il alla vers le petit miroir au-dessus du lavabo et nettoya la longue égratignure avec un coton de sublimé.

La poignée de la porte s'ouvrit du dehors, un jeune homme pâle en cape bleue entra bruyamment dans la pièce. « Franz », hurla Emma d'une voix rauque, « mon chéri, mon chéri ! Mais viens donc !... C'est mon fiancé. — Oui, c'est de moi qu'elle parle. — Si tu viens pas me voir, je vais faire une bêtise. — Mais calme-toi, Emma, c'est fini ».

D'un seul coup, elle s'emballa : « Çui-là, y veut devenir avocat », dit-elle en le regardant, et tout en se traînant par terre, « y veut devenir mon fiancé... Et après, y vient me casser mon ombrelle sur le dos !

---

7. **Sie meint mir** : la forme correcte serait **Sie meint mich**, avec l'accus. La confusion dat./acc. est fréquente dans le dialecte berlinois.

8. **Ick tu mir** = ich tue mir etwas an — sich etwas antun : attenter à ses jours, se suicider.

9. **Det will 'n** : der will ein Rechtsanwalt sein.

Wat willste denn hier? Die Naßkes kommen ooch ohne
dir[1] raus.« »Aber Emma.« »Wo bin ich denn deine
Emma, du Bedrieger[2]. Herr Rat, des is ein Bedrieger.« Sie
hatte sich am Tisch aufgerichtet, schimpfte lauter und
drohte gegen den kleinen Mann, der sich neben den
Heilgehilfen stellte: »Mit dir wer ick schon mal abrech-
nen. Erst macht er ein besoffen[3] und nachher will er
Vorschuß von eim[4] habn. Wofür denn? Der 'n Rechtsanwalt? Du —« Sie wollte auf ihn zu, der Mann mit der
Bluse hielt sie fest; er drückte sie auf den Stuhl: »Setzen
Se sich man und quasseln[5] Se hier nich noch[6].« Sie
fuchtelte, rückte sich den Hut zurecht. Der alte Mann
verpflasterte ihre Nase, steckte ihr mit bösen Blicken die
Haare fest.

Am folgenden Tage wurde Emma von der Polizei
entlassen. Die Naßkes hockten schon wieder zu Hause.
Rutschinski empfing seine Braut mit den Worten: »Dir
sollten sie lieber rausgeschmissen haben auf der Unfalls-
tation, statt dir zu verbinden.« Sie holte aus ihrem
Strumpf Geld, das sie von ihrem Ersparten genommen
hatte; er zählte besänftigt: »Na, fleißig bist ja gewesen,
Emma, olle Schmalzbacke[7]. Aber mach mir bloß nich sone
Zicken[8], besonders wenn ick een krankes Been habe und
nicht mitkann.« Als er nach ihrem Schirm fragte, erzählte
sie ablenkend, schmeichelnd von dem kleinen Franz, den
er kannte; er kriegte einen Grimm, versprach, indem er
sich in die Hand spuckte, die Handflächen gegeneinander
rieb und dabei pfiff, Abhilfe zu schaffen.

---

1. **ooch ohne dir** = auch ohne dich.

2. **Bedrieger** = Betrüger; betrügen (o, o) = *tromper*.

3. **Erst macht er ein besoffen**: Zuerst macht er einen besoffen (einen =
man à l'accus.).

4. **von eim** = von einem (dat. de **man**, voir note précédente).

5. **quasseln** (étym. **dwas**, alld du nord: *fou, insensé*): *bavarder,
jacasser.* À rapprocher du pittoresque **Quasselstrippe** qui signifie
téléphone en berlinois.

Qu'est-ce que tu viens chercher ici ? Les Nasske, ils s'en sortiront même sans toi. — Voyons, Emma... — Comment oses-tu m'appeler ton Emma, draître que tu es. Monsieur le conseiller, c'est un draître ! » Elle s'était redressée contre la table, vociférait plus fort et menaçait le petit homme, qui se plaça à côté de l'infirmier : « J'vais régler un peu mes comptes avec toi. Il commence par vous saouler et après, il veut qu'on lui avance des sous. Et pour quoi faire ? Lui, un avocat ? Espèce de... » Elle voulait se jeter sur lui, l'homme en tablier la retint et la coinça sur sa chaise. « Asseyez-vous et arrêtez de piailler ! » En fulminant, elle remit son chapeau d'aplomb. Le vieux lui pansa le nez et lui rattacha les cheveux, l'œil mauvais.

Le lendemain, la police relâcha Emma. Les Nasske étaient de nouveau prostrés chez eux. Rutschinski accueillit sa fiancée en ces termes : « Au poste de secours, ils auraient mieux fait de te flanquer dehors plutôt que de te panser. » De son bas, elle tira de l'argent pris sur ses économies ; il le compta d'un air radouci : « Bon, au moins, t'as travaillé, Emma, sacrée p'tite gueule. Mais me fais plus de tours de ce genre, surtout que j'ai une jambe malade et que je peux pas te suivre.» Quand il lui demanda où était son ombrelle, elle ne répondit pas directement et lui parla sur un ton flatteur du petit Franz, qu'il connaissait : il se mit en rogne et, tandis qu'il crachait dans ses mains et se frottait les paumes l'une contre l'autre en sifflant, il promit d'y remédier.

---

6. **nich noch** : le sens équivaut à celui de **nicht mehr, nicht weiter**.

7. **Schmalzbacke** : m. à m. : *joue de lard* (**der Schmalz** : *le lard* ; **die Backe** : *la joue*).

8. **sone Zicken** : sone = **so eine, solche** ; **Zicken machen** (fam.) : *faire des caprices* (**Zicke = Ziege**, *la chèvre*) jouer des tours à qqn.

Naßke konnte sein Hundefutter nicht mehr loswerden. Zwei Kollegen waren ihm zuvorgekommen. Er fand aus seinem Groll nicht heraus. Der Hunger war in ihrer Wohnung; der Alte ließ sich nicht bewegen, zu arbeiten. Wenn er bloß den dicken Bierfahrer unter die Finger kriegte. Sie wickelte sich große Zeuglappen um ihr geschwollenes Bein, legte gekautes Brot unter. Er näselte: »Wat pusselste[1] immerzu an det Been? Det scheene Brot rufflegen[2]. Wennstes bloß ausspucken tust[3], brauchst et ooch nich zu essen.« Sie keifte und stubbste ihn unter das Kinn: »Und wenn du oller Dusselbart[4] bloß quasseln tust, kannste gehn. Mit deine Schlauheit[5] brauchste dir nicht dicke zu tun.« Sie schwiegen auf ihren Matratzen. Dann sagte er: »Ick häng mir uff[6].« Sie packte ihn vor Wut und schüttelte ihn: »Uffhängen kannste dir soviel du willst. Und ick zahl noch een Jroschen[7] zu und jeh mit Emman in 'nen Kientopp[8].«

Rutschinski hinkte herunter zu dem Alten, der sich nicht aus dem Haus bewegte und die Alte allein mit dem Wagen ließ; er fragte ihn, warum er sich denn aufhängen wollte. Naßke bellte: »Wat jeht denn dir det an[9]? Ihr seid Grünschnäbel[10]. Du fragst mir ooch nich, wennste deine Emma vermöbelst. Ick kann mir uffhängen, wenn ick will.« Rutschinski stellte ihm eine Flasche Schnaps auf das Fensterbrett: »Son oller Mann und sich uffhängen, det hat keenen Dreh.

---

1. **pusseln = sich mit Kleinigkeiten auf/halten** = (fam.) *trifouiller, farfouiller.*

2. **scheen: schön — rufflegen: rauf(darauf)/legen.**

3. **tust**: emploi familier et dialectal du verbe **tun** avec infinitif; **sie tut ausspucken** au lieu de **sie spuckt aus.**

4. **Dusselbart,** à rapprocher de **der Dussel** (fam.): *l'idiot.*

5. **Mit deine(r) Schlauheit (...) zu tun: sich dicke tun mit** + dat. = **prahlen mit** + dat.: *se rengorger, se vanter de, faire l'important avec qqch.*

6. **ick häng mir uff = ich hänge mich auf.**

7. **een Jroschen = ein Groschen:** pièce de dix pfennigs.

Nasske n'arrivait plus à écouler sa nourriture pour chiens. Deux collègues l'avaient précédé. Il n'en finissait pas de grogner. La faim était dans la maison ; le vieux ne pouvait pas se décider à travailler. Si jamais il tombait sur le gros livreur de bière... Elle enroulait de longs chiffons autour de sa jambe enflée, et mettait dessous du pain qu'elle avait mastiqué. Il nasilla : « Mais qu'est-ce que t'as à trifouiller sans arrêt ta jambe ? Mettre du bon pain dessus ! Et t'as pas besoin de l'manger, si tu fais que l'cracher... » Elle glapit et lui donna une chiquenaude sous le menton : « Et toi, vieille barbe idiote, si tu fais que jacasser, tu peux t'en aller. T'as pas besoin de te vanter de ta malice ! » Ils se turent sur leur matelas. Puis il dit : « J'vais me pendre... » De fureur, elle l'empoigna et le secoua : « Tu peux te pendre autant que tu veux. Moi, je paierai un groschen de plus et j'irai au cinoche avec Emma. »

Rutschinski descendit en boitant chez le vieux qui ne bougeait plus de chez lui et laissait la vieille seule avec la voiture : il lui demanda pourquoi il voulait donc se pendre. Nasske aboya : « Qu'est-ce que ça peut te faire ? Vous n'êtes que des blancs-becs. Toi, tu ne me demandes pas la permission quand tu rosses ton Emma ! Je peux m'pendre si j'veux. » Rutschinski lui mit une bouteille de schnaps sur le rebord de la fenêtre : « Un vieux comme ça, se pendre, ça ne rime à rien.

---

8. **Kientopp** = **der Kintopp** (fam. pour **das Kino**, *le cinéma*).

9. **Wat jeht denn dir det an ?** = **Was geht denn dich das an ?** *En quoi cela te concerne-t-il ?*

10. **der Grünschnabel** (syn. **Gelbschnabel**, cf. *béjaune*) : *oiseau non dressé*, par ext. *jeune homme niais, inexpérimenté.*

Naßke, trinken Se man eins mit Muttern.« Der Alte winkte ab. Er saß in dem wüsten Zimmer allein auf der Matratze, hockte stundenlang. Sein welkes Gesicht war bitter. Wie es Abend wurde, die Vögel zankten und sangen[1], trank er in einem Winkel einen Schluck Schnaps, ging in den Hof, holte eine alte Hundeleine aus dem Schuppen und hängte sich an einem Fensterhaken auf.

Da hing er, hinter einem übergelegten Sacklumpen, mit zusammengeschnürtem Hals, wie ein leichtes langes Paket an einem Seil und schwankte nicht.

Der Brückenbogen schwamm über den Kopf weg; eine Schnelle hob den Kahn, senkte[2] ihn in einen Brunnen; glatt und frei sank der Kahn, eine angeblasene Feder[3], versank[4].

Die Alte zottelte mit dem Hundewagen an, kauerte auf der Kiepe vor dem Gemüsegarten. Müde lahmte sie durch die Küche ins Zimmer. Als sie das Bündel am Fensterhaken hängen sah, stand sie gebückt, faltete die Hände über der Schürze und sah regungslos lange Minuten hinüber. Sie blieb ganz kalt, schüttelte den Kopf: » Nu hat er sich richtig uffjehängt, der olle Struckräuber[5]. Der fragt ooch nich nach Gott und de Welt.« Durch die Tür keifte sie nach Emma und Rutschinski, zeigte ihnen die Leiche: » Da hängt er.« Rutschinski fragte: » Aber Großmutterken, warum schneiden Se denn Ihren Ollen nich ab?«

---

1. **zankten und sangen**: l'assonance poétique sur le chant des oiseaux — prémonition que le vieux avait taire d'un coup de pierre — permet une association avec le chardonneret (p. 27) véhiculant la symbolique de *la barque portée par les flots*, traditionnelle dans l'imagerie baroque de la vie et de la mort.

2. **senkte**: en écho avec **sank** et **versank**, verbes apparentés par l'étymologie.

3. **eine angeblasene Feder**: métaphore *in absentia*, sans copule (« comme », « telle »), impliquant l'évidence de la comparaison.

4. **...versank**: ce montage juxtaposant bribes de conversation, extraits de chansons et prose poétique — ici en écho avec le tout début du texte, p. 24 —, n'est pas sans créer un effet de distanciation qui fait

Nasske, buvez donc un coup avec mémère... » Le vieux refusa d'un geste. Il resta assis dans la chambre délabrée, seul sur son matelas, prostré pendant des heures. Son visage flétri était amer. Quand le soir vint, que les oiseaux se mirent à se chamailler et à chanter, il but une gorgée de schnaps dans un coin, alla dans la cour, sortit du hangar une vieille laisse de chien et se pendit à l'espagnolette.

Il pendait là, derrière ses haillons, sorte de sac qui l'enveloppait, le cou étranglé, comme un long paquet léger au bout d'une corde, sans se balancer.

L'arche s'éloigna en voguant au-dessus de sa tête ; un rapide emporta la barque, la précipita dans le trou ; la barque coula, lisse et libre, une plume au gré du vent, puis coula à pic.

La vieille arriva en se traînant avec sa voiture à chien, et resta accroupie sur la hotte devant le potager. Lasse, elle clopina de la cuisine vers la chambre. Quand elle aperçut le sac suspendu à l'espagnolette, elle demeura courbée, joignit les mains sur son tablier et resta là, immobile, à regarder au-delà pendant de longues minutes. Elle conserva tout son calme et, secouant la tête : « Voilà qu'il s'est pendu pour de bon, ce vieux chiffonnier. Il ne veut plus rien savoir, ni de Dieu, ni du monde. » Par la porte, elle appela Emma et Rutschinski d'une voix perçante et leur montra le cadavre : « Il s'est pendu, là. » Rutschinski demanda : « Mais enfin, grand-mère, pourquoi ne décrochez-vous pas votre vieux ? »

---

de Döblin à la fois un précurseur de Brecht et un tenant du futurisme ; sur les ruptures du rythme et la nouvelle dynamique du mot, voir l'essai » Futuristische Worttechnik «, paru dans *Der Sturm* en 1913, où Döblin tente une synthèse entre peinture futuriste et écriture, qui séduisit beaucoup Apollinaire.

5. **der** ou **das Struck** : *tissu de laine* ; **der Räuber** : *brigand*.

Sie scharrte ärgerlich in die Küche; nach einer Weile piepste es zurück: »Ich soll ihn nu noch abschneiden, den Struckräuber. Von sonen Doten[1] ekle ick mir.« Später, als die Leiche auf der Matratze lag, sagte sie zu Rutschinski: »Raus mit dem. Mach dir uff die Socken[2].«

Die Tage vor dem Begräbnis fuhr die alte Naßke nicht mit dem Karren, Emma brachte ihr zu essen; wenn sie im Garten auf ihrer Kiepe saß, spielte Rutschinski der Großmutter auf seiner Mundharmonika vor, aber nur lustige Stücke, Gassenhauer. Und nach der Beerdigung, am Nachmittag, nahmen Emma und Rutschinski die Frau unter die Arme, und sie marschierten langsam die sommerlich warme Chaussee herunter. Emma trug eine kleine schwarze Kapotte; ihr Gesicht war noch verpflastert, die Lippe geschwollen, an den Mundwinkeln der tiefe Dirnenzug[3]; über ihr helles Kleid hatte sie ein dunkles langes Jackett gelegt. Der dufte Rutschinski, blaß, den schwarzen Schnurrbart mit Bartwichse hochgezwirbelt, ließ seine lebendigen Augen rechts und links gehen; auf dem glattgescheitelten Kopf saß der steife schwarze Hut schief, die Strizzilocke unentwegt in der Stirn, im schicken grauen Anzug mit einem Knotenstock, eine rote Nelke im Knopfloch[4]. Sie schleppten die Alte, die unter ihrem neuen karierten Umschlagetuch verschwand, in den grünumzäunten Garten einer Budike[5], an dem Eingang war ein kleines Holzschild angebracht: 'Hier spielt Bismarck[6].' Sie setzten sich;

---

1. **Vor sonen Doten** = vor so einem Toten ekle ich mich.

2. **sich auf die Socken machen** (fam.): *décamper, filer* (ici dans le sens de *se mettre au travail*).

3. **der tiefe Dirnenzug**: Emma ne peut échapper à sa condition de *prostituée* (die Dirne); ce détail dément par anticipation l'optimisme de l'ultime chant de l'oiseau.

4. **...eine rote Nelke im Knopfloch**: le portrait du petit groupe endimanché marchant lentement vers son destin improbable fait penser

Elle s'affaira nerveusement dans sa cuisine ; peu après, elle piaula sa réponse : « Et faudrait encore que je l'décroche, le chiffonnier... Y m'dégoûte, ce macchabée. » Plus tard, comme le cadavre était sur le matelas, elle dit à Rutschinski : « Fichons-le dehors. Allez, ouste ! »

Pendant les jours qui précédèrent l'enterrement, la vieille Nasske ne sortit pas avec son chariot ; Emma lui apportait à manger. Quand la grand-mère était assise dans le jardin sur sa hotte, Rutschinski lui jouait de l'harmonica, mais seulement des airs gais, des rengaines. Et après l'enterrement, l'après-midi, Emma et Rutschinski donnèrent le bras à la bonne femme et ils descendirent lentement la chaussée, dans la chaleur de l'été. Emma portait une petite capeline noire ; elle avait encore son pansement sur le visage, la lèvre enflée, et l'air grave de la prostitution aux commissures des lèvres ; elle avait passé une longue veste noire sur sa robe claire. Le chouette Rutschinski, pâle, la moustache noire cirée en guidon de bicyclette, furetait à gauche et à droite avec ses yeux vifs, son chapeau melon noir posé de travers sur sa tête bien peignée, l'accroche-cœur plaqué sur le front, dans un élégant costume gris avec une forte canne, un œillet rouge à la boutonnière. Ils traînèrent la vieille qui disparaissait sous son foulard à carreaux neuf, jusqu'au jardin d'un bistrot avec une clôture verte, qui annonçait à l'entrée sur un petit panneau de bois : « Bismarck joue ici. » Ils prirent place ;

---

aux premiers films de Pabst (» Die freudlose Gasse «, *La Rue sans joie*, 1925) ou de Fritz Lang.

5. **die Budike** (fam.) : *la boutique ; le cabaret, le bistrot.*

6. **Hier spielt Bismarck :** cette note d'humour populaire berlinois tourne en dérision le chancelier conservateur (1815-1898), tout en attirant le client avec un nom prestigieux.

Emma raffte ihr Kleid, holte aus dem rechten Strumpf über dem Knie ihr Portemonnaie, gab es Rutschinski.

Frau Naßke schwieg hinter ihrem Kognak, sie schien zu frieren. Emma flüsterte: «Sie is noch jiftig auf den Ollen, nich dran tippen.« Der dicke Kneipier mit einer mächtigen Bierschürze stellte sich neben den Tisch; Rutschinski stand auf: » Ein scheener Dag, aber traurig. Der olle Mann hat mit Hundekuchen gehandelt und denn, wie et is in die schlechte Zeit, Se können sich denken — « » Is woll dot[1]?« Rutschinski sagte bei Seite: » Hat sich das Jas alleene abjedreht[2].« » Ne, sowat. Die arme olle Frau.« » Die redt keen Ton. Machen Se 'n bisken Musike. Wo is denn Bismarck?« » Wird gleich serviert.« Der Hausdiener mit der ungeheuren Glatze setzte sich drin an das Tafelklavier. Rutschinski faßte seinen Stock kurz; wenn mal der kleine Franz hier wieder einkehre, solle der Kneipier nach ihm schicken. » Mit dem will ick mal unter vier Oogen sprechen. Det is mein Freind. Kucken Sie sich mal die Neese von meine Braut an.« Emma mit den blonden Haaren hielt die alte Naßke umfaßt, redete ihr zu einem Schnäpschen zu. Die nippte und lächelte schwach. Bismarck klimperte. Auf der Buche vor dem Lokal zwitscherten die Vögel, ein Junge klatschte mit seiner Peitsche: » Sie, mein Triesel, nich rufftreten[3].« Der Stieglitz sang:

» Des Menschen Gemüt, hoch aufgeblüht, soll sich nun auch ergötzen zu dieser Zeit, mit Lust und Freud sich an dem Maien letzen[4]. Und bitten Gott gar eben[5], er wolle weiter Gnade geben.«

---

1. Is woll dot: (Er) ist wohl tot?

2. Hat sich das Jas alleene abjedreht: (er) hat sich das Gas allein abgedreht — ab/drehen: *fermer le robinet*. Cette tournure entendue dans les quartiers prolétaires est une déformation de l'expression *ouvrir le gaz (se suicider)*.

3. Sie, mein Triesel, nicht rufftreten = Sie, mein Kreisel, nicht darauf treten! Dans la rue, les enfants jouaient souvent avec des *toupies* que l'on faisait tourner à l'aide d'un fouet.

Emma retroussa sa robe, tira son porte-monnaie de son bas droit, au-dessus du genou, et le donna à Rutschinski.

Madame Nasske se taisait derrière son cognac, et semblait grelotter. Emma chuchota : « Elle en a encore après le vieux ; elle n'est pas à prendre avec des pincettes. » Le gros patron, avec son imposant tablier de brasseur, s'approcha de leur table ; Rutschinski se leva : « Belle journée, mais triste. Le vieux s'occupait de la pâtée pour chiens et alors, vu que les temps sont durs, vous imaginez la suite... — Non, il est mort ? » Rutschinski dit en aparté : « Il s'est coupé le gaz tout seul. — Eh ben dites... la pauvre vieille dame ! — Elle ne dit pas un mot. Faites-nous un peu de musique. Où est donc Bismarck ? — On vous le sert tout de suite ! » Le garçon à l'énorme calvitie s'assit au piano. Rutschinski agrippa sa canne ; si le petit Franz revenait encore au bistrot, que le patron l'appelle. « Faut que j'lui parle entre quat'zyeux. On est amis. Regardez un peu le museau de ma fiancée. » Emma, avec ses cheveux blonds, entourait la vieille Nasske de son bras et lui conseillait de boire un petit coup. L'autre sirotait en souriant faiblement. Bismarck tapait sur le piano. Les oiseaux gazouillaient sur le hêtre devant le bistrot, un gamin faisait claquer son fouet : « Dites, y'a ma toupie, marchez pas dessus. » Le chardonneret chantait :

« Le cœur de l'homme, tout épanoui, doit s'égayer en cette saison, et savourer les joies du mois de mai. Et même demander à Dieu qu'il continue à lui accorder sa grâce. »

---

4. **sich...letzen** : m. à m. : *se désaltérer*. D'un registre littéraire et ancien comme **Maien** (arch.) = **Mai**, en dissonance avec l'argot, cf. n. 4, p. 50.

5. **eben** : Pour la rime avec **Gnade geben** ; vers de mirliton au rythme iambique. Toute l'ambiguïté de cette fin est dans le **weiter** suggérant avec un humour macabre que la grâce divine se serait déjà exercée auparavant...

Alfred Döblin

Deutsches, Allzudeutsches[1]
Allemand, trop allemand

Volksfest bei Berlin. Abfahrt von Potsdam »zu Schiff«. Auf allen Segel- und Motorbooten die Fahnen im Lokalkolorit dieser Gegend: schwarz-weiß-rot. Bei einem Dorf am Schwielowsee der Wald[2]. Das Fest findet in einer Lichtung statt. Am Eingang zur Lichtung liegen Pappschachteln; eine Frau bemüht sich, rote Papiernelken für 5 Mark zu verkaufen, wird rasch drohend. An einem Baum steht eine mächtige schwarz-rot-goldene Standarte[3]; die Mitglieder des veranstaltenden Arbeiterradfahrervereins wiederum tragen große rote Schärpen. Darauf erfolgt eine Stunde lang nichts. Es wird an Tischen gewürfelt, geschossen. Kinder mit Papierkronen und Tuten gehen herum, holen von ihren Eltern belegtes Brot, erklären auf mehrfaches Befragen, daß hier das Volksfest sei. Nach Ablauf der Stunde neue Ausgabe[4] von Nahrungsmitteln an die Kinder.

---

1. **Deutsches, Allzudeutsches :** le titre de ce récit paru en 1922 dans le recueil »Der deutsche Maskenball« parodie *Humain, trop humain* de Nietzsche (1844-1900) paru en 1878, dénonçant les préjugés et prophétisant l'avènement de nouvelles valeurs.

2. **am Schwielowsee der Wald :** le décor est posé comme dans une pièce de théâtre, par de brèves indications scéniques.

3. **Die... Standarte :** *l'étendard.* Les couleurs du grand étendard, celles de la République allemande, font concurrence à celles des autres drapeaux locaux, fanions et écharpes (cf. p. 87).

Fête populaire à Berlin. Départ de Potsdam « en bateau ». Sur toutes les embarcations à voile et à moteur, les drapeaux aux couleurs locales de cette région : noir-blanc-rouge. Dans un village au bord du lac de Schwielow, la forêt. La fête a lieu dans une clairière. À l'entrée de la clairière, il y a des boîtes en carton : une femme s'évertue à vendre des œillets en papier rouge à cinq marks, et se fait vite menaçante. Sur un arbre se dresse un puissant étendard noir-rouge-et-or ; les membres de l'association organisatrice, les Ouvriers Vélocipédistes, portent en revanche de grandes écharpes rouges. Là-dessus, pendant une heure, il ne se passe rien. Aux tables, on joue aux dés, on tire. Des enfants circulent avec des couronnes en papier et des sifflets, vont chercher des tartines auprès de leurs parents, répondent à toutes les questions que la fête populaire, c'est ici. À la fin de cette heure, nouvelle distribution de nourriture aux enfants.

---

4. neue Ausgabe : ces distributions régulières de nourriture (cf. p. suivante **längst fällige Ausgabe neuer Nahrungsmittel**) symbolisent un matérialisme et une quasi-bestialité qui se sont substituées aux ambitions spirituelles et à un véritable engagement politique.

Sportwanderer mit nackten Beinen erscheinen vom Wasser her, kochen Backpflaumen mit Klößen ab; die Kinder
versammeln sich um das Feuer, auch die Eltern sind
interessiert. Das halbe Volksfest arrangiert sich um den
Kessel; sie scheinen auf Klöße zu warten. Plötzlich stellt
sich ein Mann in die Mitte der Lichtung, ruft die Kinder.
Sie kennen ihn; er hat eine schwarze Klappe über dem
rechten Auge. Die Kinder beginnen nunmehr wehmütige
herzbrechende Lieder zu singen. Man klatscht, auch vom
Kessel her. Die Kinder freuen sich, singen herzbrechend
weiter. Zum Schluß grinst[1] auch der Mann mit der Klappe.
Jetzt sollte die längst fällige Ausgabe neuer Nahrungsmittel erfolgen. Aber ein rotbäckiger Mann boxt sich durch
das Gedränge, schreit » Ruhe «. Zugleich besteigt ein
Dicker den Würfeltisch. Er hält eine Rede, während der
Rotbäckige erregt-wütend beobachtet, ob alle aufpassen.
Der Redner schreit in der Tat kolossal. Die Radfahrer
seien die Avantgarde der Arbeiterschaft; sie würden sich
trotz alledem und alledem[2] die Freude an der Natur nicht
nehmen lassen. Als der Redner betäubt heruntersteigt,
sich den Hals wischt, stürzt der Rotbäckige auf den
Tisch[3]. Er danke dem Redner für die großartigen Rede-
wendungen, noch dazu mitten mang[4] die Natur; und
abends ist Fackelzug und Tanz im Restaurant[5].

----

1. **grinsen**, à la différence de **lächeln**, désigne un sourire ambigu, un
ricanement ou un rictus.
2. **trotz alledem und alledem :** cette formule de simplification
(analogue à **und so weiter und so fort**, *et caetera et caetera*) tourne en
dérision la confusion et l'inanité du propos.
3. **auf den Tisch :** le gros homme, son acolyte rougeaud et un
troisième orateur qui conclura la soirée symbolisent « le tribun
populaire » avec tout le ridicule et l'incohérence de son discours fourre-
tout. La République, sous son aspect le plus incontrôlé et le plus
populiste, ne trouve pas plus grâce aux yeux de Döblin que la
« nationaille » (p. 64).
4. **mitten mang :** (berlinois pour **mitten in** + dat.): *au milieu, parmi.*

Des marcheurs sportifs, les jambes nues, surgissent du lac,
font cuire à l'eau des pruneaux dans de la pâte ; les enfants
se rassemblent autour du feu, les parents aussi sont
intéressés. La moitié de la fête populaire se rassemble
autour du chaudron ; ils semblent attendre les boulettes.
Tout à coup, un homme se place au milieu de la clairière
et appelle les enfants. Ils le connaissent : c'est lui qui a un
bandeau noir sur l'œil droit. Les enfants commencent alors
à chanter des chansons mélancoliques et larmoyantes. On
applaudit, près du chaudron aussi. Les enfants sont
contents, ils continuent leurs chants larmoyants. À la fin,
l'homme au bandeau noir fait aussi un drôle de sourire.
Maintenant la nouvelle distribution de nourriture, que
l'on attend depuis longtemps, devrait se produire. Mais un
homme à la face rubiconde se fraie un chemin à coups de
poing à travers la foule, et crie : « Silence ! » En même
temps, un gros monte sur la table à dés. Il fait un discours
pendant que le rougeaud, l'air énervé, furieux, surveille si
tout le monde écoute bien. Il faut dire que l'orateur crie
d'une voix de stentor : les vélocipédistes sont l'avant-garde
de la classe ouvrière ; et malgré tout ceci et tout cela, ils ne
se laisseront pas ôter les joies de la nature. Quand l'orateur
redescend tout étourdi et s'essuie le cou, le rougeaud se
précipite sur la table. Il remercie l'orateur pour ses phrases
superbes, avec au milieu de tout ça, par-dessus le marché,
la Nature ; et ce soir, il y aura retraite aux flambeaux et on
dansera au restaurant.

La juxtaposition de **noch dazu** et de **mitten mang**, redondante et
maladroite, parodie l'orateur en style indirect libre.
   5. **Fackelzug und Tanz im Restaurant** : l'incohérence entre l'annonce
de ce programme et les déclarations tonitruantes sur la nature ou
l'avenir de la classe ouvrière fait apparaître la démagogie comme une
maladresse de l'orateur.

Abends, nach einem Marsch durch den düstern Wald,
zweiter Teil des Volksfestes. Auf der Veranda versperren
zwei leere Biertonnen den Eingang zum Restaurant. Dann
umgibt mich[1] die Menge, von der der Redner gesagt hatte:
»Hier bin ich Mensch, hier darf ichs sein[2].« Ohrenbetäu-
bender Lärm. Der Vorraum erfüllt von pokulierenden[3],
sprechenden, lachenden Leuten. Ein Teil hält die Richtung zum Erdmittelpunkt nicht inne; mehrere werden von
unsichtbarer Gewalt genötigt, sich als Tangenten zum
Erdumfang einzustellen. An einem mächtigen Tisch in
dekorativen Schärpen die Hauptradfahrer von heute nachmittag. Singen »Oh alte Burschenherrlichkeit[4]«. Das
singen sie. Meine Ohren hören. Frauen singen mit. Sie
sind alle von der Natur her durstig. Ich dringe durch die
begeisterten Massen in den Tanzsaal. Der Mann am Tisch
taxiert mich auf 16 Mark Eintritt. Rauch- und
Schweißdunst über dem Saal. Drei Musikanten auf dem
Podium spielen begehrte Schlager, mit Varianten, da das
Klavier auf B gestimmt ist, die A-Saite der Violine aber
manchmal G und manchmal H ist. Das Volk vergießt
drehend Schweiß. Männlein und Weiblein trinkt, säuft,
seufzt[5], Musikanten begießen sich. Immer neues Bier
erscheint. Ein Redner bemerkt in später Stunde, rück-
blickend: Das Fest sei gelungen, es habe großen Ertrag
gebracht, man habe auch Indifferente von der Kraft der
Idee überzeugt[6].

---

1. **dann umgibt mich**: le narrateur apparaît de façon abrupte, perdu
parmi une foule à laquelle il ne peut s'associer.

2. **Hier bin ich Mensch, hier darf ichs sein**: dans ce contexte, le
célèbre vers prononcé par Faust, spectateur de la fête (Goethe, **Faust I**,
scène »Vor dem Tor« — en français éd. Garnier-Flammarion
pp. 53-54) prend un sens particulièrement ironique.

3. **pokulieren**: (fam., dérivé de **das Pokal**, *la coupe*): *se saouler*. Syn.:
sich beschwipsen, saufen (o, o) ou **sich begießen (o, o)**, plus loin.

4. **Oh alte Burschenherrlichkeit**: suggère la contradiction inhérente à
un mouvement populiste qui récupère des refrains voués à la nostalgie

Le soir, après une marche dans la forêt sombre, deuxième partie de la fête populaire. Dans la véranda, deux caisses de bière vides bloquent l'accès au restaurant. Alors je me retrouve dans la foule, dont l'orateur a dit « C'est ici que je suis homme, c'est ici que j'ai le droit de l'être ». Bruit assourdissant. Le vestibule, bourré de gens éméchés qui parlent et rient. La plupart ne respectent pas la direction du centre de la terre ; plusieurs sont contraints par une force invisible à former des tangentes à la circonférence de la terre. Assis à une table imposante, avec leurs écharpes décoratives, les chefs vélocipédistes de cet après-midi. Ils chantent « O splendeur ancienne des compagnons ». Voilà ce qu'ils chantent. Mes oreilles entendent. Des femmes chantent aussi. Ils sont tous assoiffés, c'est la nature. Je traverse les masses enthousiastes jusqu'à la salle de danse. L'homme à la table me prend seize marks pour l'entrée. Nuage de fumée et de sueur au-dessus de la salle. Sur le podium, trois musiciens jouent des rengaines très demandées, avec des variantes, car le piano est accordé en si bémol et la corde du la, sur le violon, vire parfois au sol ou au si. Le peuple en tourbillonnant déverse de la sueur. Mâles et femelles boivent, sont chlâsses et s'enlacent ; les musiciens se saoulent. On apporte toujours de nouvelles bières. À une heure avancée, un orateur fait remarquer pour conclure que la fête est une réussite, elle a été très profitable, on a convaincu même les indifférents de la force de l'Idée.

---

corporatiste du **Bursche** *(jeune homme ; membre d'une* **Burschenschaft**, *corporation étudiante).*

5. **säuft, seufzt :** remarquer l'assonance, les deux verbes sont quasiment homophoniques.

6. **auch Indifferente... überzeugt :** la finalité de la fête était donc le recrutement d'adeptes (cf. supra l'emploi ironique de **begeisterte Massen**, *masse enthousiaste*, aisée à manipuler).

Bei der *Verfassungsfeier*[1] im Reichstag hielt in Stahlhelmen eine Reichswehrkompanie[2] am Bismarckdenkmal. Sie bliesen den Hohenfriedberger, Pariser Einzugsmarsch, das Deutschlandlied, heute durch Dekret sanktioniert. Der Sitzungssaal im Riesenhaus ist auffallend kümmerlich, verräuchert, unansehnlich, ein winziger Kopf über einem großen Bauch. Drin saßen und standen die Menschen. Eine Kapelle spielte Beethoven und die Meistersingerouvertüre[3]. Zwischendurch sprach ein ruhiger Mann aus Süddeutschland von seiner Anhänglichkeit an das Reich und seine Heimat. Einmal sangen wir alle den Fallersleben[4]. Nach Summa ¾ Stunde lief man, den Paradestechschritt der Reichswehr zu sehen. Sie schlugen den Boden halb kaputt. Der Reim auf Beethoven[5] war mir nicht deutlich. Abends Staatliches Schauspielhaus. Feierlich dunkle Gedichte zwischen klassischer Musik. Die Demokratie formiert sich erst. Kein knallender Stechschritt, keine halbasiatische[6] Theaterei, aber schon etwas Gutes, ein Flämmchen, aber doch Feuer. Nach der hochgesitteten Feier ein Fackelzug. Diesmal eine andere Linie, nicht der Hohenfriedberger, sondern »das sind wir Arbeitsleute«. Ein Fest für die Republik, dies (es ist noch keine Zeit und leicht gefährlich, das »Nationale« stark herauszustellen; die Nationaille ist noch auf dem Sprung);

---

1. **Verfassungsfeier (das Fest: *la fête* ≠ die Feier: *la cérémonie*)** : hommage à la constitution de Weimar, promulguée par une assemblée de socialistes modérés après la répression contre les Spartakistes, en 1919.

2. **eine Reichswehrkompanie** : considérée par les Républicains comme l'un des derniers bastions du conservatisme. Lors du putsch de Kapp, l'armée n'intervint pas pour rétablir l'ordre ; elle refusa aussi l'extradition de certains criminels de guerre. Certains corps, notamment la Reichswehr noire, étaient gagnés aux idées ultra-nationalistes et anti-républicaines.

3. **Die Meistersinger von Nürnberg** : (1848) opéra de Richard Wagner (1813-1883), qui a pu exalter une certaine idéologie nationaliste par ses grandioses évocations historiques.

À la *Fête de la Constitution*, au Reichstag, une compagnie de la Reichswehr en casques à pointe a fait halte devant le monument de Bismarck. Ils ont joué le Hohenfriedberger, la Marche d'entrée dans Paris, l'hymne allemand aujourd'hui confirmé par décret. La salle des séances dans cette gigantesque maison est manifestement exiguë, enfumée, insignifiante, une tête minuscule sur un gros ventre. C'est là qu'étaient ces hommes, assis ou debout. Un orchestre jouait du Beethoven et l'ouverture des « Maîtres Chanteurs ». De temps à autre, un homme tranquille d'Allemagne du Sud parlait de son attachement au Reich et à son pays. À un moment, tous chantèrent l'hymne de Fallersleben. Après trois quarts d'heure au total, on courut voir le pas de l'oie de la Reichswehr. Ils fracassaient presque le sol. Je n'ai pas bien compris comment cela rimait avec Beethoven... Le soir, Théâtre National. Des poèmes solennels et ténébreux, entrecoupés de musique classique. La démocratie ne fait que se former. Pas de retentissant pas de l'oie, pas d'histrions quasi asiatiques, mais quelque chose d'assez bien, une petite flamme, un certain feu, tout de même. Après cette cérémonie ambitieuse, une retraite aux flambeaux. Une autre ligne cette fois, pas le « Hohenfriedberger », mais « C'est nous les travailleurs ». Une fête pour la République, voilà (ce n'est pas encore le moment, et c'est un peu dangereux, de mettre en avant le « national » ; la « nationaille » est encore prête à se déclencher) ;

---

4. **H. von Fallersleben** (1798-1874) : auteur du » Deutschland, Deutschland über alles « auquel renvoie aussi le titre du texte ; remplaçant les divers hymnes et chants — comme le *Hohenfriedberger Marsch* (commémorant la victoire de Frédéric II de Prusse, en 1745) — il devint l'hymne national en 1922.

5. **der Reim auf Beethoven** : m. à m. : *la rime avec B.*

6. ***halb-asiatisch** : le terme **Halbasien** *(semi-Asie)* désignant la Bucovine, puis les Carpathes est employé par K.E. Franzos en 1876.

nur einmal singen die Massen das Deutschlandlied, dann
schmettern unaufhörlich Dutzende Kapellen[1] die Arbeiter-
lieder. (Und schließlich, was sind Hohenfriedberger und so
weiter anders als Lieder des Militärstandes[2].) Beim
Abmarsch stehen an den Zugängen zur Friedrichstraße[3]
da und da Häufchen Mittelstand, malkontenter Elegants,
belächeln die marschierenden Schwarz-rot-goldenen und
Roten. Sie schlugen einen Kapp-Putsch[4] herunter. Wen
von Euch, süße Herzchen, werden wir zu Leipzig vor dem
Staatsgericht sehen?

Die Arbeiter beschämen die Burschois[5]. Die Literaten
mit der Pressenot, dem Untergang des Abendlandes und
anderen Privatissima[6] beschäftigt. Der einzige Schrifstel-
ler, der großzügig für die Republik sich einsetzt, ist der
Herr von Doorn. Zu seinen Lebzeiten erfuhren wir, aus
dritter Hand, wie unterhaltend, anregend, geistsprühend
er sei. Jetzt tritt er aus der Reserve. Man spreche nicht
über sein Buch, drücke es Demokraten, Volksparteilern,
Rechten, Mittleren, Zweifelhaften, Lauen, Wanken,
Schwankenden schweigend, schweigend in die Hand,
Beobachte sie bei der Lektüre. Man wird den so lange vor
uns versteckten Geist wirken sehen, wird sie erblassen,
ergrünen, ergrauen schen. Sie werden das Buch zu ver-
stecken suchen vor ihren Kindern, Bekannten. Man
drucke es weiter, gebe es weiter.

---

1. **Dutzende Kapellen**, m. à m. : *des douzaines de fanfares ;* **das
Dutzend :** *la douzaine*, suggère l'idée de multitude qu'exprime le français
dizaine.

2. **des Militärstandes :** m. à m. : *de l'état, de la condition militaire.*

3. **Friedrichstraße :** célèbre avenue berlinoise qui constituera plus
tard, après la construction du Mur de Berlin (1961), la frontière la plus
importante entre les deux parties de la ville.

4. **(der) Kapp-Putsch :** voir les allusions à ce putsch dans le texte de
Tucholsky « La République par hasard » ; véritable traumatisme de la
République de Weimar, ce putsch, destiné à amener une dictature
militaire conservatrice en déstabilisant le gouvernement, fut contré par
une grève générale des ouvriers, déclenchée par les partis de gauche.

les masses ne chantent qu'une fois l'hymne allemand, puis des dizaines de fanfares claironnent sans cesse les chants ouvriers. (Et au bout du compte, qu'est-ce que le « Hohenfriedberger » et *tutti quanti*, sinon des airs militaires ?) Lors de la dispersion, près des accès sur la Friedrichstrasse, à tous les coins de rue, des petits groupes de bourgeois moyens et d'élégants mécontents considèrent en souriant les Noir-Rouge-et-Or qui défilent, ainsi que les Rouges. Ils ont fait échec au putsch de Kapp. Qui d'entre vous, jolis cœurs, verrons-nous à Leipzig devant le tribunal d'État ?

Les ouvriers font honte aux bourgeois. Les hommes de lettres : préoccupés par la crise de la presse, le déclin de l'Occident et autres *privatissima*. Le seul écrivain qui prenne généreusement parti pour la République, c'est Monsieur von Doorn. De son vivant, nous avons appris par des tiers combien il était disert, stimulant et pétillant d'esprit. Il sort désormais de sa réserve. Que l'on ne parle pas de son livre, mais qu'on le mette entre les mains des démocrates, des membres des partis populaires, des gens de droite, du centre, des sceptiques, des tièdes, des hésitants, des indécis, sans un mot, sans un seul mot... Qu'on les observe pendant leur lecture. On verra à l'œuvre l'esprit que l'on nous a caché si longtemps, on les verra blêmir, verdir, devenir gris. Ils tenteront de cacher ce livre à leurs enfants, à leurs connaissances. Que l'on continue à l'imprimer et à le diffuser.

---

5. **Burschois :** emploi, par dérision, au lieu de **Bürger**, du terme français germanisé comme, plus haut, **malkontente Elegants**.

6. **Privatissima :** superl. n. pl., du latin *privatus : affaires strictement privées*. Après les allusions aux grandes idées générales du moment, l'emploi de ce terme constitue bien sûr une antiphrase.

Es ist das wichtigste Buch[1] dieser Jahre. Es gehört neben
die Verfassung[2]. Ein Einzelner hat es geschrieben. Es
sprüht nicht wie Geist, sondern es rollt wie Donner.
Wirklich, ein Gott gab dem Mann in Doorn ein, dies Buch
zu schreiben. Ein ihm unbekannter Gott.

Ein anderes Buch hat man verboten. » Die Sünde wider[4]
das Blut[3]. « Nach hundert, zweihundert Auflagen. Dan-
kenswert. Was tot ist, kann sich leider nicht bedanken,
läßt aber schön grüßen.

---

1. **das wichtigste Buch...** : est-ce par antiphrase, comme à la page
précédente « le seul écrivain... c'est M. von Doorn » ? Malgré nos
recherches, nous n'avons pu trouver d'autres précisions sur cet ouvrage,
ni sur son auteur.

2. **neben <u>die</u> Verfassung** : à l'accusatif, pour rendre l'idée du
mouvement consistant à placer ce livre à côté de la constitution et
insister ironiquement sur l'importance capitale de l'ouvrage.

C'est le livre le plus important de ces dernières années. Il a sa place à côté de la Constitution. Un seul homme l'a écrit. Il ne pétille pas comme l'esprit, mais il gronde comme le tonnerre. En vérité, c'est un dieu qui a inspiré à l'homme qui est en Doorn d'écrire ce livre. Un dieu qui lui est inconnu.

Un autre livre a été interdit : « Le péché contre le sang ». Après cent, deux cents tirages. Cela mérite remerciement. Ce qui est mort ne peut, hélas, remercier, mais vous transmet ses salutations les meilleures.

_____

3. **» Die Sünde wider das Blut «** : ce titre est tout à fait caractéristique des idées ultra-nationalistes exaltant la race et la terre natale, cette **Blut-und Boden-Ideologie**, que reprendront les théoriciens nazis ; cf. aussi la notion de *crime contre la race* : **die Blutschande, Rassenschande**.

4. **wider** : prép. syn. de **gegen**, régissant aussi l'accus. Ne pas confondre avec **wieder** = *à nouveau*.

Repères biographiques

1878 - Naissance d'Alfred Döblin à Stettin (le 10 août).

1900 - Jusqu'en 1904, études de médecine à Berlin et spécialisation en neurologie et psychiatrie à Fribourg-en-Brisgau.

1910 - Collaboration avec Herwarth Walden, fondateur de la revue expressionniste *Der Sturm*. Döblin s'établit comme médecin neurologue dans un quartier populaire de Berlin.

1913 - Publication de *Die Ermordung einer Butterblume und andere Erzählungen*.

1914 - Döblin s'enrôle comme médecin militaire ; il est affecté à Sarreguemines, puis à Haguenau.

1915 - Il publie son roman *Die drei Sprünge des Wanglun*, pour lequel il recevra le prix Fontane (1916).

1919 - De retour à Berlin, il assiste au soulèvement spartakiste ; sympathie pour la « Unabhängige Sozialdemokratische Partei » (Parti socialiste indépendant) puis pour le SPD (jusqu'en 1927).

1924-1925 - *Reise in Polen*.

1929 - Publication en octobre de *Berlin Alexanderplatz*, son plus célèbre roman.

1933 - Le lendemain de l'incendie du Reichstag, Döblin fuit l'Allemagne et s'installe à Paris ; trois ans plus tard, il recevra la nationalité française.

1940 - Exode jusqu'à Lisbonne et départ pour les États-Unis.

1941 - Il se convertit au catholicisme.
1945 - Il rentre en Europe et collabore au Service de l'Éducation du gouvernement militaire en zone française d'occupation.
1946 - Il fonde la revue *Das goldene Tor*.
1953 - Pendant trois années entrecoupées de séjours à l'hôpital en Allemagne, Döblin vit à Paris.
1956 - Publication de *Hamlet oder die lange Nacht* à Berlin-Est, tandis que Döblin est traité à la clinique universitaire de Fribourg-en-Brisgau.
1957 - Mort à Emmendingen (le 26 juin), à l'âge de 79 ans.

Indications bibliographiques

Textes de Döblin

En allemand :

Ausgewählte Werke in Einzelbänden, éd. d'A. Muschg, Olten, Fribourg
   -*Berlin Alexanderplatz. Die Geschichte vom Franz Biberkopf.* (éd. 1961, première édition 1929)
   -*Babylonische Wanderung oder Hochmut kommt vor dem Fall* (Roman, éd. 1962, première édition 1934)
   -trilogie *Amazonas* (éd. 1988 ; *Das Land ohne Tod, Der blaue Tiger, Der neue Urwald* ; premières éditions 1937, 1938, 1947).
   -*Der Oberst und der Dichter oder das menschliche Herz*, Olten, Fribourg, 1984 (première édition 1947)
   -*Aufsätze zur Literatur* (éd. 1963 ; première édition 1947)

-*Karl und Rosa*, Alber, Fribourg et Munich, 1950
(première édition 1950).
-*Hamlet oder die lange Nacht nimmt ein Ende* (Roman,
éd. 1966, première édition 1956)
-*Die drei Sprünge des Wang-Lun* (éd. 1960)
-*Die Ermordung einer Butterblume* (éd. 1962)
-*Der deutsche Maskenball, von Linke Poot* (éd. 1972)
-*Drama, Hörspiel, Film* (éd. 1983)
-*Schicksalsreise, Bericht und Erkenntnis. Flucht und Exil
1940-1948,* Piper, Munich, Zurich, 1986.

En français (ordre chronologique):

Berlin Alexanderplatz, trad. Z. Motchane, Gallimard,
Paris, 1970/Folio 1981.
L'Assassinat d'une renoncule, trad. P. Ivernel, Presses
Universitaires, Grenoble, 1984/édition bilingue présen-
tée et annotée par B. Vergne-Cain et G. Rudent, Le
Livre de Poche, 1990, n° 8737.
L'Empoisonnement, trad. Y. Hoffmann et M. Litaize,
Actes Sud, Arles, 1988/coll. Le Livre de Poche Biblio,
1991.
Hamlet ou la longue nuit prend fin, trad. E. et R. Wintzen,
Fayard, Paris, 1988.
Le Tigre bleu, trad. J. Ruby, Calmann-Lévy 1948, Le
Livre de Poche Biblio, 1989.
Wang-Loun, précédé d'un essai de G. Grass, Fayard,
Paris, 1989.
Sur la musique - Conversations avec Calypso, traduit et
présenté par S. Cornille, Petite Bibliothèque Rivages,
1989.
Pas de pardon, trad. M. Charrière, édition J. Chambon,
1990.
Bourgeois et Soldats (Novembre 1918), trad. Y. Hoffmann
et M. Litaize, édition Quai Voltaire, 1990.

Témoignages, biographies et études critiques

Léo KREUTZER, *Alfred Döblin. Sein Werk bis 1933*, Kohlhammer, Stuttgart, 1970.

Adalbert WICHERT, *Alfred Döblins historisches Denken. Zur Poetik des modernen Geschichtsromans.* Metzler, Stuttgart, 1978.

Otto KELLER, *Döblins Montageroman als Epos der Moderne. Die Struktur der Romane*, Fink, Munich, 1980.

A.P. WIECKENBERG, H.L. ARNOLD, *Alfred Döblin*, Autorenbücher 24, 1981.

Roland LINKS: *Alfred Döblin*, Beck, Text + Kritik, Munich, 1981.

Helmut SCHWIMMER, *Berlin Alexanderplatz, Interpretation*, Oldenbourg, Munich, 1985.

Matthias PRANGEL, *Alfred Döblin*, Metzler, Stuttgart, 1987.

Dieter WELLERSHOFF, *Der Roman und die Erfahrbarkeit der Welt*, Kiepenheuer & Witsch, Cologne, 1988.

Petite chronologie historique

9 novembre 1918 : proclamation de la République dès l'annonce de l'abdication de Guillaume II — Une assemblée constituante élit Ebert chancelier.

15 janvier 1919 : assassinat des socialistes révolutionnaires Karl Liebknecht et Rosa Luxemburg. L'insurrection de la ligue spartakiste *(der Spartakus-Bund)* dont ils étaient les fondateurs est sévèrement réprimée sur les ordres du social-démocrate Noske et du Premier ministre Scheidemann.

28 janvier 1919 : signature du traité de Versailles *(Versailler Vertrag).*

11 août 1919 : l'assemblée promulgue une constitution *(die Verfassung).*

13-16 août 1920 : putsch de Kapp. L'armée *(die Reichswehr)* refuse d'intervenir. Une grève générale organisée par la gauche brise le putsch.

juin 1920 : élections au Reichstag, glissement à droite. Gouvernement de Fehrenbach.

janvier 1921 : conférence des Alliés à Paris sur la question des *réparations (die Wiedergutmachung).* Agitation ouvrière, progrès des mouvements nationalistes d'extrême droite refusant le « diktat » de Versailles.

29 août 1921 : assassinat d'Erzberger.

16 avril 1922 : traité de Rapallo auquel participe le ministre des Affaires étrangères Walther Rathenau (gouvernement de Wirth depuis mai 1921).

24 juin 1922 : meurtre de Rathenau. Décret d'exception pour protéger la République.

28 octobre 1922 : en Italie Mussolini marche sur Rome, imité un an plus tard par Hitler *(Münchner Putsch — 1923)*.

22 novembre 1922 : gouvernement de Cuno. Le régime ne peut faire face aux difficultés croissantes de l'après-guerre : inflation galopante accentuée par le coût des réparations.

Kurt Tucholsky

Die zufällige Republik
La République par hasard

*Der Deutsche braust wie das Meer, das
morgen wieder geduldig seine Lasten
trägt.*

Georg HERWEGH[1]

In der Sitzung des Preußischen Landtags vom sechsund-
zwanzigsten Juni 1922 hat der Abgeordnete Dr. Kalle von
der Deutschen Volkspartei[2] die neuen Ausnahmeverordnungen[3] der Republik gebilligt. » Wir rechnen aber darauf,
daß das Gesetz gleichmäßig gegen alle Seiten angewandt
wird, gegen alle, die sich gegen den Staat vergehen. « Hier
unterbrachen ihn die unabhängigen Sozialdemokraten:
» Warum sagen Sie nicht Republik? « Und das Mitglied
einer Regierungspartei antwortete: » Gegen den Staat, der
zufällig Republik ist «. Und das ist die Wahrheit[4].

Diese negative Monarchie, die nur deshalb keine ist,
weil ihr der Monarch ausgekniffen ist[5], hat nicht einmal
das eine von ihrem Vorgänger übernommen, dessen
Konkursmasse sie verwaltet: nicht einmal den Selbsterhaltungstrieb. Sie kann sich nicht schützen. Denn das,
wogegen sie sich schützen müßte, liegt in ihr selbst.

---

1. **Georg Herwegh** (1817-1875), poète révolutionnaire proche des
idées de Marx. Réfugié en Suisse, il écrivit en 1863 un appel à la grève
générale.

2. **die Deutsche Volkspartei :** le DVP était un parti de droite
populiste, à côté du parti nationaliste (DNVP) et du **Zentrum**
catholique ; la gauche se composait des Indépendants (USPD), des
Sociaux-Démocrates (SPD) et des Démocrates (DDP).

3. **die neuen Ausnahmeverordnungen :** après l'assassinat de Rathenau,
le président émit le 24 juin 1922 un décret d'exception visant à protéger
la République.

> *L'Allemand gronde comme la mer qui, le*
> *lendemain, porte encore ses fardeaux avec*
> *patience.*
>
> Georg HERWEGH

Durant la séance du 26 juin 1922 de la diète de Prusse, le député Kalle, du Parti Populaire Allemand, a approuvé les nouvelles mesures d'exception prises par la République. « Mais nous comptons sur le fait que la loi sera progressivement appliquée de la même façon à toutes les tendances, et à tous ceux qui agissent contre l'État. » Là, les sociaux-démocrates indépendants l'ont interrompu : « Pourquoi ne dites-vous pas : contre la République ? » Un membre d'un parti de gouvernement répondit : « Contre l'État, qui se trouve par hasard être une République. » Il ne croyait pas si bien dire.

Cette monarchie par défaut, qui n'en est pas une — simplement parce que son monarque a pris la poudre d'escampette —, n'a même pas su reprendre à son compte l'unique qualité de son prédécesseur dont elle gère la faillite massive, je veux dire son instinct de conservation. Elle ne peut pas se protéger. Car ce contre quoi elle devrait se protéger lui est inhérent.

---

4. **Und das ist die Wahrheit :** m. à m. : *Et c'est la vérité.*

5. **aus/kneifen (i/i)** (fam.): *filer, décamper.* La république fut proclamée le 9 novembre 1918, dès l'annonce de l'abdication de Guillaume II qui partit en Hollande.

Zweimal schon stand sie vor dem unmittelbaren Untergang, zweimal hat die Volksseele gekocht, zweimal sind die Deutschen aufgebrodelt wie Bromwasser — beide Male war es nichts.

Vor zwei Jahren, 1920, habe ich hier — unmittelbar nach dem Kapp-Putsch[1] — diese Forderungen erhoben:

Entfernung der konservativen Preußenoffiziere aus der Reichswehr[2]. Umwandlung der Reichswehr in eine zuverlässige Volksmiliz. Aufklärung der Öffentlichkeit von Staats wegen über die ungeheure Schuld der nationalistischen Parteien an der Katastrophe Deutschlands. Genaue Befolgung des Artikels 177 des Friedensvertrages (»Erziehungsanstalten, Universitäten, Kriegervereine[3], Schützen-, Sport- oder Wander-Vereine dürfen sich mit keinerlei militärischen Dingen beschäftigen«). Vollständige Auflösung aller »Wehren«.

Nicht eine dieser Forderungen ist bis heute erfüllt worden. Überlegen lächelnd oder hitzig in Geschäftsordnungsdebatten befangen, gingen die »Realpolitiker« und die von den Oberregierungsräten eingewickelten Konzessions-Minister darüber hinweg. Das, was man im Auto nach dem Hause der Königs-Allee[4] zurückgeschafft hat, ist die Quittung für die Pflichtvergessenheit und den bösen Willen der Regierung.

Es ist kein Wunder, daß wir bis dahin gediehen sind. Wenn man auf Massen einwirken will, muß man unbedenklich,

---

1. **Kapp :** haut fonctionnaire prussien qui avait fondé un parti nationaliste en 1917, Kapp organisa avec von Lüttwitz le putsch du 13 mars 1920 qui échoua quand la grève générale fut déclarée par les partis de gauche.

2. **die Reichswehr :** après le traité de Versailles qui a fixé une réduction de ses troupes, l'armée se trouve menacée par les dispositions exigeant l'extradition de certains criminels de guerre. Les Alliés exigent la dissolution des brigades Erhardt, devenues ultra-nationalistes et incontrôlables (en 1920, elles ont déjà la croix gammée pour emblème).

Par deux fois elle s'est déjà trouvée au bord de l'écroulement ; l'âme du peuple est entrée par deux fois en effervescence, et les Allemands ont bouillonné à deux reprises comme de l'eau de brôme — les deux fois en vain.

Il y a deux ans, en 1920 — aussitôt après le putsch de Kapp —, j'ai formulé les revendications suivantes :

Révocation des officiers prussiens conservateurs de la Reichswehr. Transformation de la Reichswehr en une milice populaire fiable. Révélation officielle à l'opinion publique de la lourde culpabilité des partis nationalistes dans la catastrophe allemande. Application scrupuleuse de l'article 177 du traité de paix (« Les établissements d'éducation, universités, associations d'anciens combattants, associations de tir, de sport ou de marche ne doivent avoir aucune activité d'ordre militaire »). Suppression totale de toutes les « milices ».

Aucune de ces revendications n'a été satisfaite, jusqu'à aujourd'hui. Souriant d'un air supérieur ou saisis au jour le jour par la fièvre des débats, les politiciens « réalistes » et les ministres du compromis, à la merci des hauts-conseillers du gouvernement, les ont négligées. Ce que l'on a rapporté dans la voiture roulant vers la maison de la Königsallee, c'est la facture de la déloyauté et de la mauvaise volonté du gouvernement.

Il n'est pas étonnant que nous en soyons arrivés là. Quand on veut agir sur les masses, il faut travailler sans scrupule,

---

La Reichswehr Noire, fonctionnant dans la clandestinité, tenta en 1923 un putsch, à la suite duquel elle fut dissoute.

3. **Kriegervereine** : foyers d'agitation antirépublicaine de type paramilitaire, réunissant éléments conservateurs et corps-francs.

4. **Königs-Allee** : c'est dans cette avenue de Berlin que fut perpétré l'attentat contre Rathenau, le 24 juin 1922.

demagogisch, völlig subjektiv und hemmungslos[1] arbeiten.
Eine republikanische Propaganda gibt es schon deshalb
nicht, weil es in den entscheidenden Stellen nur wenig
Republikaner gibt. Der Beamtenkörper, völlig Selbstzweck
geworden, erkennt keinesfalls den imaginären Auftraggeber » Staat« an, für den und durch den erst Beamte sind;
der Beamtenkörper ergänzt sich vielmehr durch Koopta-
tion, und seine Kohäsion ist so groß, daß er jeden
mißliebigen[2] Eindringling sofort ausscheidet. Meist nimmt
er ihn aber gar nicht erst auf. Sie sind sich einig. Die
Republik kann sehen, wo sie inzwischen bleibt.

Die tiefen Ursachen ihrer Schlappheit liegen darin, daß
sie dem Geheimrat und dem Kanzlei-Sekretär rettungslos
ausgeliefert ist. Da ist keiner, der wagt, eine Verfügung
einfach über den Haufen zu werfen, keiner, der wagt, die
alteingesessenen Rechte, die erworbenen, erschlichenen[3],
dahinfaulenden Rechte mit einem Fußtritt zu beseitigen.
Einer hat es einmal gewagt, und der hats büßen müssen,
weil er den Teutschen wirklich gefährlich war: Erzberger[4].
Bei den andern bleibts meist guter Wille.

Die tiefe Unkenntnis von der Psychologie des provinziel-
len Stammtischs[5] ist ganz erstaunlich. Vielleicht ist es ein
soziologisches Gesetz, daß man, tief im Apparat steckend,
die Übersicht verliert;

---

1. **hemmungslos**: m. à m.: *sans aucune entrave*. Le mot a un sens
négatif dans cet appel militant à l'action, de style pamphlétaire, plein de
traits ironiques à l'égard du gouvernement.

2. **mißliebig**: *qui n'est pas bien vu, impopulaire*; **sich mißliebig machen
bei** (dat.): *se faire mal voir de qqn*.

3. **erschleichen (i,i)**: *surprendre, capter* (sens négatif).

4. **Mathias Erzberger** (1875-1921): représentant du **Zentrum** et
auteur de la résolution de paix de 1917, ce parlementaire fut
injustement accusé de corruption par Helfferich, un ancien ministre de
Guillaume II qui déchaîna contre lui une campagne d'une violence
inouïe. Le procès en diffamation (janvier-mars 1920) fut un triomphe
pour Helfferich, condamné à une peine minime, et symbolisera la
victoire des hommes du Reich sur ceux de la République. Erzberger,

avec démagogie, de façon entièrement individualiste et sans reculer devant rien. S'il n'y a pas de propagande républicaine, c'est pour la simple raison qu'il n'y a que peu de républicains aux postes de décision. Le corps des fonctionnaires, devenu une fin en soi, ne reconnaît nullement le mandant fictif qu'est l'État, pour lequel et par lequel les fonctionnaires existent ; le corps des fonctionnaires s'élargit bien plutôt par cooptation, et sa cohésion est si grande qu'il exclut sur-le-champ tout intrus jugé importun. D'ailleurs, la plupart du temps, il ne l'accueille même pas dans ses rangs. Ils sont d'accord entre eux. À la République de savoir où elle est dans tout cela.

Les causes profondes de son apathie résident dans le fait qu'elle est livrée sans espoir de salut au Conseiller Intime et au Secrétaire de Chancellerie. Il n'y a parmi eux personne pour oser supprimer franchement un décret, personne pour oser écarter d'un coup de pied les droits anciennement octroyés, acquis, usurpés, et qui tombent en décrépitude. Un seul homme en a eu un jour l'audace, et il l'a payé cher, car il représentait un véritable danger pour les Teutons : Erzberger. Chez les autres, en général, cela ne va pas au-delà de l'intention pieuse.

La profonde méconnaissance de la psychologie du bistrot de province est vraiment étonnante. Peut-être y a-t-il une loi sociologique qui veut que l'on perde de vue l'ensemble quand on est trop pris dans l'appareil ;

après avoir échappé à la tentative d'assassinat d'un jeune nationaliste, succomba à la vague d'attentats nationalistes de 1921. Tucholsky écrivit un poème sur sa mort (in : Klaus Peter Schulz, *Tucholsky*, Rowohlt 1985 — 1re éd. 1959, p. 66 sqq).

5. **der Stammtisch** : *table des habitués* d'un bistrot, qui est leur **Stammlokal (das)**.

aber ich muß sagen, daß es jedes Mal ein trauriges Schauspiel ist, die Weltkenntnis dieser wie Öl auf dem Meer der Reaktion schwimmenden Beamten der Republik zu erleben. Es erscheint ihnen unendlich pikant und diplomatisch erwägenswert[1], daß nicht jenes Ressort, sondern dieses da oder dort eingegriffen habe, sie zerbrechen sich den Kopf, wie sie einen geheimrätlichen Reaktionär übergehen können: aber keiner greift durch, keiner wirft wirklich ein paar tausend Leute ohne Pension auf die Straße, nur, weil sie monarchistisch sind und — wie gewisse Damen — das Geld von einem Auftraggeber nehmen, über den sie sich heimlich lustig machen. Heimlich? Es ist in der deutschen Republik ein Hindernis für die Karriere, Republikaner zu sein.

Das Haus hat den Schwamm[2]. Und daher sieht es außen so aus:

Die Reichswehr ist völlig unzuverlässig. Eine Institution, die — entgegen den ausdrücklichen Berliner Befehlen (du armer Geßler[3]!) — vor einem nationalistischen, antirepublikanischen, also staatsfeindlichen Privatmann[4] Paraden abhält, eine, die mit Prinzen kokettiert, ist nicht zuverlässig. Der Erlaß[5], den v. Seeckt[6] und v. Behncke jetzt angekündigt haben, und in dem die Treue der Reichswehr festgestellt wird, ist eine Farce. Das gesamte deutsche Militär hat, so, wie es heute ist, mit der Republik überhaupt nichts zu tun.

---

1. **erwägenswert**: m. à m.: *qui mérite d'être considéré;* **erwägen (o,o)**: *peser, examiner avec soin.*

2. **...hat den Schwamm,** m. à m.: *la maison est moisie* (**der Hausschwamm**: *la moisissure*).

3. **Geßler**: maire de Nuremberg de 1914 à 1919, puis ministre de la Défense; on lui confia en 1923 des pouvoirs exceptionnels (et non à von Seeckt, ce qui déplut aux milieux extrémistes).

4. **der Privatmann**: c.-à-d.: *le civil, le pékin* (argot militaire de l'époque).

5. **der Erlaß**: le décret promulgué en 1922 par von Seeckt et von

mais je dois dire que c'est toujours un triste spectacle que de constater l'usage du monde qu'ont ces fonctionnaires républicains, nageant comme de l'huile sur la mer de la réaction. Il leur semble infiniment piquant et intéressant d'étudier d'un point de vue tactique le fait que tel département ne soit pas intervenu, mais plutôt tel autre, dans tel ou tel cas; ils s'évertuent à trouver le moyen de neutraliser un conseiller réactionnaire; mais personne ne tranche dans le vif, personne ne va jusqu'à jeter quelques milliers de gens à la rue sans pension, pour la simple raison qu'ils sont monarchistes et reçoivent leur argent — à l'instar de certaines dames — d'un commanditaire dont ils se moquent en secret. En secret?... Dans la république allemande, c'est un obstacle dans une carrière que d'être républicain.

Cette maison est rongée par la moisissure. Voilà donc à quoi elle ressemble de l'extérieur:

La Reichswehr n'est pas du tout fiable. Une institution qui, malgré les ordres formels de Berlin (mon pauvre Gessler!), parade devant le pékin nationaliste, antirépublicain et donc ennemi de l'État, et coquette avec des princes ne saurait être fiable. Le décret tout récemment pris par von Seeckt et von Behncke, qui confirme la loyauté de la Reichswehr, est une farce. Toute l'armée allemande telle qu'elle se présente aujourd'hui n'a vraiment rien à voir avec la république.

Behncke visait à préserver l'unité d'une Reichswehr loyale vis-à-vis du gouvernement.

6. **von Seeckt**: le général Hans von Seeckt (1866-1936), chef du *service des armées* **(Truppenamt)**, fut promu pour son attitude lors du putsch de Kapp, quand la brigade de marine marcha sur Berlin et mit en fuite le gouvernement. Consulté sur l'attitude que devait adopter la Reichswehr, qu'il dirigea de 1920 à 1926, von Seeckt refusa toute intervention de cette dernière pour rétablir l'ordre, et déclara : » La Reichswehr ne tire pas sur la Reichswehr. « *(Reichswehr schießt nicht auf Reichswehr)*.

Seine vornehmlichste Sorge war, sich Spezialflaggen zu schaffen, die in keiner Weise an die verhaßte Fahne Schwarz-Rot-Gold[1] erinnern, sondern an die alten Monarchistentücher. Das ist ihnen gewährt worden. Ich habe noch nie eine Reichswehrformation hinter einer schwarzrot-goldenen Fahne marschieren sehen, und unter diesen Führern werden wir das auch nie sehen. Wenn wirklich der völlig bedeutungslose Herr Geßler geht —: seine Generale bleiben. Sie sind zum größten Teil die schwerste Gefahr für die Republik. Und sie werden sie nicht schützen. Über ihr Verhalten im Fall eines Hochverratsversuchs gibt es unter den Kennern nur eine Stimme. Deutlicher will ich hier nicht werden. Die Mannschaften[2], die in Putschzeiten erhöhte Gebühren bekommen, leiden zum Teil sehr unter dieser in Autos herumkutschierenden, monokelblitzenden Führerschaft. Eine Unterstützung findet kein Republikaner in der Reichswehr. Es gibt dort auch gar keinen. Geßler hat nie gewußt, was eine Republik ist, und zu Lande, wo sie ungestraft Hans Paasche[3] ermordet haben, und zu Wasser, wo ein Hochverräter[4] einen Kreuzer führt, sind sie überall »richtig«. Das ist unsre Wehrmacht. Sie hat nicht, wie Geßler will, »unpolitisch« — sie hat republikanisch zu sein. Er beschwert sich, man überschätze seine Zuständigkeit. Er tröste sich: Wir wissen, daß er nirgends zuständig ist.

Die Verhältnisse in der Polizei liegen ähnlich, aber schwieriger.

---

1. **die Fahne Schwarz-Rot-Gold** : ce drapeau symbolise la République aux yeux du monarchiste de l'armée, qui ont longuement bataillé pour obtenir le maintien de leurs anciennes bannières. Durant l'entre-deux-guerres la lutte entre drapeaux continuera, jusqu'à leur utilisation propagandiste lors des grands spectacles nazis.

2. **die Mannschaft (en)** : *troupe* (mil.) ; *équipage* (mar.) ; *équipe* (sport), et par extension *le personnel*.

3. **Hans Paasche** : pacifiste, victime des brigades nationalistes. En 1922, E. Gumbel publia une brochure sur les assassinats politiques, »Vier Jahre politischer Mord« que Tucholsky lut et commenta comme « Le livre de la honte allemande » (GW, t. 3, p. 48).

Sa plus grande préoccupation est de se procurer des drapeaux qui ne rappellent plus en rien cet odieux étendard noir-rouge-et-or, mais les anciennes bannières monarchistes. Ce qui leur a été accordé. Je n'ai encore jamais vu une formation de la Reichswehr défiler derrière un drapeau noir-rouge-et-or, et d'ailleurs nous ne le verrons jamais sous ce gouvernement. Si le très insignifiant Monsieur Gessler s'en va vraiment, ses généraux, eux, resteront en place. Ils sont, pour la plupart, le plus grave danger qui menace la république. Ils ne la protégeront donc pas. Les connaisseurs sont unanimes sur leur comportement en cas de tentative de haute trahison. Je ne donnerai pas davantage de précisions là-dessus. La troupe qui touche un salaire plus élevé dans les périodes de putsch supporte mal, en général, ces chefs au monocle étincelant qui se promènent en voiture. Aucun Républicain ne trouvera de soutien dans la Reichswehr. Elle n'en compte d'ailleurs aucun. Gessler n'a jamais su ce qu'est une république ; sur terre, où ils ont impunément assassiné Hans Paasche, comme en mer, où un coupable de haute trahison commande un croiseur, ils sont partout bien à leur place. Voilà notre armée... Elle ne doit pas être, comme le veut Gessler, « apolitique », elle doit être républicaine. Il se plaint que l'on surestime sa compétence. Qu'il se console : nous le savons bien, il n'en a aucune, dans aucun domaine.

La situation de la police est semblable, quoique plus difficile.

---

4. **Hochverräter** : voir sur ce problème l'article de Tucholsky » Et si...? « : « Le ministre des Armées (...) donnait à quelqu'un qui s'était rendu coupable de haute trahison le commandement d'un croiseur » (in *Chroniques allemandes*, p. 63, cf. Repères p. 128), que vient nuancer une nouvelle prise de position en 1926 : « Il faut traiter cette question sans tenir aucun compte de l'idéologie bourgeoise dominante sur le "caractère sacré" de l'État » (« La prétendue haute trahison », ibid. p. 167).

Es sei erwähnt, daß die von der Entente[1] erzwungene
Verringerung des Mannschaftsbestandes eine Erhöhung
der Offiziersstellen mit sich gebracht hat; der letzte
gradezu skandalöse Milliarden-Etat der Polizei sieht aus
wie die Aufstellung einer Armee in der Neger-Republik
Liberia — es wimmelt von Offizieren. Das Plus beträgt: 20
Polizeimajore, 198 Polizeihauptleute und viele andre
Posten und Chargen. Keine Sorge: es wird schon bewilligt
werden.

Die offiziellen Sport-Veranstaltungen sind völlig natio-
nalistisch » aufgezogen «. Herr Lewald[2], dessen Gehrock
auf keiner Sportveranstaltung fehlt, weiß nicht, daß es
keine Leibesübung ohne Ethos gibt, und will nicht wissen,
daß dieses unausgesprochene Ethos im Stadion nichts
taugt. Von dumpfer Unterordnung bis zum beseligenden
Aufgehen[3] im Herdengefühl[4] gibt es da alle Nuancen; und
jeder Sportverband ist ein kleiner Staat mit allen Untu-
genden des Staates. Der postenerjagende Herr Dominicus[5],
der niemals ohne den schönen Titel »Staatsminister a.
D.[6]« ausgeht, fehlt gleichfalls nicht, und das Ganze heißt
Ertüchtigung der Jugend. Und wir lehnen beides ab: diese
Ertüchtigung[7] und solche Jugend.

Die Republik wird entweder anders sein als heute, oder
sie wird nicht sein. Die Minimaltemperatur, bei der sie
grade noch leben kann, ist erreicht. Ich sagte neulich zu
einem Politiker:

---

1. **Entente**: alliance entre la France, la Grande-Bretagne et la Russie,
résultant de l'Alliance franco-russe de 1893 et de l'Entente cordiale
entre France et Angleterre, la Triple-Entente fut rompue par le Traité
germano-russe de Brest-Litovsk (1918).

2. **Theodor Lewald**: fondateur de l'École supérieure d'Éducation
physique et secrétaire d'État, participa à la grève générale lancée contre
le putsch de Kapp.

3. **auf/gehen in** + dat: *se dissoudre, se perdre dans, se confondre
dans*.

4. **(das) Herdengefühl**: le terme plus couramment employé est **(der)**

Il faut signaler que la diminution des effectifs exigée par les Alliés a entraîné une augmentation des postes d'officiers ; le dernier budget de la police, proprement scandaleux et qui se chiffre en milliards, ressemble à la levée d'une armée dans la République noire du Libéria : il fourmille d'officiers. Ces augmentations font état de 20 commandants, 198 capitaines de police et beaucoup d'autres postes et fonctions. Inutile de s'inquiéter, il sera certainement accepté.

Les manifestations sportives officielles sont entièrement « montées » dans un esprit nationaliste. Monsieur Lewald, dont l'habit ne rate aucune manifestation sportive, ne sait pas qu'aucun exercice physique n'existe sans idéologie, et il ne veut pas savoir qu'une telle idéologie implicite est nuisible dans un stade. On y trouve toutes les nuances, de la soumission bornée jusqu'au lénifiant instinct grégaire ; chaque association sportive est un petit État et en a tous les vices. M. Dominicus l'arriviste, qui ne sort jamais sans son beau titre d'« Ex-Ministre d'État... », n'en manque pas une, lui non plus, et le tout est baptisé « entraînement de la jeunesse ». Or nous refusons ces deux choses : un pareil entraînement et une pareille jeunesse.

La République sera différente de ce qu'elle est aujourd'hui, ou elle ne sera pas. Elle a atteint la température minimale où elle peut juste encore se maintenir en vie. Je disais il y a peu à un politicien :

Herdentrieb. C'est un sujet de prédilection de Tucholsky (cf. le poème » das Mitglied «).

5. **Dominicus :** Alexander Dominicus, député à la Diète de Prusse entre 1919 et 1924.

6. **a.D.** = **außer Dienst :** *en retraite.* Ces deux lettres suivaient en effet souvent le titre d'anciens fonctionnaires ou officiers.

7. **die Ertüchtigung : ertüchtigen** signifie *éduquer, rendre capable* (**tüchtig**).

» Aber warum verteidigen die Herren ihre Republik nicht
wenigstens aus Selbsterhaltungstrieb? Es ist doch ihre
Sache, die da abgehandelt wird!« — »Nein«, sagte er.
» Es ist eben nicht ihre Sache.« Das scheint richtig zu
sein: es ist nicht ihre Sache. Gott hat ihnen gegeben, sich
umzustellen, wenn etwas passiert. Aber es ist unsre
Sache.

Ich will nicht, daß meine Kinder einmal auf einem
Kasernenhof[1] stehen und von einem uniformierten
Großknecht angebrüllt werden, indes ein gleichfalls unifor-
mierter Gutsinspektor mit viereckigen, aber polierten Fingern lässig, in der Geste des geborenen Herrn, eine Front
von Verprügelten abschreitet[2]. Ich will nicht, daß eben
diese Kinder einmal in Ackergräben verrecken, weil sich
zwei Kapitalistengruppen nicht anders über die Verteilung
der Konsumentenplantagen[3] einigen können, und weil
zwei Beamtenapparate dergleichen[4] zur Auffrischung und
Weiterexistenz nötig haben, soziologische Fakten, die man
unter Zuhilfenahme entsprechender Universitätsprofesso-
ren und frei schaffender Schriftsteller als mystisch immanente Gegensätzlichkeiten leicht philosophisch begründen
kann. Wir habens ja: wozu haben wir auf diesen Universitäten[5] studiert!

Die Republik will nicht einsehen, daß nur die unverhoh-
lene Bekämpfung der alten Monarchie etwas helfen kann.
Es muß eben nicht an die alten, schlechten Traditionen
dieser wilhelminischen Epoche[6] angeknüpft werden,

---

1. **Kasernenhof**: farouchement antimilitariste, Tucholsky écrivit en
1920 un essai: » *Deutschland — ein Kasernenhof!* « (GW t. 2, p. 373).

2. **die Front der Truppen ab/schreiten (i,i)**: *passer les troupes en
revue*.

3. **die Konsumentenplantage (n)**: de **der Konsument (en, en)**: *le
consommateur* et **die Plantage (n)**: *la plantation*.

4. **dergleichen**: m. à m.: *de ce genre, de la sorte, pareil* (ici au
gén.).

5. **die Universität (en)**: alors véritables foyers d'esprit antirépublicain
où la majorité du corps professoral était de tendance conservatrice, et

« Mais pourquoi ces messieurs ne défendent-ils pas leur république, ne serait-ce que par instinct de conservation ? C'est tout de même bien de leur affaire qu'il s'agit ! — Non, fit-il, ce n'est justement pas leur affaire. » Cela semble être vrai : ce n'est pas leur affaire. Dieu leur a donné la faculté de tourner casaque quand il se passe quelque chose. Mais c'est notre affaire, à nous.

Je ne veux pas que mes enfants se retrouvent un jour dans une cour de caserne à écouter les hurlements d'un maître-valet en uniforme, tandis qu'un administrateur, également en uniforme, les ongles carrés mais bien limés, avec l'attitude innée du maître, passe nonchalamment en revue des soldats qui ont reçu le bâton. Je ne veux pas que ces mêmes enfants crèvent un jour dans les tranchées, parce que deux groupes capitalistes ne peuvent se mettre d'accord sur la répartition des plantations ou parce que deux corps de fonctionnaires ont besoin de cela pour se moderniser et continuer à exister, faits sociologiques que l'on peut aisément expliquer en philosophie comme des oppositions mystiques immanentes, en faisant appel aux universitaires *ad hoc* et aux écrivains indépendants... Voilà où nous en sommes ; mais pourquoi avons-nous fait des études dans ces universités ?

La République ne veut pas comprendre que seule la lutte déclarée contre l'ancienne monarchie peut servir à quelque chose. Il faut justement éviter de renouer avec les traditions désuètes et nocives de l'époque wilhelmi-nienne,

---

les organisations principales dominées par *les anciens* (**Alte Herren**). La liberté d'enseignement garantie par la nouvelle constitution y aura accentué la diffusion des idées nationalistes.

6. **die w. Epoche** : Guillaume II, empereur d'Allemagne de 1888 à 1918, s'il relança l'économie de son pays grâce au « nouveau cours », ne put supprimer le malaise ouvrier. Il se rapprocha de l'Autriche et de l'Italie en renouvelant la Triple Alliance (1912) ; il abdiqua le 9 novembre 1918.

eben nicht an ihre grauenvolle Kommis-Tüchtigkeit, ihre
schnodderige Fixigkeit, ihre tiefe Verlogenheit und ihre
verbrecherische Ausnutzung des Staates zu Gunsten einer
kleinen Kaste. Wie die Seele dieser Germanen beschaffen
ist, beweisen die telefonischen Beschimpfungen einer acht-
zigjährigen Frau, der man ihren Sohn hingemordet[1] hat
— diesen Sadismus kann nur verstehen, wer das alte Heer
gekannt hat, diesen Misthaufen auf dem Felde Deutschlands. Eben die Tatsache, daß Meineidige[2], Mörder und
Diebe sich frisch und froh auf den » Dienst « berufen und
noch stolz sind, ungestraft alle Sensationen eines Verbre-
chers ausgekostet zu haben, ohne die Verantwortung
fürchten zu müssen, die eine imaginäre Kollektivität trägt
— eben das macht diese Gesellschaft so gefährlich. Und
man bekämpft sie nicht mit einer » Objektivität «, die uns
fragen macht, ob denn vielleicht ein Feuerwehrmann
gegen die Flammen objektiv zu sein hat. Der Leichnam
Walther Rathenaus[3] war noch nicht unter der Erde — da
fingen die zimperlichen[4] Demokraten schon wieder an, vor
» Verallgemeinerungen « zu warnen, waren sie schon wieder dabei, die versöhnliche Rechte hinzuhalten und sich
hineinspucken zu lassen[5]. Sie haben die Wahl: Entweder
das Herz sitzt rechts, dann ist ihnen nicht zu helfen[6].
Oder sie sind unverbesserlich dumm.

Wird es dieses Mal besser? Es muß besser werden. Wir
Republikaner stehen heute nackt und bloß da, und ich
halte von dem Flugblattwort » Massen heraus ! « nicht viel.

---

1. **hin/morden** : *assassiner, massacrer* (connotations très négatives de
der Mord (e) : *l'assassinat, le meurtre*, souvent employé dans les
pamphlets antimilitaristes de Tucholsky).
2. **der Meineid (s,e)** = *faux serment* ; **einen Meineid leisten/schwören** :
se parjurer.
3. **Walther Rathenau** : ministre des Affaires étrangères, grand bourgeois de tendance libérale et démocrate, Rathenau fut assassiné le 24
juin 1922 après avoir signé le traité de Rapallo, pourtant favorable à
l'Allemagne.

avec son horrible zèle de commis, sa rigidité vieillotte, son hypocrisie foncière et son exploitation criminelle de l'État au profit d'une petite caste. Les insultes téléphoniques d'une femme de quatre-vingt-dix ans dont on a abattu le fils montrent bien de quoi est faite l'âme de ces Germains — pour comprendre ce sadisme, il faut avoir connu l'ancienne armée, ce tas de fumier sur le champ allemand. Le simple fait que des parjures, des meurtriers et des voleurs profitent allégrement du « service » et sont même fiers d'avoir goûté en toute impunité à toutes les sensations d'un criminel sans avoir à craindre la responsabilité qui échoit à une collectivité fictive, voilà justement ce qui rend cette société si dangereuse. Et on ne la combattra pas avec une « objectivité » qui nous fait nous demander si un pompier, par exemple, doit rester objectif à l'égard des flammes ! Le cadavre de Walter Rathenau était à peine en terre, que ces démocrates maniérés recommençaient déjà à mettre en garde contre les « généralisations », se remet-taient à faire patienter la droite conciliante et à se laisser cracher dessus. De deux choses l'une : soit ils ont le cœur à droite et l'on ne peut plus rien pour eux, soit ils sont irrémédiablement bêtes.

La situation va-t-elle s'arranger cette fois-ci ? Il est indispensable qu'elle s'arrange. Nous, les républicains, nous sommes là, nus comme des vers, et je ne crois pas beaucoup au slogan des tracts : « Les masses dans la rue ! »

---

4. **zimperlich :** *douillet, affecté.*

5. **sich hineinspucken zu lassen :** m. à m. : *se faire cracher dedans*. Avec cette image brutale, Tucholsky critique les atermoiements et les compromissions des démocrates tièdes et craintifs du centre, qui s'opposaient aux socialistes.

6. **dann ist ihnen nicht zu helfen :** dans un net crescendo du ton polémique (voir notes 1 et 5 ci-dessus) qui tend à établir un rapprochement entre conservateurs et modérés, Tucholsky règle ainsi également leur compte aux hommes de droite.

Wohin sollen sie denn gehen? Haben wir eine Kampforga-
nisation, der wir uns im Fall eines Putsches zur Verfügung stellen[1] können? Haben wir Waffen? Womit will
denn die Arbeiterschaft einen solchen Putsch abwehren?
Mit ihren Korkziehermessern? Weiß sie nicht, mit wem sie
es zu tun haben wird? Auf der andern Seite stehen
kriegserfahrene, bewaffnete und sehr gut organisierte
Verbände[2]. Über diese Reichswehr und über diese Polizei
soll dabei im Augenblick nichts gesagt werden.

Wer so schwache Sehkraft hat, daß er allein den Herrn
Tillessen[3] für das große Verderben Deutschlands hält: mit
dem ist nicht zu diskutieren. Wer nicht sieht, daß es ganze
Gesellschaftsschichten sind, ganze Klassen und Kasten,
die so verkommen, so heruntergekommen in ihrem moralischen Empfinden, von so frechem Hochmut sind — wer
nicht sieht, daß man diesen Beamten, ihren Frauen, ihren
Söhnen, diesen Studenten, Professoren, Oberlehrern, Medi-
zinern, diesen Balkan-Deutschen[4] die Macht zeigen muß,
die unlogische, nicht objektive, ungerechte, einfache
Macht: der richtet das Land zugrunde. Und wir wollen
uns nicht zugrunde richten lassen. Wir haben nicht Lust,
uns von einer kleinen Ober- und Mittelschicht[5], diesen
Opfern einer ausgezeichneten Propaganda, terrorisieren zu
lassen. Dies ist die Diktatur des Nationalismus.

Hier sind unsre Forderungen:

1. Umwandlung der Reichswehr in eine Volksmiliz.
Entfernung aller überflüssigen und gegenrevolutionären
Generale und Offiziere;

---

1. **jm** (dat.) etw. **zur Verfügung stellen**: *mettre qqch. à la disposition de
qqn* — **jm zur Verfügung stehen**: *être à la disposition de*.
2. **der Verband** (¨e): sur les ligues, voir notes 2 et 3 page 80.
3. **Werner Tillessen**: fit un discours aux aspirants de Mürwirk pour
les convaincre de rester loyaux et de lutter contre les menées
antirépublicaines d'Ehrhardt. Il fut lui aussi assassiné en 1921 (cf.
Francis L. Carsten, *Reichswehr und Politik 1918-1933*, Kiepenheuer &
Witsch, Köln Berlin 1964, p. 139 sqq).

Où peuvent-elles bien aller ? Avons-nous une organisation de combat dont nous puissions disposer en cas de putsch ? Avons-nous des armes ? Comment la masse ouvrière va-t-elle repousser un tel putsch ? Avec ses canifs ? Ne sait-elle pas à qui elle aura affaire ?... De l'autre côté, il y aura des ligues, rompues à l'art de la guerre, armées et très bien organisées. De ce point de vue, on ne peut rien dire pour le moment de notre Reichswehr et de notre police.

Celui qui a la vue assez courte pour imputer au seul M. Tillessen la perte de l'Allemagne, inutile de discuter avec lui. Celui qui ne voit pas qu'il y a des couches entières de la société, des classes entières et des castes tellement dépravées et abaissées dans leur sentiment moral, et d'un orgueil si insolent — celui qui ne voit pas qu'il s'agit de montrer où est le pouvoir à ces fonctionnaires, à leurs femmes et à leurs fils, à ces étudiants, à ces maîtres, à ces professeurs d'université, à ces médecins, à ces Allemands balkanisés, le pouvoir absurde, non objectif, injuste, le pouvoir brut, celui-là entraîne son pays à sa ruine. Or nous ne voulons pas nous laisser conduire à notre ruine. Nous n'avons pas envie de nous laisser terroriser par une petite classe supérieure et moyenne, par les victimes d'une remarquable propagande. Car cela, c'est la dictature du nationalisme.

Voilà ce que nous revendiquons :

1. La transformation de la Reichswehr en une milice populaire. La mise à l'écart de tous les généraux et officiers superflus et contre-révolutionnaires ;

---

4. **diesen Balkan-Deutschen :** désigne le morcellement, le manque d'harmonie et peut-être aussi la résignation fataliste des catégories sociales.

5. **die Ober- und Mittelschicht :** ces classes (**die Schicht :** *la couche, la classe*) étaient particulièrement réceptives à la propagande nationaliste.

2. Entmilitarisierung der Schutzpolizei. Stützung des Herrn Abegg, ihres Referenten[1]. Zwangspensionierung und Maßregelung aller unzuverlässigen[2] Elemente, besonders in der Provinz;

3. Reformierung der Justiz — ganz besonders der Staatsanwaltschaften, die auf dem Disziplinarwege zu fassen sind. Rücksichtslose Säuberung der Justiz von allen monarchistischen Elementen;

4. Demokratisierung der Verwaltung. Durchgreifende Verfolgung jeder republikanischen Beschwerde[3]. Entlassung aller Beamten, denen antirepublikanische Politik nachzuweisen ist, mit Entziehung der Pension. Aufhebung aller dem entgegenstehenden Vorschriften;

5. Stärkung des Reichs den Ländern gegenüber;

6. Völlige Umformung der Lehrkörper auf Schulen und Hochschulen. Sofortige Aufhebung aller Zwangsmaßregeln, auch der indirekten, die darauf abzielen, aus den »körperlichen Leibesübungen« der Studenten eine neue Wehrpflicht zu machen;

7. Sofortige Amnestie für die politischen Häftlinge aller Art, soweit sie republikanisch sind. (Also nicht für Herrn v. Jagow[4].) Diese Forderung ist insbesondere für die Leute aus Niederschönenfeld[5] zu erheben, von denen keiner, kein einziger, ein so viehisches Verbrechen auf dem Gewissen hat, wie es die Mordtaten an Erzberger oder Rathenau sind;

---

1. **der Referent (en, en):** m. à m.: *le rapporteur;* (**das Referat (e):** *le rapport*).

2. **unzuverlässig,** *incontrôlable, non fiable,* est également le terme que l'auteur a précédemment employé pour désigner la Reichswehr et ses tendances conservatrices (p. 84).

3. **die Beschwerde (n):** *réclamation,* signifie aussi *plainte* (**sich beschweren über** + accus.: *se plaindre de*).

4. **Traugott von Jagow:** dirigea la police à Berlin, de 1909 à 1916; impliqué dans le putsch de Kapp, il fut condamné en 1921 à cinq ans de réclusion pour haute trahison, puis gracié en 1924 (cf. Eyck, *Geschichte der Weimarer Republik,* Stuttgart, 1962, p. 219).

2. La démilitarisation de la police. Le soutien de son directeur, M. Abegg. La mise à la retraite forcée et la sanction de tous les éléments douteux, notamment en province;

3. La réforme de la justice, et en particulier du ministère public que l'on peut atteindre par les voies disciplinaires. La justice doit être nettoyée à fond de tous ses éléments monarchistes;

4. La démocratisation de l'administration. L'examen approfondi de toute requête républicaine. Le renvoi de tous les fonctionnaires auxquels on peut reprocher une politique antirépublicaine, en les privant de retraite. L'abrogation de toutes les directives qui s'y opposent;

5. Le renforcement du Reich par rapport aux Länder;

6. La transformation totale des corps pédagogiques dans les écoles et les universités. La suppression immédiate de toutes les mesures coercitives, fussent-elles indirectes, qui visent à transformer les «exercices physiques» des étudiants en un nouveau service militaire;

7. L'amnistie immédiate pour les prisonniers politiques de tout genre, dès lors qu'ils sont républicains. (Ceci ne concerne donc pas M. von Jagow.) Cette revendication doit surtout être formulée pour les gens de Niederschönenfeld dont aucun, absolument aucun, n'a sur la conscience un crime aussi atroce que l'assassinat d'Erzberger ou de Rathenau;

---

5. **die Leute aus Niederschönenfeld**: il s'agit ici des socialistes de gauche, détenus dans cette forteresse pour leur rôle actif dans la *République des Conseils* de Munich en avril 1919; entre autres, Erich Mühsam et Ernst Toller (cf. de ce dernier: *Une jeunesse en Allemagne*, L'Âge d'Homme, 1974).

8. Aufhebung des § 360 des Reichs-Strafgesetzbuches, Ziffer 8. Diese Vorschrift stellt das unbefugte[1] Tragen von Orden und Ehrenzeichen unter Strafe, ebenso die unbefugte Führung des Adelstitels. Dieser monarchistische Unfug verdient nicht, verboten zu werden — man muß ihm seinen Wert nehmen. Da der Adel heute nicht mehr verliehen wird, so hat diese schwer antirepublikanische Kaste einen größeren Wert als je zuvor: den Seltenheitswert. Diese Mätzchen[2] der Monarchie müssen der allgemeinen Wertlosigkeit verfallen[3];

9. Vor allem aber: Aufklärung und Propagierung der neuen Ideen einer neuen Republik:

Die Zerstörung der Preußen-Legende[4] ist da an erster Stelle zu nennen. Abgesehen von der moralischen Vertiertheit vieler Vertreter dieses Systems muß eben das System in seinen Wurzeln angegriffen werden: klar und deutlich ist an Beispielen zu zeigen, wie da gearbeitet worden ist. Aus diesem Negativen entwickelt sich das Positive: aus Untertanen werden Bürger, aus Hände-an-die-Hosennaht-Maschinen Menschen, aus Kerls Männer. Unbequem für die frühern Herren — eiserne[5] Notwendigkeit für den Bestand einer Republik.

Dies sind unsre Forderungen. Werden sie befolgt[6], haben wir ein neues, lebenskräftiges Land.

---

1. **unbefugt**: *non autorisé* — à rapprocher de *der Unfug* (infra): *le scandale; l'algarade; le désordre* (**der Fug** (vx): *le droit* — **mit Fug und Recht**: *à juste titre*).

2. **Mätzchen**: de **der Matz**, *le garnement*; c'est à l'origine une abréviation du prénom **Matthias**.

3. **verfallen**: fréquentes occurrences du préfixe **ver-** (connotation péjorative), exprimant ici la corruption et la désorganisation des adversaires politiques: **Vertiertheit** (infra) et **verkommen**, p. 94.

4. **die Preußen-Legende**: après la guerre de 1870, l'histoire de la Prusse est indissociable de celle de l'Allemagne, à laquelle elle légua le militarisme et l'esprit de discipline qui la caractérisaient. Sous la République de Weimar, la Prusse connaît une constitution démocratique, avant de jouer un rôle capital sous le IIIe Reich.

8. La suppression de l'article 360 du Code pénal du Reich, alinéa 8. Ce règlement pénalise le port illicite de décorations et d'insignes, ainsi que le port indu d'un titre de noblesse. Ce bric-à-brac monarchiste ne mérite pas d'être interdit, il faut plutôt lui retirer sa valeur. Comme les titres de noblesse ne se confèrent plus de nos jours, cette caste farouchement antirépublicaine a une valeur plus grande que jamais : celle de la rareté. Il faut laisser ces stupidités de la monarchie se perdre dans la dévalorisation générale ;

9. Mais surtout, explication et propagation des idées nouvelles pour une République nouvelle :

À commencer par la destruction de la légende de la Prusse. Sans parler de l'abrutissement moral de nombreux défenseurs de ce système, c'est le système lui-même qu'il faut attaquer à la racine : il convient de montrer par des exemples clairs et nets comment il fonctionnait. De ces aspects négatifs se dégagera le positif : les sujets deviendront des citoyens, les machines-le-doigt-sur-la-couture-du-pantalon deviendront des êtres humains, les gamins, des hommes. Désagréable pour les messieurs d'avant... mais c'est une nécessité impérieuse pour l'existence d'une république.

Telles sont nos revendications. Si on les satisfait, nous aurons un nouveau pays vigoureux.

---

5. **eisern** : *de fer* (**eiserner Wille** : *volonté de fer*). Cet adjectif imagé se rapproche du procédé de l'hyperbole (**eisern** étant devenu syn. de *dur, intransigeant, infatigable*).

6. **werden sie befolgt** = emploi transitif, cf. **einen Befehl befolgen**, *se conformer, suivre un ordre*. Ne pas confondre avec **folgen** + dat., par ex. **darf ich dir folgen** : *puis-je te suivre ?*

Werden sie es nicht, haben wir in Wochen oder Monaten eine elende und von aller Welt verachtete Reichsverweserschaft.

Die letzte Rettung ist: Einigung der sozialistischen Parteien.

Als Walther Rathenau im Reichstag[1] aufgebahrt lag, stand, still und zuckergußartig, sein erhabener Großvater[2] da. Ein heißer Streit war um ihn entbrannt: Sollte in dem Volkshaus der Republikaner dieses monarchistische Standbild entfernt werden oder nicht? Gefühle mußten geschont werden...

Man umkleidete es mit Lorbeerbäumen; es wurde verhüllt. So ist hier alles. Wir schlagen nichts nieder — wir verhüllen[3] es.

Eine kleine, sadistisch-masochistische, in ihren funktionellen Lebensbeziehungen schwer psychopathische Minderheit terrorisiert das Land, das in weicher Wabbligkeit[4] diese Qualen fast wollüstig duldet.

Bleiben die Republikaner wiederum in den Versammlungssälen und packen sie die ungetreuen Amtsdiener ihres eignen Landes nicht in den Büros, auf den Kasernenhöfen, in den Polizeiwachen, auf den Gerichten, in den Landratswohnungen, schlagen sie diese größenwahnsinnigen Recken[5], die von einer Welt geistig und militärisch krumm geprügelt worden sind, nicht zu Boden —: dann ist es mit dieser zufälligen Republik zu Ende.

---

1. **der Reichstag:** l'une des deux assemblées législatives de la Confédération d'Allemagne du Nord (1866-1871), sous l'Empire allemand (1871-1918) et la République de Weimar (1919-1933). Élue au suffrage universel, elle représentait les intérêts de la nation allemande.
2. **Sein erhabener *Großvater*:** il s'agit de la statue de Guillaume Ier, proclamé empereur le 18 janvier 1871 (que Tucholsky *apparente* cyniquement ici au ministre démocrate, autre victime du nationalisme). Après l'échec de sa tentative de réforme militaire (1861), il fit appel à Bismarck pour diriger les affaires du pays jusqu'à sa mort en 1888, sans

Sinon, nous aurons en l'espace de quelques semaines ou de quelques mois une misérable coterie d'administrateurs d'un Reich qui sera la risée du monde entier.

La dernière chance de salut, c'est l'union des partis socialistes.

Quand la dépouille de Walter Rathenau était exposée au Reichstag, se dressait aussi, calme et comme coulé en sucre, son majestueux grand-père. Une violente discussion s'était élevée à son sujet : cette statue monarchiste devait-elle ou non être retirée du foyer national républicain ? Il fallait bien respecter certains sentiments...

On l'habilla de lauriers en caisse ; on la masqua. Ainsi en va-t-il ici de toutes choses. Nous n'abattons rien — nous nous contentons de masquer.

Une petite minorité sado-masochiste, et gravement psychopathe dans ses relations fonctionnelles vitales, terrorise le pays qui, avec une flasque mollesse, supporte ces tortures presque voluptueusement.

Si les Républicains continuent à rester dans leurs salles de réunion et s'ils n'empoignent pas les serviteurs déloyaux de leur propre pays dans les bureaux, les cours de caserne, les postes de police, les tribunaux, les sous-préfectures, s'ils ne font pas mordre la poussière à ces héros mégalomanes, courbés à force d'avoir été battus par tout un monde sur le plan spirituel et militaire, alors c'en sera vraiment fini de cette République par hasard.

---

toujours être d'accord avec sa politique (notamment en ce qui concernait le Kulturkampf et le conflit contre l'Autriche).

3. **verhüllen** : cf. **verhüllend reden** : *parler par allusion, par euphémisme*.

4. **Wabbligkeit** : d'emploi rare, substantif formé sur l'adj. **wabb(e)lig**, *flasque, gélatineux*, cf. *aussi* **wabbeln** : *trembloter*.

5. **der Recke (n,n)** : *le preux, le guerrier* (terme du Moyen Âge). Tucholsky fait ici allusion au mythe du héros germanique qu'entretenait la propagande conservatrice.

KURT TUCHOLSKY

Bilder aus dem Geschäftsleben
Scènes de la vie de bureau

*Republiken oder Kaiserreiche —
's ist immer das gleiche, immer
das gleiche[1] !*

Der Portier

Der Portier hat einen Stehbauch und ist ein stattlicher
Mann. Er war früher herrschaftlicher Diener oder Schutzmann. Er ist 1,80 Meter groß und hat, wenn er nicht
glattrasiert ist, einen martialischen Schnurrbart. Der Portier kennt alle Leute des Hauses und grüßt sie morgens,
wenn sie kommen. Er grüßt genau abgestuft[2] : den Chef
militärisch, straff und untergeben, mit einer Miene, die
besagt : » Wir zwei beide[3] gehören doch zusammen ! « — die
unterstellten nachgeordneten[4] Direktoren sehr höflich und
mit einer gewissen Anerkennung ; die Prokuristen höflich ;
die gewöhnlichen Angestellten kurz, aber sachlich, die
Lehrlinge gar nicht[5]. Die Schreibmaschinendamen werden
je nach der Hübschheit von ihm gegrüßt, dabei verklärt
ein gewinnendes und väterliches Lächeln seine erhabenen
Züge.

---

1. **immer das gleiche** : m. à m. : *Républiques ou empires — c'est
toujours la même chose, toujours la même chose.* (Sur les chansons de
cabaret composées par Tucholsky dans l'esprit de ces deux vers
satiriques, voir *Das K. Tucholsky Chanson-Buch*, Rowohlt, Hamburg,
1983).
2. **ab/stufen** : *échelonner, dégrader*, cf. **die Stufe** : 1) au sens propre :
le degré, la marche ; 2) au sens figuré : *le niveau.* Cette satire des
fonctionnaires et de leur système est une constante de l'œuvre de
Tucholsky.
3. **wir zwei beide** : populaire et redondant pour **wir beide.**

Sous la république ou sous l'empire,
ce n'est ni meilleur ni pire...

Le portier

Le portier a une bedaine et c'est un homme qui a de l'allure. Avant, il servait chez des maîtres, ou bien il était gardien de la paix. Il mesure 1,80 m., et quand il n'a pas le visage glabre, il arbore une moustache martiale. Le portier connaît tous les gens de la maison et les salue le matin quand ils arrivent. Il les salue en suivant exactement la hiérarchie : le patron d'une façon militaire, raide et soumise, avec une expression qui veut dire : « Nous deux, on est du même monde » ; les directeurs d'un rang inférieur et qui lui sont subordonnés, très poliment et avec un certain respect ; les cadres, avec politesse ; les simples employés, avec brièveté mais sans façon, les apprentis pas du tout. Les dactylos ont droit à un bonjour proportionnel à leur beauté ; un sourire séducteur et paternel vient alors sublimer ses nobles traits.

---

4. **die unterstellten nachgeordneten** : il faut voir dans la lourdeur de cette tournure une parodie du style administratif et une dérision des subtiles complexités de la hiérarchie.

5. **...gar nicht** : procédés satiriques fréquents chez Tucholsky, la structure paratactique (succession d'indépendantes) et la répétition caricaturent la monotonie et la platitude de la vie au bureau. Les emplois volontairement fréquents du v. **sein** d'équivalence (**ist ein stattlicher Mann**, **ist 1,80 groß**, et p. 108 **ist von beflissenem Eifer, ist schon eine Viertelstunde ...da**) dénoncent la simplification et l'aliénation.

Der Portier kennt sämtliche Kneipen der Umgegend sowie alle Chauffeure. Der Portier frühstückt in seiner Loge riesige Wurststullen[1]; zu Mittag ißt er große Scheiben Rindfleisch und trinkt dazu aus einem riesigen Glase Bier. Wenn sein Schnurrbart vor Schaum trieft, und gerade jemand kommt, so zieht er gemächlich schlürfend[2] den Schaum ein und geht majestätisch, um zu sehen, was es da draußen gibt[3].

Der Portier weiß genau, wann wer zu spät kommt. Dann sieht er den Übeltäter befehlshaberisch von oben bis unten an, so daß dem noch übler zumute wird, als ihm sowieso schon war. Der Portier hat nicht gern, wenn gewöhnliche Leute den Fahrstuhl benutzen. Der Portier ist immer im Betrieb, der Fahrstuhl nur, wenn er es wünscht. Der Fahrstuhl ist nur für den Portier und die Chefs da. Portiers sind ein unumgänglicher Schmuck der Fassade. Der Portier nimmt Trinkgelder im Schatten seines riesigen Bauches, stumm, höchstens nur leise einen Dank brummelnd, wie wenn eine feierliche Handlung[4], die sich von selbst versteht, vonstatten gegangen[5] wäre.

Der Portier kommt sich[6] unentbehrlich für den Fortgang des gesamten Betriebes vor.

---

1. **die Stulle (n) :** *la tartine.* Autres termes : **die Brotstulle, das Brot.**

2. **schlürfen :** *aspirer à grand bruit.* Le verbe produit un effet comique, par-delà toute considération sémantique sur la vulgarité du geste, dès lors qu'il est placé, par contraste, à côté de **gemächlich.**

3. **geht majestätisch,/um zu sehen,/was es da draußen gibt :** rythme ternaire mimant la solennité de la période oratoire classique.

4. **feierliche Handlung :** m. à m. : *acte solennel :* la traduction « rituel » permet d'éviter une cascade d'adj. en conservant l'idée de la solennité.

5. **vonstatten/gehen :** *se dérouler, avancer,* cf. **Die Arbeit geht gut vonstatten :** *le travail avance bien,* cf. ligne suivante **der Fortgang.**

Le portier connaît tous les bistrots du coin et tous les chauffeurs. Le portier déjeune le matin dans sa loge, d'énormes sandwiches aux saucisses ; à midi, il mange de grosses tranches de rôti de bœuf, tout en buvant sa bière dans une immense chope. Quand sa moustache dégouline de mousse et que quelqu'un survient, c'est avec nonchalance qu'il aspire bruyamment la mousse et qu'il avance, majestueux, pour voir ce qui se passe dehors.

Le portier sait parfaitement qui arrive en retard et à quelle heure. Il toise alors le coupable de la tête aux pieds, d'un air impérieux, et ce dernier se sent encore plus mal à l'aise qu'auparavant. Le portier n'aime pas que des gens ordinaires prennent l'ascenseur. Le portier est toujours de service, mais l'ascenseur, seulement quand il le veut bien. L'ascenseur est réservé au portier et aux chefs. Les portiers sont l'inévitable ornement d'une façade. Le portier empoche les pourboires dans l'ombre de son énorme ventre, sans piper mot ou en grognant tout au plus un merci, comme si un rituel parfaitement évident venait de se dérouler.

Le portier se considère comme indispensable à la bonne marche de toute l'entreprise.

---

6. **sich** (dat.) **vor/kommen** : *se croire* (autre sens de **vor/kommen**, non pronominal : *se produire, arriver*). **Du kommst dir gescheit vor** : *Tu te crois intelligent.* On notera toutes les variations de cette formule en conclusion des tableaux suivants (**vollkommen unentbehrlich**, p. 112, **total unentbehrlich**, p. 118, **durchaus unentbehrlich**, p. 124) ; ces formules, par leur répétition, finiront par se détruire les unes les autres jusqu'à signifier exactement l'inverse.

Der Angestellte, der etwas werden will

Der Angestellte, der etwas werden will, ist von beflissenem Eifer[1]. Er steht kurz vor seiner Beförderung zum
(...nach Belieben auszufüllen). Dieser Angestellte ist schon
eine Viertelstunde vor Beginn des Dienstes da und geht
niemals mit den andern nach Hause, sondern bleibt, sehr
wichtig mit einer Feder hinter dem Ohr, bis sieben Uhr
des Abends. Der Angestellte, der etwas werden will[2],
steckt auffallend viel mit den Prokuristen zusammen und
schielt heimlich-sehnsüchtig auf die Sondertoilette, die
jene benutzen dürfen. Der Angestellte, der etwas werden
will, hat manchmal schon etwas Herablassendes im Ton,
wenn er mit den jüngeren Kollegen spricht. Er kritisiert
niemals Maßnahmen der Geschäftsleitung, sondern findet
selbst für die blödsinnigsten Anordnungen der Chefs
immer irgendeinen Entschuldigungsgrund. Wenn das
ganze Büro schreit: » Na, das versteh ich nicht! « — so
sagt er mit einer gewissen Überlegenheit:
» Wahrscheinlich sind die Chefs der Meinung, daß... « Der
Angestellte, der etwas werden will, arbeitet musterhaft,
mit zusammengepreßten Lippen, und achtet sehr darauf,
daß kein anderer etwas werden kann[3].

Eines Tages wird seine Mühe gelohnt: er wird befördert.
Es überrascht ihn wenig. Er sieht bereits darauf[4], die
nächste Stufe zu erklimmen. Er ist mit Vorsicht zu
genießen[5], weil er beim Klettern gern nach unten tritt.

---

1. **von beflissenem Eifer**: m. à m.: *d'un zèle empressé, appliqué*. Le
pléonasme voulu et l'effet de redondance rendent déjà en soi, par
l'impression de maladresse qu'ils produisent, l'application absurde du
tâcheron.

2. **der etwas werden will**: la répétition inlassable de cette épithète
presque homérique aboutit à une réduction du personnage qui n'existe
plus qu'à travers son ambition démesurée et obsessionnelle.

3. **werden <u>kann</u>**: le parallélisme souligne le contraste avec l'employé

L'employé qui veut réussir

L'employé qui veut réussir est tout zèle et empressement. Il n'est pas loin d'être promu au poste de ...... (à compléter comme on le souhaitera). Cet employé est déjà là un quart d'heure avant le début du travail et ne rentre jamais chez lui en même temps que les autres : il reste là, l'air important, jusqu'à sept heures du soir, la plume derrière l'oreille. L'employé qui veut réussir se fait souvent remarquer en compagnie des cadres ; il louche discrètement, plein d'envie, sur les toilettes spéciales que ces derniers ont le droit d'utiliser. L'employé qui veut réussir use parfois d'un ton déjà un peu condescendant quand il parle avec des collègues plus jeunes que lui. Il ne critique jamais les mesures prises par la direction, mais trouve toujours un moyen quelconque d'excuser les instructions des chefs, fussent-elles des plus idiotes. Quand tout le bureau se récrie : « Non, ça, je ne comprends pas ! », il dit avec une certaine supériorité : « Les chefs pensent probablement que... ». L'employé qui veut réussir travaille de façon exemplaire, les lèvres pincées, et veille bien à ce que personne d'autre ne puisse réussir.

Un beau jour, ses efforts sont récompensés : il a une promotion. Cela ne le surprend guère. Il songe déjà à gravir l'échelon suivant. Il est à fréquenter avec modération, car il donne très volontiers, en grimpant, un coup de pied vers le bas.

« normal » (**der etwas werden will**), et donc la supériorité du cadre qui lui sert de modèle. Voir **Wer will, der kann** : *Vouloir, c'est pouvoir.*

4. **auf etwas** (accus.) **sehen** : *avoir qqch. en vue ;* **nur auf seinen Vorteil sehen** : *ne viser que son intérêt.*

5. **mit Vorsicht zu genießen** : l'expression se rapporte en général aux boissons alcoolisées, d'où l'effet d'ironie.

Der Prokurist

Der Prokurist[1] ist meistens ein etwas ergrauter Mann, den eine leise Resignation[2] umspielt. Geschäftsteilhaber kann er nicht werden, das weiß er ganz genau. Er hat so ziemlich alles erreicht, was man in diesem Hause erreichen kann: vom Portier zuvorkommend und vertraulich gegrüßt zu werden, von niemand als vom Chef Weisungen entgegenzunehmen, ziemlich selbständig walten zu können, eine ganz angenehme Tantieme zum Abschluß des Bilanzjahres zu beziehen. Er hat kaum noch Wünsche. Der Prokurist hat ein eigenes Zimmer[3] mit einem gediegenen polierten Schreibtisch und ein paar Blumen darauf. Eine bronzene Aschenschale und eine glänzende Papierschere deuten auf ein stattgehabtes Jubiläum. Der Prokurist meldet sich am Telefon nur mit seinem Namen, einfach, stolz-bescheiden[4], so nach der Melodie: »Ich habe dem nichts hinzuzufügen!« — Der Prokurist hat Klingeln auf dem Tisch, auf die er regierend drückt. Meist kommt niemand. Der Prokurist ist viel cheflicher als der Chef[5] und handelt sämtliche Aufgaben bis zur Bewußtlosigkeit[6] herunter[7]. Die Chefs wissen, was sie an ihm haben[8], hüten sich aber, es ihn allzusehr wissen zu lassen. Der Prokurist kennt sämtliche Akten und Korrespondenzen von Anbeginn der Welt an. Er hat alles, unter anderm eine sehr häßliche Frau, von der man sich nicht denken kann, daß sie jemals jung gewesen ist.

---

1. **der Prokurist**: c'est-à-dire celui qui signe — car il a la procuration **die Prokura** — au nom du directeur.

2. **leise Resignation**: m. à m.: *douce résignation*. Beaucoup d'expressions en demi-teintes confèrent au personnage une modération de bon aloi (etwas ergraut, so ziemlich alles, ziemlich selbständig...), mais laissent aussi entendre que sa réussite n'a pas atteint toute sa mesure.

3. **das Zimmer** = ici **Arbeitszimmer**: *le bureau*. Mais le terme formerait une répétition gênante avec **Schreibtisch**, à la ligne suivante.

Le cadre supérieur

Le cadre supérieur est en général un homme grisonnant et nimbé d'une ombre de résignation. Il ne peut pas devenir associé et il le sait parfaitement. On peut dire qu'il a obtenu à peu près tout ce que l'on peut obtenir dans cette maison : être salué avec empressement et cordialité par le portier, ne recevoir d'ordres de personne d'autre que du patron, remplir son office avec une certaine autonomie et toucher un tantième fort coquet en fin d'exercice. Il ne lui reste plus grand-chose à désirer. Le cadre supérieur a une pièce pour lui, avec un imposant bureau en bois verni et quelques fleurs dessus. Un cendrier en bronze et une paire de ciseaux rutilants attestent que l'on a célébré son ancienneté. Le cadre supérieur, en répondant au téléphone, ne dit que son nom, simplement, avec une fierté mâtinée de modestie, sur l'air de « je n'ai rien à ajouter »... Sur sa table, le cadre supérieur a des sonnettes sur lesquelles il appuie impérieusement. La plupart du temps, il ne vient personne. Le cadre supérieur est encore plus patron que le patron, et traite toutes les affaires les unes après les autres jusqu'à l'hébétude. Les chefs savent quelle est sa valeur, mais se gardent bien de trop le lui faire savoir. Le cadre supérieur connaît tous les dossiers et tous les courriers datant de Mathusalem. Il a tout ce qu'on peut avoir, et notamment une femme très laide dont on a peine à imaginer qu'elle ait jamais été jeune.

---

4. **stolz-bescheiden** : deux adjectifs contradictoires (oxymore).

5. **viel <u>cheflicher</u> als der Chef** : néologisme ironique.

6. **bis zur Bewußtlosigkeit** : m. à m. : *jusqu'à la perte de conscience*.

7. **herunter** : m. à m. : *en descendant* (il s'agit de la pile de dossiers qu'il faut « abattre ») ; marque ici le travail lancinant que réclame l'examen attentif de tous les cas successifs.

8. **was sie an ihm haben** : m. à m. : *ce qu'ils ont en lui*.

Auch vom Prokuristen sich das vorzustellen, ist nicht ganz einfach. Die jüngeren Angestellten flüstern sich zu: »Der hat hier als gewöhnlicher Korrespondent angefangen!« — Aber das ist nur so eine Façon de parler[1] — eine rationalistische Erklärung des Götterglaubens[2]. Es glaubt auch niemand so recht daran. Der Prokurist war, ist und wird sein. Er gehört zum Haus wie die alte Uhr auf dem Gang und die Eingangstür, deren Muster man im Schlafe sieht. Der Prokurist soll eine kleine Einlage im Geschäftskapital haben. Er hat ein laufendes Konto. Niemand weiß genau, was er eigentlich bezieht. Er kommt sich vollkommen unentbehrlich vor.

Die Schreibmaschinendame

Das junge Mädchen, das an der Schreibmaschine tippt, ist manchmal hübsch. Sie kommt morgens, zwei Minuten nach neun, ein bißchen atemlos ins Geschäft, weil sie die Straßenbahn versäumt hat. Sie lacht den Portier an und geht rasch an ihre Mitrailleuse. Das Schreibmaschinenmädchen klappt die Maschine auf, ordnet ihre Papiere und raschelt[3] damit. Dann beginnt sie, ihren anwesenden Freundinnen eine lange Geschichte von gestern zu erzählen; sie ist bei ihrer Tante gewesen und hat so schrecklich viel Baumkuchen gegessen, daß ihr heute noch ganz... »Emmi, du hast ja eine neue Bluse an[4]!«

---

1. **Façon de parler** : aucun ragot ne peut donc entamer la gloire du fondé de pouvoir.

2. **des Götterglaubens** : la référence à la foi est une façon caustique de se moquer de la naïveté des subordonnés, qui croient pouvoir progresser à force de persévérance (voir le second personnage de la série) alors que pour le socialiste Tucholsky, les dés sont pipés d'avance. Le verbe **walten** *régner, commander* (**ziemlich selbständig w. zu können**, p. 110) a également des connotations politiques et religieuses, surprenantes dans ce contexte de la vie de bureau, qui suggèrent la

Ce n'est pas plus facile de se l'imaginer pour le cadre supérieur... Les jeunes employés murmurent entre eux : « Lui, il a commencé ici comme simple rédacteur ! » Mais il ne faut guère y voir plus qu'une *façon de parler*, une explication rationaliste de la croyance aux Dieux. D'ailleurs, personne n'y croit vraiment. Le cadre supérieur est, a été et sera. Il fait partie de la maison au même titre que la vieille horloge du couloir et que la porte d'entrée, dont on voit encore le dessin les yeux fermés. Le cadre supérieur doit posséder une modeste part du capital de l'affaire. Il peut signer des chèques. Personne ne sait exactement combien il touche. Il se considère comme absolument indispensable.

La dactylo

La jeune fille qui tape à la machine est parfois jolie. Le matin, elle arrive au bureau un peu essoufflée, à neuf heures deux, parce qu'elle a raté le tram. Elle fait un grand sourire au portier et fonce sur sa mitrailleuse. La dactylo ouvre sa machine et met de l'ordre dans ses papiers, à grand bruit. Ensuite, elle commence à raconter à ses amies présentes dans le bureau la longue histoire de sa journée d'hier ; elle a été chez sa tante et elle a mangé une quantité folle de pièce montée, si bien qu'aujourd'hui elle se sent encore toute... « Oh, mais Emmi, tu as un nouveau corsage ! »

---

mégalomanie du haut de la hiérarchie. Au début du portrait, le verbe **umspielen** *(entourer)* se réfère à l'auréole de saint qui nimbe le fondé de pouvoir.

3. **rascheln** : *crisser, froufrouter* (feuilles mortes/papier/tissu).

4. **Emmi...** : effet rhétorique d'asyndète (absence de liaison entre une phrase et la précédente) alors que la logique exigerait un terme marquant leur opposition (cf. p. 110 : **auf die er ...drückt. Meist kommt niemand**).

— Start der neuen Bluse. Begeisterungsschreie. Innerliches Gefühl: » Steht ihr gar nicht!« — Hierauf begibt sich die Schreibmaschinendame mit ihrer besten Freundin auf den Ort, wohin keine Sonn' mehr scheint[1], und teilt ihr etwas unter dem Siegel der Verschwiegenheit mit. Es betrifft Franz, der wieder geschrieben hat. Wenn er nicht geschrieben hätte, wäre alles aus gewesen[2]. So ist aber nicht alles aus. Beinahe wäre es aber. Sie kehren mit angeregten Augen auf den Kriegsschauplatz[3] zurück. » Wo waren Sie denn so lange?« Darauf lautet die Antwort: » Gott ——!« was mit drei 't' auszusprechen ist.

Das Schreibmaschinenmädchen nimmt Stenogramme auf und hat ihre erkorenen[4] Lieblinge und Feinde unter den diktierenden Männern. Einer ist schick, einer unangenehm, weil er so schnell diktiert, einen kann sie überhaupt, ohne nähere Begründung, nicht leiden, und von dem, für den sie immer schreibt, möchte sie gern versetzt[5] werden. Sie stenografiert flott, fragt nie und klappert nachhe[6], daß die Funken stieben[7]. Fremdwörter sind ihr ein Greuel; dem Prokuristen, wenn er sie nachher liest, auch. Der Schreibmaschinendame muß man Schokolade mitbringen, am besten von Zeit zu Zeit, weil sie sonst schlecht funktioniert. Mit Schokolade funktioniert sie allerdings nicht besser. Das Schreibmaschinenmädchen hat einen Bräutigam, der gegen Mittag anzutelefonieren pflegt. Die Stimme des Mädchens am Telefon wird dann leise,

---

1. **wohin keine Sonn' mehr scheint**: m. à m.: *où le soleil ne brille plus, à l'ombre.*

2. **Wenn...wäre alles aus gewesen**: l'amorce du style indirect libre fait brusquement déraper la scène vers le théâtre de boulevard. Quant au **Beinahe wäre es aber**, il est à mettre sur le compte du narrateur, qui tire en aparté la conclusion de ce récit.

3. **(der) Kriegsschauplatz**: cette image militaire vient filer la métaphore de la mitrailleuse lançant des étincelles.

4. **erkoren**: terme noble parodiant le langage wagnérien (de **küren**, *choisir*).

La voilà partie sur le nouveau corsage. Cris d'enthousiasme. Sentiment profond : « Ça ne lui va pas du tout. »
Là-dessus, la dactylo entraîne sa meilleure amie dans le
petit coin à l'abri des regards indiscrets et lui confie
quelque chose sous le sceau du secret. C'est au sujet de
Franz, qui lui a encore écrit. S'il n'avait pas écrit, tout
aurait été fini. Mais là, tout n'est pas fini. Enfin, il n'en
faudrait pas beaucoup pour que... Elles reviennent, les
yeux enfiévrés, sur le théâtre des opérations. « Où étiez-
vous donc tout ce temps ? » À quoi elle répond par un
« Mon Dieu » à prononcer avec trois « M ».

La dactylo prend en sténo, et elle a ses chéris et ses
ennemis attitrés parmi les hommes qui dictent. Il y en a un
qui est chic, un qui est désagréable parce qu'il dicte à
toute vitesse, un qu'elle ne peut pas supporter, allez savoir
pourquoi ; quant à celui pour lequel elle travaille toujours,
elle voudrait bien qu'il lui accorde une promotion. Elle
prend en sténo avec aisance, ne pose jamais de questions et
ensuite, elle tape sur sa machine à en faire jaillir des
étincelles. Les mots étrangers lui font horreur. Au cadre
supérieur aussi, quand il les relit après elle ! Il faut
apporter des chocolats à la dactylo, de préférence assez
régulièrement, sinon elle fonctionne mal. D'ailleurs, les
chocolats ne la font pas fonctionner mieux. La dactylo a
un fiancé qui a l'habitude d'appeler vers midi. La voix de
la jeune fille au téléphone devient alors plus feutrée,

---

5. **jn versetzen :** selon le contexte : *changer qqn d'affectation, faire
passer dans la classe supérieure, promouvoir.*

6. **Sie stenografiert flott./fragt nie/und klappert nachher :** le rythme
binaire et la nuance de sens apportée à chaque verbe par un seul
adverbe donne une impression mécanique. Identifiée à son instrument
de travail, la secrétaire est d'ailleurs qualifiée de »Schreibmaschinendame « (voir aussi le verbe **funktionieren**).

7. **(so)... daß die Funken stieben :** subordonnée consécutive ; m. à m. :
si bien que des étincelles en jaillissent.

umgibt sich gewissermaßen mit einem Schutzwall gegen die Zuhörer und hat doch einen zärtlichen Klang des tiefsten Einverständnisses[1]. Nach vier Tagen kauft sich das Schreibmaschinenmädchen dieselbe Bluse wie ihre Freundin. Sie steht ihr[2]. Das Schreibmaschinenmädchen heiratet früher oder später oder wird

Sekretärin[3]

Die Sekretärin ist eine ausgekochte[4] Dame, der keiner etwas erzählen kann. Das Haus munkelt, sie habe mit dem Chef ein Verhältnis. Das stimmt aber nicht: dazu ist sie viel zu schlau. Die Sekretärin ist zuckersüß zur Gattin des Chefs, was diese mit besonderem Mißtrauen erfüllt. Die Sekretärin ist Herrin über die Zeit des Chefs. Sie sitzt im Vorzimmer und sagt: » Herr Hannemann hat jetzt keine Zeit! «, auch, wenn er gar nicht da ist. Die Sekretärin setzt alles durch, was sie haben will, weil sie im Schatten des Gewaltigen arbeitet. Die Sekretärin ist gerissen, sehr fleißig und lügt weitaus besser als die meisten Leute im Hause. Die Sekretärin weiß genau, was der Chef mag oder nicht mag — sie richtet sich auch in den meisten Fällen danach. Sie hat öfter eine Hornbrille, immer aber eine souveräne Verachtung[5] für den breiten Heerbann[6] der Angestellten. Die Sekretärin wünscht nicht, daß jemand in das Sekretariat kommt.

---

1. **...Klang des tiefsten Einverständnisses:** « Le visage de celui qui téléphone lutte entre l'amour et le désir inquiet de ne pas se trahir ici, au bureau, de ne pas se compromettre » (Tucholsky, » Sie werden am Apparat verlangt ! « cité dans *Text und Kritik* n° 29, VI/1985, p. 32).

2. **Sie steht ihr:** nouvelle absence de liaison (cf. n. 4, p. 113), et affirmation péremptoire du triomphe que cette femme croit avoir remporté sur l'autre.

3. **oder wird...Sekretärin:** de discrètes intrications réunissent les personnages. La dactylo n'est donc qu'une étape antérieure de la

s'entoure d'une sorte de rempart qui la protège contre
ceux qui écoutent, tout en prenant l'intonation tendre de
l'accord le plus profond. Quatre jours plus tard, la dactylo
s'achète le même corsage que son amie. À elle, il lui va.
Un jour ou l'autre, la dactylo se marie ou devient

Secrétaire

La secrétaire est une dame qui en a vu d'autres et à qui
on ne la fait pas. Dans la maison, on murmure qu'elle a
une liaison avec le patron. Ce qui est faux : elle est bien
trop fine pour cela. La secrétaire est d'une gentillesse
mielleuse avec l'épouse du patron, ce qui remplit cette
dernière d'une méfiance particulière. La secrétaire décide
souverainement du temps du patron. Installée dans
l'antichambre, elle dit : « Monsieur Hannemann n'a pas le
temps en ce moment », même quand il n'est pas là du tout.
On ne refuse rien de ce qu'elle demande à la secrétaire,
parce qu'elle travaille dans l'ombre du puissant. La
secrétaire est futée, très travailleuse, et elle ment bien
mieux que la plupart des gens dans la maison. La
secrétaire sait exactement ce que le patron aime et n'aime
pas ; elle s'oriente d'ailleurs en fonction de cela dans
presque tous les cas. Elle a parfois des lunettes d'écaille,
mais toujours un mépris souverain envers les employés,
cette piétaille. La secrétaire n'apprécie pas que quelqu'un
entre dans son secrétariat.

---

secrétaire qui partageait déjà avec l'employé la volonté d'obtenir une
promotion ; le concierge, lui, se sentait du même monde que le patron,
dont l'emploi du temps est régenté par la secrétaire.

4. **ausgekocht** : m. à m. : *recuite, parfaitement cuite.*

5. **öfter eine Hornbrille, (...) Verachtung** : pince-sans-rire, Tucholsky
établit une opposition pseudo-logique entre deux éléments incongrus.

6. **(der) Heerbann** : mot ancien *(troupe, piétaille).*

Ihre erste Regierungshandlung ist gewöhnlich, dortselbst ein Schild anzubringen: »Unbefugten[1] ist der Eintritt streng verboten.« Die Sekretärin hat neben der Schreibmaschine eine reizende kleine Kaffeetasse, einen Nagelpolierer[2] und ein unpassendes[3] Buch. Sie kommt sich total unentbehrlich vor.

Der Chef

Der Chef ist ein verheirateter Mann von etwa fünfundvierzig Jahren und einem nie ganz neuen Hut. Der Chef kommt gegen halb zehn ins Büro, fragt: »Was Neues?«, erwartet auf diese Frage keine Antwort und macht sich an die Post. Der Chef hat eine Laune (die andern haben auch eine Laune, bringen sie aber nicht ins Büro mit, sondern geben sie in der Garderobe ab). Der Chef ist sehr gewitzt, mitunter klug; in gewissen Sachen dagegen von Gott geschlagen und mit einem Brett vor dem Kopf versehen[4]. Der Chef hat ganz andere Sachen im Kopf, als das Personal denkt. Vor allem denkt er gar nicht soviel an das Personal, wie das Personal annimmt. Der Chef hat seine eigene Meinung über seine Leute, meistens die richtige. Eine falsche ist ihm mit gar keinen Mitteln aus dem Gehirn zu schlagen[5]. Der Chef telefoniert immer. Der Chef hat nie Zeit.

---

1. **unbefugt**: m. à m.: *non autorisé*, cf. **die Befugnis**: *l'autorisation*. À rapprocher de **wünscht nicht, daß jemand (...) kommt**. Comme plus loin les archives, le secrétariat est un domaine réservé, de même que l'ascenseur était férocement gardé par le portier, et que le fondé de pouvoir rembarrait les gens au téléphone dans son «bureau personnel».

2. **einen Nagelpolierer**: ces accessoires féminins démentent l'image de chef des troupes et d'éminence grise que voulait se donner la secrétaire.

3. **unpassend**: *qui ne convient pas*, cf. **es paßt mir**: *cela me convient, cela me va* (vêtement). L'auteur n'indique pas si c'est par son contenu

La première mesure qu'elle prend, dès son entrée en fonction, est en général d'y apposer le panneau : « Entrée strictement interdite aux personnes étrangères au service. » Près de sa machine à écrire, la secrétaire a une ravissante petite tasse à café, un polissoir à ongles et un livre qui n'a rien à faire là. Elle se considère comme tout à fait indispensable.

Le patron

Le patron est un homme marié qui a environ quarante-cinq ans et un chapeau jamais vraiment neuf. Le patron entre vers neuf heures et demie au bureau, demande : « Quoi de neuf ? » sans attendre aucune réponse à cette question, et attaque son courrier. Le patron a ses humeurs (les autres aussi ont leurs humeurs, mais ils ne les emportent pas au bureau : ils les laissent au vestiaire). Le patron a beaucoup d'esprit et parfois de l'intelligence ; en revanche, dans certaines situations il est victime de la fatalité et il est bouché à l'émeri. Le patron a bien d'autres choses en tête que ce que croit le personnel. Surtout, il est loin de penser au personnel autant que celui-ci le suppose. Le patron a son opinion à lui sur ses gens, et elle est presque toujours juste. Si elle est fausse, il n'y a pas moyen de l'en faire démordre. Le patron téléphone sans arrêt. Le patron n'a jamais le temps.

---

que le livre est « déplacé », ou par le fait qu'il n'est pas à sa place sur le bureau.

4. **mit einem Brett vor dem Kopf versehen sein** : m. à m. : *avoir une planche devant la tête, en avoir une couche* (fam.), **(sich) mit Lebensmitteln versehen** : *(se) munir de provisions.*

5. **sich etwas aus dem Gehirn zu schlagen** : *se retirer une idée de la tête*, **(das Gehirn** : *le cerveau).*

Der Chef hört nie zu, wenn man etwas mit ihm bespricht. Der Chef ist imstande, nach einer ganz wichtigen Erklärung eines Angestellten, die sich der den ganzen Nachmittag über ausgedacht hat, zu sagen: »Sagen Sie mal, haben Sie eigentlich mal das Unkostenkonto[1] durchgesehen?« — Der Angestellte verliert den Faden, ärgert sich grün, verhaspelt sich und berichtet mit erstickter Stimme über das Unkostenkonto. Der Chef vergißt das meiste, was man ihm sagt, und macht die Sekretärin dafür verantwortlich. Der Chef ist schon als solcher zur Welt gekommen — denn die Karriere eines Chefs ist eine rätselhafte Sache[2]. (Er sagt, er habe es durch eigene Tüchtigkeit so weit gebracht. Manchmal ist das wahr[3].) Der Chef organisiert von Zeit zu Zeit den Betrieb völlig um. Das schadet aber nichts, weil ja doch alles beim alten bleibt. Der Chef ist einen Tag im Jahr wirklich guter Laune — am Morgen des Tages nämlich, an dem er auf Urlaub geht. Gegen Mittag ärgert er sich dann fürchterlich über seine Sekretärin und verläßt abends voller Wut das Haus. Der Chef geht öfters zu Konferenzen, manchmal frühstücken, und mitunter hat er 'Gänge'. Er kommt dann mit kleinen Paketen zurück, die er im Büro liegen läßt. Der Chef sieht resignierend auf die sich öffnende Tür seines Zimmers: was Gutes erwartet er auf keinen Fall. Der Chef wird abwechselnd als Blutsauger, Wohltäter, verrückter Kerl, maßloser Arbeiter und Halbgott[4] angesehen. Das ist alles falsch: er ist nur Chef.

---

1. **die** Unkosten (préfixe négatif): *les frais, les dépenses*, cf. le verbe **kosten**, *coûter* — **es kostet mich** (acc.) **viel Geld**: *cela me coûte très cher.*

2. **eine rätselhafte Sache**: le mot **das Rätsel**, *l'énigme, le mystère* fait écho aux « explications rationalistes de la foi » (cf. p. 112).

3. **Manchmal ist das wahr**: il s'agit ici de dévoiler, au détour d'une parenthèse, toute la mesquinerie, la prétention et les contradictions de cet univers, d'« attaquer ce que la réalité a de faux » (Helmut Arntzen, in: »Satire und Deutschunterricht«, tome 3, 1966, p. 30). La satire

Le patron n'écoute jamais quand on lui parle de quelque chose. Le patron est capable, après une explication vraiment importante d'un employé, qui l'a préparée pendant un après-midi entier, de lui déclarer : « Dites-moi un peu, vous avez réellement vérifié cette note de frais ? » L'employé perd le fil, devient vert de rage, s'embrouille et, d'une voix étouffée, fait son rapport sur la note de frais. Le patron oublie presque tout ce qu'on lui dit et en rejette la faute sur sa secrétaire. Le patron est né patron : car c'est un vrai mystère, la carrière d'un patron. (À l'entendre, c'est sa ténacité qui lui a permis de réussir. C'est parfois vrai.) De temps en temps, le patron réorganise complètement l'entreprise. Mais cela ne fait aucun mal, parce que tout reste exactement comme avant. Pourtant, un jour par an, le patron est franchement de bonne humeur : le matin du jour où il part en vacances. Puis, vers midi, il s'énerve terriblement contre sa secrétaire, et quitte la maison le soir, absolument furieux. Le patron va assez souvent à des colloques, parfois prendre un petit déjeuner, et de temps à autre il a des « démarches » à faire. Il revient alors avec des petits paquets qu'il abandonne dans son bureau. Le patron observe d'un air résigné la porte de son bureau quand elle s'ouvre : quoi qu'il en soit, il n'attend rien de bon. On le considère tour à tour comme un vampire, un bienfaiteur, un dérangé, un travailleur forcené et un demi-dieu. Tout cela est faux : il n'est que patron.

---

naît, selon Tucholsky lui-même, de cette impossibilité d'améliorer le monde, qui fait de l'auteur un « idéaliste blessé » (Tucholsky, *Gesammelte Werke*, tome 2, p. 43). La conception qu'a Tucholsky de la satire, véritable *utopie ex negativo*, rejoint celle de Schiller dans *Über naive und sentimentalische Dichtung* : « Dans la satire, les carences de la réalité sont opposées à la réalité suprême de l'idéal. » (*Gesamtwerke*, Francfort, 1966, t. 4, p. 313).

4. **Halbgott** : cf. note 2, p. 112.

Der Chef beeinflußt, ohne es zu wissen, den gesamten Ton seines Hauses — wie der Herr so das Gescherr[1]. Der Chef sagt, wenn er morgens zur Tür hereinkommt: » Das Schild da müßte mal erneut werden!« — Noch niemals ist es einem Chef gelungen, diesen Wunsch in die Wirklichkeit umzusetzen. Der Chef will sich immer zur Ruhe setzen und hat häufig den 'ganzen Kram[2] satt'. Das sind leere Versprechungen[3] — er macht den Kram bis an sein Lebensende. Dann tritt ein neuer an seine Stelle. Der Alte gewinnt nunmehr die Lichtkonturen[4] eines höheren Wesens und vereinigt in sich alle guten Eigenschaften der Welt. » Ja, wie der Alte noch da war ——!« Der neue Chef (siehe oben[5]).

Der Registrator

Der Registrator[6] ist in erster Linie Abteilungsvorsteher und als solcher auf feine Sitten und Gebräuche bedacht. Er registriert die Akten um ihrer selbst willen[7]. Er ist persönlich beleidigt, wenn jemand diese Akten nun auch einsehen will. Ihm genügt das Gefühl, daß alles in Ordnung ist. Er ist stolz und unzugänglich und sieht in sämtlichen andern Abteilungen des Hauses einen bösen Feind. Er behandelt jedermann, als ob er aus einer andern Firma sei.

---

1. **das Gescherr** = das Geschirr (sens premier : *le harnachement*); familier pour **Wie der Herr, so der Knecht**, *tel maître, tel valet.*

2. **der Kram (s, e) :** *la marchandise, le fourbi ;* **ich habe es** (accus.) **satt :** *j'en ai assez.* L'adj. **satt** signifie *repu, rassasié,* et par ext. *las, dégoûté.*

3. **leere Versprechungen** = cf. **leeres Gerede** : *des paroles creuses* (**leer** : *vide*). On remarquera la fréquence des petites phrases qui viennent en seconde position contredire les propos et la façade des personnages, comme p. 120 : **Das ist alles falsch.**

4. **die Lichtkonturen :** comme le fondé de pouvoir (p. 110), le patron a une sorte d'auréole qui l'assimile à un être sacré (**ein höheres Wesen**).

Le patron a de l'influence, sans le savoir, sur le ton qui règne dans toute la maison — tel maître, tel valet. Quand il arrive le matin à la porte, le patron dit : « Il faudrait penser à rénover cette plaque ! » Aucun patron n'est encore jamais parvenu à réaliser ce souhait. Le patron dit toujours qu'il va se retirer et qu'il en a souvent « ras-le-bol de tout ce bizness ». Mais ce ne sont que vaines promesses : le bizness, il le fera jusqu'à la fin de ses jours. Jusqu'à ce qu'un autre prenne sa place. L'ancien patron prend alors le halo d'un être supérieur et réunit en lui toutes les qualités du monde. « Ah, quand l'ancien patron était encore là !... » Quant au nouveau patron... voir ci-dessus.

L'employé aux archives

L'employé aux archives est avant tout chef de service, ce qui fait de lui un homme rompu aux usages et aux bonnes manières. S'il archive les dossiers, c'est parce qu'il les aime. Il se sent personnellement offensé quand quelqu'un veut les consulter lui aussi. Il lui suffit de savoir que tout est en ordre. Il est fier, inaccessible et voit des ennemis pernicieux dans tous les autres services de la maison. Il traite chacun comme s'il venait d'une autre entreprise.

---

5. **Der neue Chef (siehe oben) :** cette pirouette finale, plus qu'une simple pointe d'ironie, cache une critique sociale acerbe et pessimiste : l'auteur décrit ce monde en réduction comme incapable de progrès, et fait apparaître toute nostalgie **(Ja, wie der Alte noch da war !)** comme rigoureusement absurde.

6. **Registrator :** (cf. **das Register :** *le registre*), *le greffier* (jur.), *l'enregistreur* (admin.), *l'archiviste.*

7. **um** + gén. **willen :** *pour l'amour de ;* **ihrer** étant ici le gén. plur. de **sie,** *ils.*

Der Registrator wahrt die Selbständigkeit seiner Abteilung und würde auch den Kaiser Napoleon, wenn der Wert darauf legte[1], ihn zu besuchen, unter N ablegen. (Oder unter B — wegen Bonaparte? Erbitterter Streit mit dem zweiten Registrator.) Der Registrator kennt sämtliche Vorgänge, ohne jemals genau zu verstehen, was sie eigentlich bedeuten. Da sich alles bei ihm ansammelt, was im Geschäft passiert, so ist er im Laufe der Jahre zu der Überzeugung gekommen, daß eigentlich er es ist, der alles hervorbringt. Er hat einen glänzenden Bürorock[2] und ist von einer welterschütternden Pedanterie. Es kommt vor, daß[3] in einer Registratur gesuchte Sachen auch gefunden werden. Meistens aber will der Registrator nicht gestört werden. Er registriert. Er kommt sich durchaus unentbehrlich vor.

Beschluß[4]

Lieber Leser, alles stimmt nicht und kann nicht stimmen. Schüttle nicht gleich mit dem Kopf, wenn es bei dir ein bißchen anders ist — das ist ein Zufall. Wenn du aber sagst: »Das muß ich ausschneiden und Herrn Neumann schicken, dem alten Kamel!« — dann ist der Autor, wenn man von dem nicht übermäßig[5] berechneten Honorar absieht, reichlich belohnt[6].

1. **wenn der Wert darauf legte**: **der** est ici pronom démonstratif et non article défini (le ton familier souligne le comique de cet exemple... pris au hasard?).

2. **der Rock ('ë)**: *la redingote, l'habit* (syn. **der Gehrock**); aujourd'hui plus souvent *la jupe*.

3. **Es kommt vor, daß**: *il peut se faire que* (idée d'éventualité). Cet euphémisme suggère, parce qu'il est assorti de **auch**, qu'on n'y trouve en général pas ce qu'on y cherche.

4. **(der) Beschluß**: conclusion du narrateur, auparavant présent dans des interruptions du récit (notes 2, p. 114 et 3 p. 122) et responsable du

L'employé aux archives préserve l'autonomie de son service et classerait même l'empereur Napoléon à la lettre N, si ce dernier daignait lui rendre visite (ou à B, à cause de Bonaparte ? Âpre discussion avec l'employé aux archives en second). L'employé aux archives connaît toutes les affaires, sans savoir exactement ce qu'elles signifient. Comme tout ce qui se passe dans la maison s'entasse chez lui, il a acquis au fil des ans la certitude que c'est en fait lui qui produit tout. Il a un habit bien lustré pour le bureau et il est d'une pédanterie renversante. Il arrive que l'on trouve aux archives les choses qu'on y cherche. Mais la plupart du temps, l'employé aux archives ne veut pas être dérangé. Il archive. Il se considère comme vraiment indispensable.

Conclusion

Cher lecteur, tout ceci n'est pas exact et ne peut pas l'être. Ne secoue pas trop vite la tête s'il en va un peu différemment chez toi —, c'est un pur hasard. Mais si tu dis : « Il faut vraiment que je découpe ça et que je l'envoie à Monsieur Neumann, ce vieux chameau ! », l'auteur — abstraction faite de ses honoraires un peu chiches — sera largement récompensé.

---

désordre dans la succession hiérarchique (la dactylo après le cadre, l'employé aux archives après le patron, etc.).

5. **nicht übermäßig** : m. à m. : *pas excessif*. Effet de litote, négation du contraire de la réalité.

6. **belohnt** : signalons que Tucholsky avait proposé sous forme de canular la destruction de tous les bureaux de Berlin pour remédier à la crise du logement, dans son article signé Peter Panter : » Machen S' halt eine Eingabe ! « (in *Text und Kritik*, 29, 1985, p. 31).

Repères biographiques

1890 - Kurt Tucholsky naît à Berlin dans une famille juive aisée, le 9 janvier.

1900-1909 - Études secondaires à Berlin. Entame ensuite des études de droit à Genève et à Berlin.

1907 - Première publication : un conte satirique adressé à l'empereur Guillaume II.

1914 - Reçu docteur en droit à l'université d'Iéna. Mobilisé, il part sur le front est, en Courlande.

1918 - « Tucho » collabore à l'hebdomadaire *Die Welt-bühne* fondé par Siegfried Jacobsohn et dirigé, après sa mort, par Carl von Ossietzky. À la fin de la guerre, sous-officier en Roumanie. Milite au Parti socialiste indépendant (USPD).

1918-1920 - Compose de nombreux poèmes satiriques et des chansons pour divers cabarets berlinois. Devient rédacteur en chef de *Ulk*, supplément hebdomadaire du *Berliner Tagblatt*.

1923 - Secrétaire d'un directeur de banque berlinois, il publie des contes satiriques, puis s'installe à Paris où il est le correspondant étranger de plusieurs journaux.

1928-1929 - Voyages en Suède, en Suisse et en Angleterre. Parution de plusieurs recueils d'articles.

1932 - Parution du choix d'articles *Lerne lachen ohne zu weinen*.

1933 - Ses livres sont brûlés lors d'un des premiers autodafés de Goebbels. Déchu de sa nationalité, il n'a plus de source de revenus.

1935 - Le 19 décembre, Tucholsky absorbe du poison. Il meurt le 21 décembre à Gripsholm en Suède.

Indications bibliographiques

Textes de Tucholsky

En allemand :

Deutschland, Deutschland über alles. Ein Bilderbuch von K. Tucholsky und vielen Fotografen, Hamburg, Rowohlt, 1978 (première édition 1929).

Gesammelte Werke, éd. de Mary Gerold-Tucholsky, Reinbek bei Hamburg : Rowohlt, 1987 (première éd. 1960).

Zwischen gestern und morgen. Eine Auswahl aus seinen Schriften und Gedichten, Rowohlt, 1960.

Politische Briefe, Reinbek bei Hamburg, Rowohlt, 1973.

Briefe aus dem Schweigen, 1932-1935, Rowohlt, 1977.

Das Kurt-Tucholsky Chanson-Buch, Rowohlt, 1983.

Schloß Gripsholm. Eine Sommergeschichte, Rowohlt, 1984.

En français :

Apprendre à rire sans pleurer (éd. bilingue), anthologie d'E. Philippoff, Aubier Montaigne, Paris, 1974.

Bonsoir, révolution allemande ! trad. A. Brossat, Grenoble, Presses Universitaires, 1981.

Chroniques allemandes 1918-1935, trad. C. Porcell, Balland, Paris, 1982.

Un été en Suède. Vacances au château de Gripsholm, trad. P. Villain, Balland, Paris, 1982.
Un livre des Pyrénées, trad. J. Bréjoux, Toulouse, Privat, 1983.

Témoignages, biographie, études critiques

Kurt Tucholsky, Ed. Text und Kritik, München, 1985.
Walter MEHRING, *Kurt Tucholsky*, Friedenauer Presse, Berlin, 1985.
Hans PRESCHER, *Kurt Tucholsky*, Colloquium Verlag, Berlin, 1986.
Peter RÜHMKORF, *Dreizehn deutsche Dichter*, Rowohlt, 1989.

CARL STERNHEIM

Yvette

Yvette

In der Wiege war sie schon Erbin. Des jugendlichen Vaters frisches Vermögen machte das einzige Kind zu einem Mittelpunkt. Da war der Dienstboten Troß[1], Freunde Verwandte, die weissagten; doch auch die Außenwelt nahm an der Geburt einer Tochter des neuen Stahlkönigs[2] teil, und an den Börsen war Meinung. Man wußte, die Ehe schien nach langer Kinderlosigkeit unfruchtbar. Um so mehr mußte eines erbenden Kindes späte Geburt des Eroberers Wagemut stärken.

Glänzenden Augen, zu seiner Bedienung bereiten Kräften sah sich das Neugeborene gegenüber. Keinen Augenblick stand der Wiegenkorb still, Antlitze schnitten vergnügte Grimassen, Stimmen sangen Eiapopeia[3], es regnete Spielzeug[4] und Mummenschanz. Gesiebt und gemahlen, waren Speisen verdaulich bereitet; zu ihrer Bewältigung mußte das Kleine keine Kraft der Zähne, des Magens, der Eingeweide anstrengen,

---

1. **der Troß…** : m. *suite, équipage.* L'accumulation de substantifs sans aucune ponctuation, est l'une des marques stylistiques de Sternheim dans ce récit. Les termes sont jetés en pâture de la manière la plus brutale possible.

2. **Stahl-König** : m. Le modèle d'Yvette au prénom français pourrait bien être Thea Bauer, la deuxième femme de Sternheim, qui avait fait ses études en France et était francophile, cf. Repères p. 174.

3. **Eiapopeia** : n. vient du grec **eia pop eia,** *allons, hé, allons,* terme enfantin, **Eiapopeia machen,** *faire dodo.*

Dès le berceau, elle fut héritière. La fortune récente du jeune père fit de l'enfant unique un centre. Il y avait le train des domestiques-amis-parents qui prédisaient son avenir ; mais le monde extérieur prit aussi part à la naissance d'une fille du nouveau roi de l'acier, et à la Bourse on en pensait quelque chose. On le savait : ce couple, après tant d'années sans enfants, semblait stérile. La naissance tardive d'un enfant qui hériterait devait fortifier d'autant l'audace du conquérant.

Des yeux brillants, du personnel prêt à le servir, voilà ce que le nouveau-né avait en face de lui. Pas un instant, le moïse ne restait immobile : des visages faisaient des grimaces réjouies, des voix chantaient « l'enfant do », il pleuvait des jouets et du guignol. Filtrés, moulus, les aliments étaient prêts à être digérés ; pour en venir à bout, Bébé n'avait pas lieu de solliciter la force des dents, de l'estomac, des intestins ;

_____

4. **es regnete Spiel-zeug...** : Sternheim a toujours mené ce qu'il a nommé plus tard son « combat contre la métaphore », principalement dans ses récits, cherchant des associations de mots différentes, voire dérangeantes, et toujours explosives.

wie ihr später aller Lehrstoff, von Kennern der Materie vorgelegt, als Honig einging.

Pferde liefen zwischen ihren kleinen Schenkeln am Schnürchen; stand ein Hindernis entgegen, nahmen sie es rücksichtsvoll mit sanftem Wiegen des Rückens, Wagen federten unter ihr, und mit dem Feuer ausgesuchter Rassen sprangen Hunde. Blumen blühten im Sommer an Wegrändern nach Vorschrift der Leitfäden für Gartenbau, der Kies war von Engeln[1] geharkt, elegant stiegen Springbrunnen — in der blanken Natur der großen Parks gab es keinen Versager. Lusthäuser und Terrassen machten auf Anhöhen Regen und wolkiges Wetter notwendig, war man der Sonne und ihrer schmelzenden Effekte müde. Im Winter brachten Automobile, reservierte Eisenbahnabteile zu Wegen, die gebürstet[2], Schlitten und Rodel an Landschaften vorbeiführten, übertrieben hübsch in anbetracht der Unmöglichkeit, ihren weißen Reiz bei des Gleitens Eile im Augapfel[3] zu fangen.

Auf Jagden war es drollig, fielen Huhn und Hase im Feuer seiner Schüsse eher, als es das junge Mädchen erwarten durfte, auch auf die Treiber[4] mußte es nicht achten, machte um ein paar Schrote in Gesäß und Wade doch keiner unpassendes[5] Aufsehen. Von überlegenem Leiter gelenkt, klappten Auftritte des Spiels[6], dem sie zusah;

---

1. **Engeln**: l'intention parodique est claire, dans ce recours aux poncifs les plus convenus, voire kitsch.

2. **die gebürstet...**: une autre constante stylistique — toujours proche de l'esprit expressionniste — consiste à déplacer des bouts de phrase, comme dans un puzzle grinçant. Car chaque phrase est conçue comme une œuvre en soi.

3. ***Aug-apfel**: m. *globe oculaire*. Sens fig. *trésor*. **Etwas wie seinen Aug-apfel hüten**: *surveiller qq chose comme la prunelle de ses yeux*.

4. **Treiber**: m. peut signifier aussi un *gardien de troupeau*. Fig. *meneur*. Cf. le v. **treiben (ie, ie)** intr. *être poussé*, et tr. *pousser, chasser devant soi*. **Treiberei**, f. *manigances*.

de même, plus tard, tout objet d'enseignement, présenté par des connaisseurs en la matière, s'ingéra comme du miel.

Des chevaux coururent comme au bout d'un cordonnet entre ses petites cuisses; si un obstacle survenait, ils l'abordaient avec précaution en ondulant doucement de l'échine; des voitures oscillaient élastiquement sous elle, et avec la fougue de races sélectionnées, des chiens bondissaient. L'été, des fleurs s'épanouissaient aux bordures des allées, selon les indications de manuels d'horticulture, le gravier était ratissé par des anges, et des jets d'eau fusaient avec élégance — dans la nature impeccable du grand parc, il n'y avait pas de ratés. Des gloriettes et des terrasses sur les hauteurs rendaient nécessaire la pluie et le temps nuageux si l'on était las du soleil et de ses effets liquéfiants. En hiver, des automobiles ou des compartiments réservés en chemin de fer permettaient des parcours qui, bien peignés, conduisaient luges et traîneaux au long de paysages d'une joliesse exagérée, compte tenu de l'impossibilité de saisir par la pupille leur charme blanc, happé par la vitesse.

Les chasses étaient amusantes: perdrix et lièvres tombaient sous le feu de ses armes, avant même que la jeune fille pût s'y attendre; elle ne devait même pas prendre garde aux rabatteurs, car personne ne faisait de scandale déplacé pour quelques plombs dans la fesse ou dans le mollet. Réglées de main de maître, les scènes du spectacle qu'elle regardait, s'enchaînaient sans heurt;

5. ***un-passend**: adv. effet ironique, tout doit fonctionner de manière lisse dans un univers idyllique, cruel et injuste aussi.

6. **Spiel**: n. *le jeu, la représentation.* Sternheim était aussi un homme de théâtre; et on retrouve dans ses récits une vision du monde comme *un spectacle* (**das Schauspiel**), une reconstruction scénique.

des Dargestellten Inhalt war lustig, an Ausstattung nirgends gespart. Mit sich selbst mußte Yvette sich nicht beschäftigen. Indem man alle Welt für sie in Bewegung zeigte, sollte sie Beifall spenden, und da sie Ausstattungsmöglichkeiten genug gesehen hatte, war sie Kenner blendenden Scheines. Unterschied auch in des Menschen äußerer Aufmachung Talmi[1] von Gold.

Frühmorgens brachte sie auf ihrer Glocke Ton ein in heller Wäsche glänzendes Mädchen ins Bad. Hätte sie sich den Verein der Kacheln Metalle, wohlriechender Wässer duftender Tücher vollkommener, das Reiben ihrer Haut eindrucksvoller vorstellen können, hätte die Bedienende ihren Platz mit einer besser Geeigneten tauschen müssen[2]. Solchen Eindruck empfing jeder von ihr, und das hielt die Welt gewillt, Außerordentliches vor diesen scharfen Blicken zu leisten. Der *Maître d'hôtel*, die Diener Reiter Jäger Gärtner Kutscher Köche Jungfern Stubenmädchen und Mamsellen[3] stellten Glanz und Bezauberung bei jeder Begegnung ins Auge, schienen den Himmel[4] für die junge Herrin herabholen zu wollen.

Doch auch Menschen höherer gesellschaftlicher Ordnung über Erzieher und Gouvernanten zu den im Haus gelittenen Gästen, Freunde der Familie waren bereitwillig, und immer mehr, als mit den Jahren des Vaters Vermögen ins Fabelhafte wuchs[5], der unzugängliche Mann die Neigung zur einzigen Tochter nicht verhehlte.

---

1. **Talmi**: n. *simili-or, le clinquant.* Exp. **Das ist Talmi**: *c'est du toc.*
2. **Hätte sie... tauschen müssen**: toujours la parodie. Le style s'enroule dans de longs méandres visant à ne traduire qu'une seule idée. Sternheim semble se plier à certaines traditions stylistiques qu'il parodie.
3. **die Diener... Mamsellen**: la manière dont les substantifs perdent leurs articles — cf. le début par **die Diener** — est aussi une caractéristique expressionniste: il faut rendre l'impersonnel, chacun étant mis sur le même plan d'inexistence.
4. **Himmel**: m. net contraste entre les expressions célestes, cf. les

le sujet représenté était divertissant, on ne lésinait sur rien dans la mise en scène. Yvette ne devait pas s'occuper d'elle-même. Tandis que, pour elle, on mettait en branle le monde entier, elle devait prodiguer des applaudissements et, pour avoir assez vu les possibilités du théâtre, elle devint experte en tape-à-l'œil. Savait distinguer, d'ailleurs, dans l'apparence extérieure de l'être humain, entre le toc et l'or.

De bon matin, au tintement de sa sonnette, une femme de chambre resplendissante en blouse claire la mettait au bain. Si l'employée de service eût pu concevoir une association plus parfaite et plus impressionnante encore entre les briques émaillées, les métaux, les eaux de senteur, les linges parfumés, une friction de la peau, elle eût dû troquer sa place pour une autre plus appropriée. Chacun recevait d'elle cette impression, et cela tenait le monde en disposition d'accomplir des choses extraordinaires sous ses regards critiques. À chaque rencontre, le *maître d'hôtel*, les valets-palefreniers-chasseurs-jardiniers-cochers-cuisiniers-dames de compagnie-femmes de chambre-petites bonnes arboraient en leur regard la brillance et l'enchantement, et semblaient prêts à décrocher la lune pour la jeune maîtresse.

Mais s'y prêtaient aussi des gens d'un rang social plus élevé, des précepteurs et des gouvernantes, en sus des hôtes, des amis de la famille soufferts en la maison, et ce, de plus en plus à mesure qu'au fil des ans, la fortune du père s'accroissait jusqu'au fabuleux, et que l'homme inabordable ne dissimulait pas son affection pour sa fille unique.

---

anges de la page 134, en opposition avec le rapport de classes qui est suggéré régulièrement.

5. **ins Fabel-hafte wuchs**: là aussi, juxtaposition de la richesse économique réelle et d'un phénomène supra-humain qui élève, et éloigne le personnage.

Außer dem Vater[1], der ihre Welt bezahlte, sah Yvette
sich keinem, mit dem sie rechnen mußte, gegenüber. Doch
auch an ihn wandte sie wenig Blick und Liebkosung. Ihr
liebster Umgang blieb das Bild im Spiegel[2], ihre eifrige
Sorge, sich herzurichten. Morgens den polierten Leib, den
sie ihren Zofen ausstellte, von der Füße gewölbten Nägeln
über Flächen und Gefäll des Körpers[3], den man mit
Pudern und erfrischendem Essig behandelte, zu den
Zähnen, deren jeder in blitzenden Stand gesetzt wurde.
Bis ein halbes Dutzend Menschen an des braunen Haares
Pflege Anteil hatte. Eintauchen in zarteste Wäsche ward
durch Nachholen vergessener Sorgfalten oft noch unter-
brochen; doch stand sie knapp und frisch in Hose und
Korsett bereit für Stiefel und Kostüm. Der letzte Blick, ehe
man die Tür in den Flur öffnete, griff im Glas ihre
korrekte Erscheinung[4].

Vom inneren Menschen[5] wußte sie, daß Eingeweide
manchmal kniffen, das Herz nach heftiger Bewegung
klopft, in Hüften ein Organ[6] sticht.

Als sie später Wünsche rührten, erfüllte sie sie sich
mutig wie die übrigen. Mit jungen Bauern beglückte sie
sich auf des Vaters Gütern, mit Jagdgehilfen, oder was
lockend[7] zur Hand war.

1. **Vater:** m. le père n'est jamais nommé différemment, il n'est que
cette figure incarnant la puissance de l'argent, dont la fonction est de
donner un rôle à sa fille.

2. **Bild im Spiegel:** Comme son père, qui n'est pas une personne
complète, mais une partie, un fragment, Yvette non plus ne peut saisir
sa propre réalité que par un reflet inversé, comme dans une mise en
abyme perpétuelle.

3. **Körper:** m. syn. de **Leib,** cet accent prépare l'aboutissement du
récit, dans la découverte de l'énergie sexuelle.

4. **Erscheinung:** morcelée, elle est cheveux, dents... image, elle n'a
pas encore pris ses marques personnelles.

À part son père qui payait son univers, Yvette ne trouvait en face d'elle personne dont elle dût tenir compte. Mais à lui non plus, elle n'adressait guère de regards ou de caresses. Sa compagnie favorite restait son image dans le miroir ; son plus cher souci, soigner son apparence. Le matin, c'était un corps poli qu'elle exposait à ses soubrettes, depuis les ongles bombés des pieds, en passant par toutes les surfaces et reliefs du corps qu'on traitait avec force poudre et vinaigre rafraîchissant, jusqu'aux dents dont chacune était mise dans un état fulgurant. Le soin de sa chevelure brune requérait jusqu'à une demi-douzaine de personnes. Au moment d'enfiler une des plus fines lingeries, il fallait souvent y surseoir pour administrer quelques soins oubliés ; finalement elle était nette et fraîche, en pantalon et corset, prête aux bottines et au costume. L'ultime regard, avant qu'on n'ouvrît la porte sur l'antichambre, appréhendait dans la psyché son apparence correcte.

Quant à l'être intérieur, elle savait que les entrailles parfois vous pincent, que le cœur bat après un mouvement violent, que dans les hanches un organe émoustille.

Quand plus tard les désirs l'agitèrent, elle les satisfit bravement, tout comme le reste. Elle prit du bon temps avec de jeunes paysans sur les terres de son père, avec des gardes-chasse auxiliaires ou bien ce qui l'attirait, à portée de sa main.

---

5. **Vom inneren Menschen... sticht :** Trois verbes pour évoquer le domaine intérieur, et par des sensations très physiques, porteuses de choc et d'agression, loin de tout état d'âme.

6. **in Hüften ein Organ... :** même annonce de la fin du récit. Le texte est ainsi truffé de pistes menant vers la péripétie ultime.

7. **was lockend zur Hand war :** m. à m. *ce qui était attirant à portée de la main.*

Sie merkte nur das besondere Vergnügen, nicht Name und
Art des Stifters[1], war um dessen ferneres Schicksal nicht
besorgt; wußte, Zarte litten schweigend unter schnellem
Bruch; Brutale wurden wie die mit zu voreiliger Flinte
verwundeten Treiber[2] beruhigt!

Mit zwanzig Jahren war sie Weib der Gesellschaft,
schön und äußeres Muster. Als die Eltern den ersten Tanz
für sie gaben, glaubte man den Heiratsmarkt[3] offen;
Bewerber[4] liefen, jeder mit seinem besonderen Trick,
herbei. Yvette wurde durch sie, weil sie von ihnen nichts
zu gewinnen sah, nicht bewegt. Das Männliche hatten sie
schwächer als junge Stürmer in ländlichen Kulissen. Ihre
gesetzten Worte schmeichelten nicht eindrucksvoller wie
der Naturburschen Blicke, ihrer Zynismen Reiz war nicht
spitz wie von diesen ein gezielter Griff. Vor allem wußte
sie Welt bereit, ihre Wünsche ohne Umstände[5] zu erfüllen,
so daß Abmachung aus solchem Anlaß albern schien.

Sie sagte den Eltern, Heirat, geübte Riten kämen für sie
nicht in Betracht. Gerütteltes Maß notwendigen Behagens
sei ihr ohne sie gewiß. Einwänden der Besorgten begegnete sie so überlegen, daß der Vater begriff, sie sei
entschlossen, aus ihrer Lebenskenntnis der peinliche
Zufall, der seine Lebensarbeit — Kapitalanhäufung —
stören könnte, nicht zu besorgen.

---

1. **der Stifter :** m. *fondateur, donateur, auteur.* Cf. le v. **stiften,** *faire,*
produire, créer. **Ein Unruhestifter,** *un fauteur de troubles.* Ironie ici de ce
terme dans le contexte.

2. **Treiber :** déjà apparus et déjà réduits à un rôle d'objets servant au
bon plaisir de la demoiselle ; amalgame entre l'amour et la chasse.

3. **Der *Heirats-markt :** Mélange du vocabulaire, partagé sur plusieurs registres, entre le sentimental et l'économique. Fig. **seine Haut zu**
Markte tragen, *risquer sa vie.*

4. **Der Bewerber :** 1) *solliciteur, concurrent, postulant.* 2) *soupirant.* Cf.
sich bewerben (a, o), *se porter candidat,* p. ex. **sich um die Hand eines**
Mädchens bewerben, *demander la main d'une jeune fille.*

À chaque fois, elle faisait seulement attention au plaisir, non pas au nom ni à aucune particularité de l'agent producteur, n'avait cure de son destin ultérieur ; savait que les délicats souffraient en silence d'une brusque rupture ; et que les brutaux se calmaient, comme les rabatteurs qu'a blessés une carabine trop impatiente !

À vingt ans, elle était une femme de la bonne société, un beau modèle vu de l'extérieur. Quand les parents donnèrent pour elle un premier bal, on crut ouverte la foire au mariage ; ce fut un afflux de prétendants, chacun avec une astuce particulière. Yvette, ne voyant rien à tirer d'eux, ne s'émut de rien. Leur virilité était moins forte que celle des jeunes assaillants dans les coulisses rustiques. Leurs paroles posées la flattaient moins efficacement que les regards des jeunes garçons de la campagne, le charme de leurs cynismes n'était point aussi piquant que chez les autres un toucher ciblé. Surtout, elle était assez au fait du monde pour satisfaire leurs désirs sans faire de façons, si bien qu'il paraissait stupide en pareil cas de faire un contrat.

Elle dit à ses parents que le mariage et les rituels d'usage n'entraient pas en considération pour elle. Elle était sûre d'avoir une bonne mesure d'un nécessaire confort sans en passer par là. Aux objections inquiètes des siens, elle riposta d'un tel air de supériorité que son père comprit qu'elle était résolue à ne pas se laisser inquiéter, vu sa connaissance de la vie, par un hasard fâcheux qui pût troubler le travail de sa vie : l'accumulation de capital.

---

5. **Um-stand**: m, circonstance. Expr. **unter keinen Umständen**, *sous aucun prétexte*. Fig. **Umstände machen**, *faire des façons*. Au pluriel, **die Umstände**: 1) *situation, position,* 2) *les circonstances* ; **mildernde Umstände**, *les circonstances atténuantes*.

Im Gegenteil ward aus der Tochter Geständnis[1] klar, die
Reichtümer blieben nach seinem Tod in rücksichtslosen
Händen, die ihren Wert kannten, Zersplitterung nicht
dulden würden. Ein aus Leidenschaft geheirateter Gatte
aber hätte in diesem Sinn um so größere Gefahr bedeutet,
als hohe Abkunft ihn zu einer Verschwendung verpflichtet
hätte[2], die gutem Ton gemäß seine Verachtung der ange-
heirateten Familie nach außen ausdrücken mußte. Ein
Mann, die notwendige Repräsentanz, praktische Forderungen zu erfüllen, sei je später desto besser gewählt, weil nur
Erfahrung die geeignete Person ausfindig machte.

So konnten Fürsten und Herren den feierlichen Emp-
fang, den man ihnen in großbürgerlichen Salons gewährt,
wo sie als Bewerber der Tochter auftreten, nicht finden.
Yvette leugnete[3] Vorzüge, in denen sie diese Figuren
überträfen. So gut wie jene sei sie gemacht, mit gleicher
Sorgfalt erzogen, habe Umgangsformen Beziehungen mit
ihnen gemeinsam. Doch durch klassisches Vermögen
höhere Freiheit und bessere Aussichten für die Zukunft.
Sie schmückte[4] sich mit ihnen nicht. Als Gefolge galten[5]
ihr Personen von besonderem Ausdruck am höchsten.
Beim Eintritt ins Theater, auf dem Rennplatz, im Ballsaal
sollte Begleitung bedeutend wirken. Doch nicht wie früher
diente ihr regelmäßig Schönes dazu — und das bewies
Entwicklung —

---

1. **Geständnis** : n. au sens propre, *l'aveu*. cf. le v. tr. **gestehen (a, a)**,
admettre, avouer, confesser. Ici mélange de registres suggérant un aspect
sacré dans ces paroles de la jeune fille, alors qu'à nouveau les raisons
profondes sont pécuniaires.
2. **als hohe... verpflichtet hätte** : Sternheim, fils de banquier, connaît
bien les règles bourgeoises, d'où son jeu ici de persiflage.
3. **leugnen** : Le personnage d'Yvette est souvent dépeint par des
verbes à valeur négative : elle repousse, elle riposte, elle critique... elle se
démarque sans cesse à la fois des autres, mais aussi des siens.
4. **schmücken** : son entourage a valeur symbolique, cf. **Figuren,** plus
haut sur cette même page, terme de théâtre ; le verbe désigne
d'ordinaire des objets plutôt que des personnes.

Au contraire, cette déclaration de la fille rendit évident qu'après la mort du père les richesses resteraient en des mains sans complexes, qui savaient leur valeur et ne toléreraient pas leur émiettement. Or, dans cette situation, un mari épousé par passion eût signifié un péril d'autant plus grand qu'une haute origine l'eût obligé à une dilapidation qui, selon le bon ton, devait traduire extérieurement le mépris qu'il eût voué à la famille alliée par mariage. Le choix d'un mari présentant la surface nécessaire et capable de répondre aux exigences pratiques, plus on y procédait tard, mieux c'était, car seule l'expérience repérerait la personne idoine.

Ainsi, princes et beaux messieurs ne purent trouver l'accueil solennel qu'on leur préparait en des salons de haute bourgeoisie où ils paraissaient comme prétendants à la main de la fille. Yvette déniait à ces personnages quelque avantage que ce fût sur elle. Elle était aussi bien faite qu'eux, élevée avec une égale sollicitude, elle avait en commun avec eux le savoir-vivre et les relations. En revanche, grâce à une fortune des plus classiques, une liberté supérieure et de meilleures perspectives d'avenir. Elle ne les considérait nullement comme une parure. Pour son escorte, elle cotait au plus haut des personnes d'une expression particulière. Quand on entrait au théâtre, à l'hippodrome, dans la salle de bal, le compagnon devait faire forte impression. Mais à cette fin, elle avait moins souvent recours que par le passé à la beauté régulière — et cela prouvait une évolution ;

---

5. **gelten (a, o) :** v. tr. *valoir, coûter,* v. intr. *être valable.* Autre emploi impersonnel, **es gilt,** *il s'agit de,* **es gilt um nichts geringeres als,** *il ne s'agit de rien moins que.*

sie kannte gewisser Entstellungen Reiz, es gab Gelegenheiten, für die sie den distinguierten[1] Krüppel[2] dem
glatten[3] Beau vorzog.

Als ihre Büste mit fünfundzwanzig Jahren reif, ihr Reiz
verwirrend war, blieb sie festlichen Veranstaltungen
schon manchmal fern. Saß neben des Vaters Arbeitszimmer, hörte seiner Rede mit Männern des Geldes, königli-
chen Kaufleuten zu. Erst packte sie die Leidenschaft, mit
der die Leute von eingebildeten Werten wie von Wirklich-
keiten sprachen, interessierte sie neuer Milliarden Schöp-
fung durch Ausbeutung der Bodenschätze des Landes und
menschlicher Arbeitskraft, bald aber, als sie den ewig
gleichen Vorgang simpel fand, ermüdete Teilnahme. Nach
ihrer Meinung bedurfte[4] es keiner besonderen Begabung,
dafür zu sorgen, daß in keiner Erwerbsgesellschaft das
Verhältnis zwischen Betriebskapital und jährlichem Rein-
gewinn den Betrag von sechs Prozent für die Aktionäre
überstieg, der Überschuß im anderen Fall durch Kapitals-
verwässerung[5] in die Taschen weniger Bevorzugter glitt.
Diesen Gedanken fand sie alt wie Astor und um so
einfältiger[6], als die Regierungen wegen des Zinsfußes ihrer
Anleihen solches Bestreben der Kapitalgewaltigen unter-
stützen. Wie sie der Anhäufung großer Vermögen auch
darum zustimmen, weil man wenige große Steuerzahler
leichter als Massen der Kleinen übersieht, schneller mit
ihnen abrechnet.

---

1. **distinguiert :** accumulation de termes d'origine étrangère, ce qui
rend le texte un peu guindé, voire précieux. Il faut y voir un clin d'œil
au style français, à la manière de Huysmans.

2. **Krüppel :** m. l'époque expressionniste est fascinée par la laideur, la
dissonance, représentant la faiblesse et la vanité de la condition
humaine.

3. **dem glatten Beau :** rappelle son corps à elle, **polierter Leib,** p.
138.

elle apprit à connaître le charme de certaines déformations : il y avait des occasions où elle préférait le stropiat
distingué au beau banal.

Quand son buste à 25 ans se fut épanoui, son charme
devenu étourdissant, elle renonça déjà quelquefois à
certaines manifestations festives. Postée à demeure à côté
du bureau de son père, elle écoutait ses propos avec des
hommes d'argent, des rois du commerce. Tout d'abord,
elle fut fascinée par la passion avec laquelle ces gens
parlaient de valeurs imaginaires comme de réalités ; la
création de nouveaux milliards, par l'exploitation des
ressources minières du pays et du potentiel humain,
l'intéressa ; mais bientôt, quand elle trouva rudimentaire
ce processus éternellement identique, son intérêt faiblit. À
son avis, il ne fallait pas un don particulier pour veiller à
ce que dans aucune société à but lucratif, le rapport entre
le capital d'exploitation et le bénéfice brut annuel n'excède
le montant de six pour cent pour les actionnaires, ni que
l'excédent par dilution du capital ne se retrouve dans les
poches d'un petit nombre de privilégiés. Elle trouvait cette
idée vieille comme Astor, et d'autant plus simpliste que les
gouvernements, en raison du taux de leurs emprunts,
soutiennent cette tendance des gros capitalistes. De même
qu'ils acquiescent à l'accumulation de grandes fortunes,
pour la raison supplétive qu'on embrasse mieux du regard
une poignée de gros contribuables que des masses de petits
et qu'on règle plus vite ses comptes avec eux.

---

4. **bedürfen : (bedurfte, bedurft),** v. suivi du génitif, *nécessiter,* **das**
Bedürfnis, *le besoin,* et l'adj. **bedürftig,** *indigent, nécessiteux.*

5. **Kapitals-verwässerung :** il s'agit de la ruse des capitalistes dans la
présentation des comptes.

6. **einfältig :** renvoie à **simpel** plus haut ; le personnage d'Yvette
cherche à être en avance perpétuelle, tout ce qui menace d'être statique
ne l'intéresse déjà plus.

Aus der Tatsache, die vollstreckende Gewalt geht mit dem Besitzer Hand in Hand, fand Yvette des Vaters Verhalten altmodisch gehemmt[1]. Tauchte der springende Punkt in Verhandlungen auf, war sie seines rücksichtsvollen[2] Einwurfs gewiß, durch die der riesige Gewinn der betreffenden Unternehmung immer in etwas geschmälert wurde[3]. Sie verstand nicht, wie man ein Gesetz des Handelns anders als bis in letzte Konsequenzen vertreten konnte, sah ihren Vater als entschlossenen Ausbeuter menschlicher Arbeitskraft und Unternehmungsgeistes doch, im gegebenen Augenblick das betäubte Opfer ganz zu plündern[4], zaudern. Darüber sprach sie mit ihm, wies seinen Einwand, man müßte, wollte man leben, andere gelten lassen, mit dem Hinweis ab, seine Handlungsweise vermischte zwei getrennte Auffassungen, für deren eine man sich entscheiden müßte. Noch immer rechnete er bei Geschäften mit dem namentlichen Gegenüber, bestimmten Persönlichkeiten, die ihm Vorstellungen, durch die seine Entschlüsse beeinflußt würden, schufen[5].

---

1. **gehemmt**: v. tr. **hemmen,** *freiner, gêner, inhiber;* **ein schwer gehemmter Jugendlicher,** *un adolescent très complexé, bloqué.*

2. ***rücksichts-voll**: adj. cf. **die Rücksicht,** *la considération, l'égard,* **Rücksicht auf jd** (acc.) **nehmen,** *prendre qqn en considération,* **ohne jede Rücksicht,** *sans ménagement, brutalement.*

3. **durch die der riesige Gewinn... in etwas geschmälert wurde:** c'est exactement ce que Marx désigne par la chute tendancielle du taux de profit.

Partant du fait que le pouvoir exécutif va main dans la main avec le possédant, Yvette trouvait la démarche de son père pleine d'inhibitions désuètes. Si ce point crucial surgissait dans des négociations, elle était sûre qu'il présenterait sa délicate objection selon laquelle les gains colossaux de l'entreprise concernée diminuaient toujours quelque peu. Elle ne comprenait pas comment on pouvait pousser une règle d'action autrement que dans ses ultimes conséquences ; elle voyait son père, exploiteur résolu de la force humaine de travail et de l'esprit d'entreprise, hésiter pourtant au moment précis de plumer complètement la victime anesthésiée. Elle lui en parla, repoussa son argument (il fallait bien, si l'on voulait vivre, tenir compte d'autrui) en faisant valoir que son mode d'action mêlait deux conceptions très différentes et qu'il fallait opter pour l'une des deux. Il continuait, dans ses affaires, à ménager l'interlocuteur ou certaines personnalités qui lui inspiraient des idées par lesquelles ses décisions étaient influencées.

---

4. **plündern :** v. tr. et intr. *piller, marauder,* cf. **Plünderung,** f. *pillage.* Mélange de vocabulaire ici presque trivial, ou du registre médical, comme **betäubt,** ou **Arbeits-kraft,** du domaine économique, etc... satirisation par là de cette attitude qui ne recule devant aucune règle.

5. **schufen :** les phrases ont un rythme haché, coupé, afin de rendre une totalité imbriquée d'une façon complexe et encore en mouvement.

Während des werbenden Kapitals namenlose Gewalt nur
mit der Ziffer der umworbenen Geldkraft[1], mit nichts
sonst zu rechnen habe.

Aus der Bereitwilligkeit, mit der sich Männer und
Frauen ohne Ausnahme von ihr mißbrauchen ließen,
suchte sie ihm der Menschheit geringes Bedürfnis zur
Selbstbestimmung zu beweisen[2], seinen letzten Vorbehalt
bei Erringung der Macht fortzuräumen. Der Gesellschafts-
vertrag, behauptete sie, habe keine sittliche, nur noch
ökonomische Voraussetzungen, Volk, das sich in der
Gesetzgebung durch Abgeordnete vertreten lasse, mit
Abgaben vom Einkommen die Erlaubnis, dem einzigen
Drang[3] des Verdienens nachzulaufen, erkaufe, wolle keinen eigenen Willen mehr, doch Besitz als Ziel. Und nicht
Kritik, Feststellung dieses Entschlusses sei notwendig. Er
müsse seinen Erfolg bis ans Ende nützen, oder, von
kühleren Spielern überflügelt zu werden, erwarten. Sie
selbst, einmal Herrin des Vermögens, würde kein Bedenken kennen[4]. Sie werde die Macht, die Reichtum verleiht,
den Einzelnen und wirtschaftliche Verbände zu bestechen,
die Bestochenen für ihre eigenen Ziele zu beherrschen, zu
unbekannten Erfolgen führen.

So ließ der Vater, stolz[5] der Tochter, Summen in ihre
Hände, daß sie selbständig über sie bestimmte, fließen[6].

---

1. **Geld-kraft :** f. m. à m. *la force de l'argent,* C'est-à-dire *son
rendement.* En allemand il y a de plus une correspondance entre **Gewalt**
et **Kraft.**

2. **Selbst-bestimmung zu beweisen :** f. les théories d'Yvette ne sont pas
étrangères à l'explosion de liberté que connaît l'époque. Voir les livres
de Irmgard Keun, notamment *La Jeune Fille en soie artificielle,* ou *Gilgi*
(éd. Balland) mettant en scène des jeunes femmes d'origine modeste à la
conquête du monde.

3. **Drang :** m., ici dans le sens psychologique, comme plus loin
Bedürfnis, n., *le besoin,* annonçant l'intérêt de l'héroïne pour le domaine
de l'art, puis à la fin **Instinkt,** m., qui caractérise sa rivale, celle qui
l'emportera sur elle (p. 172).

Tandis que la puissance anonyme du capital spéculatif devait tenir compte du seul montant du rendement recherché, sinon de rien d'autre.

Partant de la complaisance avec laquelle hommes et femmes sans exception la laissaient abuser d'eux, elle cherchait à lui démontrer le médiocre besoin d'autodétermination propre à l'humanité, afin de balayer ses dernières réserves dans la conquête du pouvoir. Le contrat social, soutenait-elle, n'a pas de fondements moraux, mais seulement des fondements économiques ; le peuple qui selon la législation se fait représenter par des députés, achète par des prélèvements sur son revenu la permission de suivre le seul instinct du gain, et ne veut plus affirmer de volonté propre, en ayant pour but d'acquérir des biens. Il ne fallait pas critiquer, mais constater cette décision. Quant à lui, il devait profiter de son succès jusqu'au bout ou bien s'attendre à être dépassé par des joueurs plus froids. Elle-même, une fois maîtresse de sa fortune, ne connaîtrait aucun scrupule. Elle obtiendrait des succès inouïs, grâce au pouvoir que confère la richesse de corrompre l'individu et les groupements économiques, et d'asservir les corrompus à ses fins propres.

Alors le père, fier de sa fille, remit entre ses mains d'énormes capitaux afin qu'elle en disposât personnellement.

---

4. **kein Bedenken kennen** : Cette tirade d'Yvette est à rapprocher de la pièce *1913* (écrite par Sternheim en 1915) où un magnat de l'industrie s'oppose à l'une de ses filles, Sofie, qui, pour augmenter le capital, fait fi des idéaux humanitaires.

5. **stolz** : l'adj. est en général construit aujourd'hui avec la prép. **auf** + acc., **stolz auf seine Tochter**.

6. **Summen... fliessen** : la relation père/fille est ici à l'opposé du récit *Ulrike* (1918), où la jeune fille a une attitude beaucoup plus soumise envers l'instance paternelle.

Als Yvette umsah, was in der Welt die Mühe, besondere Mittel aufzuwenden lohnte, schien ihr zu Kenntnissen der Wirtschaftslehre Vertrautheit mit Kunstdingen[1] wichtig. Religiöse philosophische Systeme merkte sie durch die wirkliche Lage von neun Zehnteln der Menschheit für die Gegenwart so gebrandmarkt[2], daß sie um deren Wirkung auf Vernünftige nicht besorgt sein mußte. Hinter dem Vorhang aber, der Wesen und Willen der Kunst[3] abschloß, schien eine Vereinigung von Kräften zu leben, die nicht wirkungslos war und sich ihrem Einfluß entzog. Zwar sah sie, wie auch da Kapital auf den Betrieb drückte, des Kunstwerkes gemeiner Wert durch der Reichen Bemühung auf eine Zahl gebracht war, mit der man seinen Besitz gewinnen konnte und, angenommen, es bänden Raffaels Gemälde[4] eine Summe der in der Kunst gewollten Energie, diese durch Kauf in seine Hand bekam. Auch der Dichter und Musiker Schöpfungen blieben nicht ohne Zusammenhang mit Geld[5]. Man kauft ein Buch, spielt für den Eintrittspreis ein Schauspiel eine Oper; was ihren Erfolg und ihre Wirkung ausmacht. Doch war hier das Gebiet, auf dem man mit Rechnung allein nicht herrschte.

Des Mädchens Bedürfnis, das Geheimnis[6] aufzudecken, war nicht stürmisch, trat vor gesellschaftlichen Ereignissen zurück. Immerhin blieb hier Anlaß zu Neugier und Frage.

---

1. **Kunst-dingen :** le récit est déjà bien entamé — on en est presqu'à la moitié — quand survient enfin l'un des points centraux, la relation à l'art. Pudeur du terme avec l'utilisation de **Ding,** n., *la chose.*

2. **brandmarken :** v. *marquer au feu rouge, stigmatiser,* mais aussi *flétrir, blâmer.* Composé de **Brand,** m. *incendie, feu.*

3. **Wesen und Willen der Kunst :** le thème de l'art et de son pouvoir est récurrent chez Sternheim. La nouvelle *Schuhlin* par ex. l'illustre parfaitement : l'artiste et le monde extérieur dans leurs relations conflictuelles.

4. **Raffaels Gemälde :** choix prudent que celui du peintre italien (1483-1520), maître de la Renaissance classique.

Tandis qu'Yvette cherchait alentour ce qui au monde valait la peine qu'on y engageât des moyens particuliers, il lui apparut qu'en sus de ses connaissances en économie politique, la familiarité des choses de l'art était importante. Les systèmes religieux et philosophiques lui parurent dans le présent à ce point invalidés par la situation réelle des neuf dixièmes de l'humanité, qu'il n'y avait pas lieu qu'elle se souciât de leur effet sur des êtres doués de raison. Mais derrière le rideau qui cachait l'essence et l'intention de l'art, semblait vivre une conjonction de forces qui n'était pas inefficace et qui se dérobait à son influence. Certes, elle voyait comment là aussi le capital pesait sur la production et comment la valeur universelle de l'œuvre d'art était, par les efforts des riches, ramenée à un chiffre grâce auquel on pouvait s'en rendre possesseur, et en admettant que les peintures de Raphaël soient liées à une quantité d'énergie exigée par l'art, celle-ci se retrouvait entre vos mains, du fait de cet achat. Même les créations des poètes et des musiciens n'étaient pas sans corrélation avec l'argent. On achète un livre, on joue pour le prix d'entrée une pièce-un opéra : c'est ce qui fait leur succès et leur effet. Mais c'était ici le domaine où l'on ne régnait pas seulement par le calcul.

Le besoin qu'éprouvait la jeune fille de percer ce secret n'était pas impétueux, s'effaçait devant des événements sociaux. En tout cas persistait ici un motif de curiosité et d'interrogation.

---

5. **nicht ohne Zusammenhang mit Geld :** Yvette affirme doctement un certain nombre de poncifs, soutenue par un ton faussement philosophique à l'argumentation plate.

6. **Geheimnis :** n., dans le droit fil de **eine Vereinigung von Kräften,** allusion qui sera reprise p. 154, **Geheim-kraft,** f., fondus alors en un même concept.

Einen Überblick über die vorzüglichsten Kunstleis-
tungen vergangener Epochen zu gewinnen, war ihr leicht
gewesen. Sie hatte nur, was teuer war, kaufen müssen, da
im hohen Preis des Werkes das kunstverständige Urteil
von Geschlechtern[1] niedergelegt war. Kämpfe um Echtheit
und Bedeutung der Ware mußte sie nicht mehr ausfechten.
Der Einser mit vier oder fünf Nullen war für ihre
Geschätztheit, damit für die innewohnende Gewalt
Gewähr[2]. So hingen in ihren Zimmern Bilder großer
Meister, standen dort Ausgaben berühmter Drucke. Sie
selbst fühlte keinen Reiz[3] als den des befriedigten Reich-
tums aus ihnen, der sich am Neid der Mitmenschen
wohltut. Doch sah sie zartere Seelen durch sie nicht nur in
dem Sinn, den Aufenthalt unter schönen Gegenständen[4]
auslöst, beeinflußt. Aus ihnen strahlte Erregung, die man
sonst an ihnen nicht wahrnahm, die sie aus Yvettes Welt
entführte. Als wären die Flächen Leinwand Stocks lustli-
cher Kräfte, die den Beschauer sphärisch belebten.

Yvette, die sich auf Wollust, die ihr eigener Leib gab,
verstand, schien ein Gleichnis in ihm, das sie unterrichten
konnte zu haben. Bewegte sie sich zuchtlos vor einem
Mann, ließ durch Faltenwurf Verborgenes ahnen, zeigte
der ähnliche Entrücktheit. Hier war ihr das Phänomen als
Naturkraft deutlich, das als Mittel, der Frau zum
Anschluß an des Mannes Erfolg zu helfen, nicht
außerhalb des Tanzes um das goldene Kalb[5] stand.

---

1. **Geschlecht :** n., 1) *sexe, genre,* **das weibliche Geschlecht ;** 2) *famille,
race,* **das Geschlecht der Hohenstaufen** et 3) *génération.*

2. **Geschätztheit... Gewalt Gewähr :** jeu sur l'allitération avec les trois
Ge.

3. **Reiz :** m. *charme,* mais aussi *excitation.* **Reiz-barkeit,** f. signifie
susceptibilité, sensibilité. **Jdn zu etwas reizen :** *pousser qqn à faire qqch.*

4. **Aufenthalt unter schönen Gegenständen :** Jean Launay dans sa
courte biographie de Sternheim (in *Napoléon et autres récits,* cf. la
bibliographie, p. 214), décrit l'une des propriétés de l'auteur, « Belle-
maison », château empli de tableaux, de tapisseries et de meubles
précieux.

Il lui avait été facile d'acquérir une vue d'ensemble des plus éminentes prestations artistiques des époques passées. Elle n'avait eu qu'à acheter ce qui était cher, car le jugement esthétique de générations est consigné dans le prix élevé de l'œuvre. Elle n'avait plus besoin de livrer bataille quant à l'authenticité et à l'importance de la denrée. Le chiffre 1 suivi de quatre ou cinq zéros était le garant de leur cote, et par là, de leur puissance immanente. Ainsi furent accrochés aux murs de sa chambre des tableaux de grands maîtres, exposés certains tirages d'estampes célèbres. Elle-même n'en tirait aucun plaisir particulier, si ce n'est celui de la richesse satisfaite, qui se nourrit de l'envie d'autrui. Pourtant elle voyait des âmes plus délicates en être influencées, pas seulement d'une manière causée par la proximité des beaux objets. Il en irradiait une excitation qu'on ne percevait pas chez eux d'habitude et qui les ôtait au monde d'Yvette. Comme si les surfaces de toile étaient des gisements de forces hédonistes qui animaient le contemplateur captivé.

Yvette, experte en la volupté que procurait son propre corps, semblait trouver en lui un équivalent qui pouvait la renseigner. Quand elle évoluait de manière indécente devant un homme, en laissant deviner par le drapé ce qu'elle cachait, il montrait un semblable transport. Alors elle percevait à l'état de force naturelle le phénomène qui, en permettant à la femme de profiter de la réussite de l'homme, n'était pas très éloigné de l'adoration du Veau d'Or.

---

5. **der Tanz um das goldene Kalb** : m. à m. *la danse autour du Veau d'Or,* cette allusion biblique renvoyant au culte des idoles, ici de la richesse.

Was aber taten Männer mit einer Geheimkraft, die, das
Leben mit für Geld nicht käuflichen Lüsten zu
schmücken, behauptete und sich, als sei sie neben dem
Gold wesentlich, stellte?

Was Künstler in ihrem Umgang hieß, erleuchtete sie
nicht. Sie gaben himmlische Antworten, waren aber im
Wesentlichen irdisch bewegt, schienen außerhalb der
Fachgespräche wirtschaftlich kontokorrent. Selbst die mit
rebellischen Schlagworten aufbrausenden, staatsbürgerli-
che Pflichten schmähenden Jünglinge und Mädchen aus
den ästhetischen Kaffees[1] zeigten vor einem wirklichen
Scheck sich so bürgerlich verbindlich, daß Yvette mit
beinah dreißig Jahren geneigt war, das neben dem kapita-
listischen Gesetz vorgeblich lebendige Element der Kunst
als Produkt ihrer Einbildung, historische Angelegenheit
zu nehmen, das mystische Verzücktsein vor Bildern,
musischen Werken als ein Convenu ansah, das sie mit
anderem gesellschaftlichen Übereinkommen sich zu eigen
machte.

Während sie Bilder der Macht baute, ihrer Nächte Kitzel
menschliche Katastrophen blieben, die sie, ein kapitaler[2]
Geier, in der Einbildung ausweidete, täuschte sie mit
Anmerkungen aus künstlichen Revuen[3] den Schein eines
empfindsamen Herzens vor.

Ihm erlag René Maria Bland[4], der Dichter, trug er ihr
vertrauensvoll seine hohen Strophen vor. Sie lag im Stuhl,
Blick in den Himmel gehängt.

---

1. **aus den ästhetischen Kaffees :** Le lieu du récit n'est pas fixé, mais
ceci pourrait renvoyer à Berlin où nombre de cafés connurent leurs
heures de gloire, ainsi le *Romanisches Café*, le *Café des Westens* où se
rendait entre autres Else Lasker-Schüler... (Cf. Préface pp. 7-8.)

2. **kapital :** adj. employé au sens de *fondamental,* mais aussi dans le
vocabulaire de la vénerie, *superbe,* comme **ein kapitaler Bock,** *un bouc
superbe.*

3. **künstliche Revüen :** l'époque est fertile en revues d'art et littérature,
comme » Pan «, » Jugend «, » März « ou » Hyperion « créée par Franz

Mais que faisaient les hommes, eux, de cette force secrète qui prétendait orner la vie de plaisirs que l'argent ne peut acheter, et qui se présentait comme essentielle à côté de l'or ?

Ce qui appelait des artistes à la fréquenter, lui échappait. Ils donnaient de célestes réponses, mais pour l'essentiel leurs mobiles étaient d'ici-bas ; en dehors des conversations de spécialistes, ils pensaient compte courant. Même les jeunes gens et les jeunes filles traînant dans les cafés d'artistes et tout écumants de slogans révoltés, contempteurs des devoirs civiques, montraient devant un chèque réel tant de politesse bourgeoise qu'Yvette, allant sur la trentaine, était encline à prendre pour un produit de son imagination, sinon une affaire historique, l'élément-art censé vivre à côté de la loi capitaliste, et considérait l'extase mystique devant des tableaux ou des ouvrages musicaux comme un poncif qu'elle s'appropriait grâce à d'autres conventions sociales.

Tandis qu'elle édifiait des images de puissance et que les titillements voluptueux de ses nuits demeuraient des catastrophes humaines dont elle, vautour capital, se repaissait en imagination, elle simulait un cœur sensible grâce à des notations empruntées aux revues d'art.

Fut piégé René Maria Bland, le poète ; en confiance, il lui débita ses strophes sublimes. Elle reposait sur son siège, le regard attaché au ciel.

Blei, que Sternheim soutint par ses capitaux et ses contributions littéraires.

4. **René Maria Bland** : le patronyme fait indubitablement penser à Rainer Maria Rilke, de son vrai nom René (Karl Wilhelm) Maria Rilke (1875-1926). Sternheim a ainsi glissé dans ses fictions un certain nombre de personnages réels qu'il a caricaturés ou épinglés à sa façon, comme le musicien Otto Vrieslander dans le récit *Schuhlin,* ou l'esthète et le critique d'art Carl Einstein dans *Ulrike.*

An ihrer Erstarrung rückte kein Schwung, nur die Wade
im Seidenstrumpf hatte hoch geflaggt. Schwieg er, irrte
ihr Blick um seine Wimpern, kippte jauchzend ins Leere.
Innerlich aber fand sie es stark, daß dieser stämmig derbe
Mann in aufgeregter Zeit vor sich und dem Publikum auf
dem Kothurn[1] ging. Bedachte Yvette, wie vor einem
verhängten Hintergrund leidenschaftlicher Möglichkeiten,
mit Sprengstoff[2] geladener Aussichten dieser schöpferi-
sche Geist auf Teppichen allem Irdischen entsinkend
unter Palmen schritt, hatte sie Lust, über den Sänger, der
Esel und Nachtigallen besang, Menschen in ihrer Not
aber schnitt, zu lachen. Hätte ihn, der arm geboren[3], ohne
Vermögen ein Leben des Zufalls fristete, auf der Ausge-
beuteten Seite sehen wollen, Geplünderte zum Kampf
führend. Dann wäre er ein Gegner, der ihr Leben aus
erhabener Langerweile gerissen hätte, gewesen. Je näher
sie ihm kam, um so mehr merkte sie sich in zwei Wesen
zerrissen[4], deren eines, die Frau von Welt, den bunten
Vogel[5] hätschelte, sein schillerndes Gefieder beliebäugelte;
doch in ihren tieferen Bezirken empörte sich schlichtes
Menschentum gegen seine Anmaßung, da sie zu kurz aus
des Volkes Tiefe gestiegen war, seine Gelassenheit nicht
zu verwerfen. Denn stand sie der Welt rücksichtslos
entgegen, wußte sie, durch Raub und Freibeuterei bereich-
erte sie sich, empfand alles Weh der Beraubten als des
Daseins Sinn und Genuß.

1. **Kothurn:** m. du grec *kothornos*, chaussure avec une semelle
épaisse employée par les acteurs des tragédies antiques, expr. **auf den
Kothurn schreiten:** fig. *donner dans le pathétique.*

2. **Spreng-stoff:** m. littéralement, *matière explosive,* image très
expressionniste. Ainsi Johannes Becher parlait « d'explosions chantant
alléluia » (Explosionen hallelujen)...

3. **arm geboren:** Rilke était fils de fonctionnaire, d'un ex-officier
devenu inspecteur des chemins de fer. Et il ne fut pas « du côté des
exploités » ; cette allusion au poète connu pour avoir frayé dans les
hautes sphères est donc ironique.

Pas un élan ne traversait son immobilité; seul le mollet dans le bas de soie avait pavoisé. Quand il se tut, elle dédia quelques regards langoureux aux cils du poète, puis les bascula avec allégresse dans le vide. Mais intérieurement elle trouvait fort que cet homme robuste et vigoureux, dans ses moments d'émotion, chaussât le cothurne pour lui-même comme pour son public. Quand Yvette songeait comment, devant un arrière-plan voilé de possibilités passionnées, cet esprit créateur chargé de perspectives explosives s'avançait sur des tapis, échappant à tout le terrestre, sous des palmes, elle avait envie de rire de l'aède qui chantait l'âne et les rossignols, mais se coupait des hommes en leur détresse. Lui qui, né pauvre, menait sans fortune une vie de hasards, elle aurait voulu le voir du côté des exploités, menant les pillés au combat. Alors il eût été un adversaire capable de l'arracher à son ennui grandiose. Plus elle l'approchait, plus elle s'observait déchirée en deux êtres dont l'un, la femme du monde, dorlotait l'oiseau versicolore, caressait du regard son chatoyant plumage; tandis que dans les districts inférieurs de l'autre, parce qu'elle était depuis trop peu surgie des fonds du peuple, l'humanité simple s'indignait de cette présomption qui le conduisait à ne pas se départir de sa nonchalance. Car si elle affrontait le monde sans scrupule, elle savait qu'elle s'enrichissait par le vol et la flibuste, et percevait toute douleur des spoliés comme le sens et le plaisir de l'existence.

---

4. **in zwei Wesen zerrissen...**: **deren eines**, c'est-à-dire **Wesen**; **doch in ihren tieferen Bezirken**, c'est-à-dire **in ihrem** (i.e. Yvette) **tieferen Wesen**, d'où la traduction *l'un/l'autre*.

5. **der bunte Vogel**: voir un peu plus haut la mention du **Nachtigall**, *le rossignol*. Ces termes dans la bouche d'Yvette montrent sa distance de la poésie, car la métaphore est on ne peut plus convenue.

Führte René aber die gepflegte Hand ans Auge, um unbewegt der Nägel Glanz zu prüfen, hätte sie dem Mann mit Satz[1] in sein zerbrechliches Geschirr springen mögen.

Als sie nach des Vaters Tod der Geschäfte Führung ergriff, mächtige Betriebe an stählernen Hebeln lenkte, gab sie ihm Einblick in die brutale Gewalt, mit der die zu Gruppen gekuppelten Milliarden[2] über des Einzelnen Besitz, Leichname wirtschaftlich Schwacher schritten. Finten und Fallen des Aktienwesens enträtselte sie ihm, zeigte den mittleren Aktionär als Spielball großer Schieber[3], und Gründerfamilien; bewies ihm die Schliche und Spitzfindigkeiten bei Errichtung von Tochtergesellschaften, die Kautschukmoral ihrer in Mußestunden Traktate, die als seelischer Ablaß gedacht waren, schreibenden Präsidenten und Generaldirektoren, und daß bürgerliches Los von Familien, Glück von Gatten Bräuten Kindern[4] täglich in ihren Fingern hing. Endlich, welche politische Gefahr die Völker liefen, nicht fähig, den Drang[5] des über die Landesgrenzen in die benachbarten Staaten brechenden Kapitals zu hemmen. Sie behauptete sich als der Gegenwart säurendes Element, das, alle Voraussetzungen der Welt zu zerstören und in der Vergessenheit Meere zu schwemmen, Macht habe.

War sie entflammt, zischte Selbstsucht von ihren Lippen, sah er sie aufmerksam an, ließ sich vorurteilslos anerkennend vernehmen. Doch nahm sie anderen Eindruck auf ihn nicht wahr.

---

1. **dem Mann mit Satz**: il s'agit ici d'un jeu de mots, **der Satz,** pouvant signifier *un bond,* mais aussi *la phrase,* ici renvoyant à l'image du poète.

2. **Milliarden**: sur ce jeu de l'argent, voir d'autres œuvres de l'époque, comme *Les Confessions du chevalier d'industrie Felix Krull,* de Thomas Mann, publié en 1922.

3. **Spielball grosser Schieber...**: la nouvelle *Heidenstamm* montre aussi un financier sans scrupules: « sa fortune ne l'obligeait à aucune déclaration de principes » (p. 174 in *Napoléon, op. cit.*).

Mais quand René portait à ses yeux une main soignée, pour éprouver, impassible, l'éclat de ses ongles, elle aurait aimé briser cet homme du verbe dans son fragile harnachement.

Quand après la mort de son père, elle prit les rênes des affaires, pilota de puissantes entreprises avec des leviers de fer, elle lui ouvrit une perspective sur la force brutale dont les milliards accouplés par les groupes écrasaient l'avoir de l'individu et les cadavres des économiquement faibles. Elle lui déchiffra les ruses et les chausses-trapes du système des actions, lui montra l'actionnaire moyen comme la ba-balle des gros trafiquants et des grandes familles de capitalistes; lui démontra les astuces et les subtilités de la création des filiales, la morale élastique de leurs présidents et directeurs-généraux composant, à leurs heures de loisir, des petites clauses conçues pour vous saigner jusqu'à l'âme, et aussi qu'ils tenaient chaque jour dans leurs mains la destinée bourgeoise de familles entières, le bonheur des époux-fiancées-enfants. Et enfin, quel péril politique couraient les peuples incapables d'endiguer la ruée des capitaux crevant les frontières des États voisins. Elle s'affirmait comme un élément acidifiant le temps présent, ayant pouvoir de détruire tous les principes du monde et de les noyer dans les mers de l'oubli.

Si elle s'enflammait, que l'égoïsme sifflât par ses lèvres, il la regardait, attentif, lui marquait une approbation indemne de préjugé. Mais elle ne percevait pas qu'elle lui fît autrement impression.

---

4. **Glück von Gatten... Kindern**: voir la note 3, p. 136; cette liste impersonnelle signifie bien le mépris des individus, vus sous l'angle de la finance.

5. **Drang**: m., 1) *pression*, 2) *poussée, désir, penchant*; cf. sens historique: **der Drang nach Osten**: *la poussée vers l'Est*.

Sie schlief bei ihm, und in allen Stationen ihres
Beisammenseins belohnte er sie mit vollkommenen Metaphern[1]. Doch gab er sich nicht hin, und seines Leibes
Teile wurden durch sie nicht gesprengt. Während Yvette
ihres Blutes Lava auf ihn schmolz, ward seine Form nicht
brüchig. Wie Tasso[2] verließ er den Alkoven, war gleich im
Unterhemd wieder Bronze und Basalt. Schon erschrak sie
in der Erkenntnis: was bedeutete ihre Bosheit, der in ihr
aufgehäufte Behauptungswille gegen seiner Methoden
Unmenschlichkeit? Wie grausam sie war, stets lebte der
Gegner mit schönem Feuer seiner Eigenschaften ihr
gegenüber. All die Geprügelten Vernichteten kamen mit
der Macht ihrer Temperamente zur Geltung[3], der bedeu-
tende Feind hinterließ sogar ein Andenken.

Dieser aber schritt, ohne[4] von Millionen Menschen
Kenntnis zu nehmen, durch die Zeit, verwarf abermals
Millionen, die sich unter Zeitgenossen einen Namen
gemacht hatten, merkte die erfolgreichsten nicht. Nannte
nach eigenem Gesetz[5] in seinem Werk, was ihm gelungen
schien, und nur davon kam Kunde an die Nachwelt. Der
Rest blieb Schweigen. Nicht durch sich selbst verkörperte
sie die Industrie der Epoche. Dieser Mann erst, von
namenlosen Eltern[6] geboren, hob sie, paßte es ihm, als
wesentlich aus Zeit in Ewigkeit, unbefangen unabhängig
einer Sendung hingegeben.

---

1. **mit vollkommenen Metaphern**: m. à m. *des métaphores accomplies;*
dans les *Journaux de jeunesse* (Seuil), Rilke affirme : « Oui, tout ce qui a
été vraiment regardé *doit* devenir poème » *(Journal de Schmargendorf,* p.
138).

2. **Torquato Tasso**: Le Tasse (1544-1595), auteur légendaire italien
auquel de nombreux ouvrages ont été consacrés, l'un des plus connus
étant le *Torquato Tasso* de Gœthe (1789), mais aussi le long poème de
Lord Byron (1817). Par ailleurs, Sternheim a publié un essai en 1921
intitulé *Tasso ou l'art du Juste Milieu,* sur l'art bourgeois.

3. **Geltung**: f. *valeur, cours, importance;* **zur Geltung bringen,** *mettre
en valeur.*

4. **ohne... nehmen**: le thème de la solitude est primordial dans

Elle dormait chez lui, et dans toutes les stations de leur cohabitation, il la récompensait par de parfaites métaphores. Pourtant il ne s'abandonnait pas, et les parties de son corps n'étaient pas dynamitées par elle. Pendant qu'Yvette déversait sur lui la lave de son sang, sa forme à lui ne devint pas friable. Il quittait l'alcôve comme Le Tasse, était instantanément redevenu bronze et basalte, dans son gilet de corps. Déjà une frayeur la prenait quand elle eut compris : que signifiait sa malignité, le désir de s'affirmer en elle accumulé, face à l'inhumanité de ses méthodes à lui ? Elle avait beau être cruelle, l'adversaire vivait constamment à ses côtés dans le beau feu de ses qualités. Tous les rossés-anéantis reprenaient de la consistance dans la vive confrontation de leurs tempéraments ; cet ennemi d'importance laissait même un souvenir.

Tandis que lui traversait l'époque sans prendre garde à des millions d'hommes, en réprouvait des millions d'autres qui s'étaient fait un nom parmi leurs contemporains, ne prêtait aucune attention aux plus célèbres. Selon une loi à lui propre, nommait dans son œuvre ce qui lui semblait réussi, et cela seulement passait à la postérité. Le reste était silence. Ce n'était pas de son seul fait qu'elle incarnait l'industrie de son temps. Mais cet homme, lui, né de parents obscurs, ne lui conférait une essence, hors du temps jusqu'à l'éternité, que si tel était son bon plaisir, en toute candeur, en toute indépendance, dévoué à une mission.

---

l'œuvre de Rilke, ainsi « Rentrer en soi-même et, des heures durant, ne rencontrer personne — voilà ce qu'il faut pouvoir atteindre. » *(Lettres à un jeune poète,* éd. Bilingue, Le Livre de Poche, p. 79).

5. **nach eigenem Gesetz...** : contraste judicieusement marqué entre la souveraineté du poète et le néant d'Yvette, puisque héritière, **nicht durch sie selbst**.

6. **von namenlosen Eltern** : deuxième allusion aux origines plébéiennes, cf. p. 194.

Als mit seinem gegen Widerstände wachsenden Ruhm[1]
diese Gewißheit feststand, war Eitelkeit in ihr ihm so
verhaftet, daß seine Anerkennung Ziel ihres Lebens
wurde. Spürend aber, sie möchte die von ihm geforderten
Eigenschaften nicht besitzen, zu faul, den Versuch, sie zu
gewinnen, zu machen, war sie, ihm Zustimmung mit aller
Macht abzulisten[2], bereit.

Es schien ihr sogar das höhere Vergnügen, seine
Bewunderung auf betrügerische Weise[3] zu erlangen, weil
sie damit das Bewußtsein geistiger Überlegenheit über ihn
haben würde. So bereitete sie wie zu großem Geschäft alles
vor, bei dem der Gewinn verwegenen Einsatz lohnte.

Seine Sehnsucht[4] hörte sie ihm ab, spielte sie. Plötzlich
stand sie fernen Traumes Erfüllung vor ihm, den er nicht
nur mit Jubel mündlich begrüßte, für den er in hymni-
schem Schreiben dankte. Als Quittungen sammelte sie die
Briefe, frohlockte, als die Summe des ihr von ihm Bezeug-
ten gewaltig stieg. Konnte sich, besonders krasses Lob in
ihnen dem zukünftigen Biographen seines Lebens mit
Tinte anzustreichen, nicht enthalten. Ließ er zu Worten,
wie » Meines Werkes treibende Kraft[5] «, » Mein Gewissen,
Vorsehung du « sich ihr gegenüber schriftlich hinreißen,
spürte sie seines späteren Widerrufs Risiko für sie sich
mindern, hatte einen frohen Tag. Seines Lebens Heim-
lichkeiten zog sie aus ihm heraus,

---

1. **mit seinem... Ruhm** : Dès la parution du *Livre d'heures* (1905) — il
a 30 ans — Rilke fut célèbre, et ce, non pas de manière confidentielle
mais pour un large public. Si la description de Sternheim était justifiée,
Rilke serait alors tout jeune, à ses débuts.

2. **ab-listen** : cf. **die List,** *la ruse, l'astuce,* **zur List greifen,** *recourir à la
ruse.* Voir aussi le v. insép. **überlisten,** *duper* et **Uberlistung,** *superche-
rie.*

3. **auf betrügerische Weise** : le parallèle est clair avec sa manière
d'agir dans les affaires. Pour Yvette, il n'est jamais vraiment question
d'amour, mais de pouvoir ; la suite le confirmera.

Quand cette certitude fut établie, à mesure que croissait sa gloire contestée, la vanité en elle fut si bien arrimée à lui qu'elle assigna comme but à sa vie de lui assurer la renommée. Mais flairant qu'elle pourrait ne pas posséder les qualités qu'il requérait, trop paresseuse pour tenter de les acquérir, elle se disposa à lui soutirer à toute force une approbation.

Il lui vint même le désir supérieur d'obtenir par tromperie qu'il l'admirât, parce que, de la sorte, elle aurait conscience de l'emporter intellectuellement sur lui. Donc, elle fit tous les préparatifs comme pour une grosse affaire dans laquelle le bénéfice récompenserait la témérité de l'enjeu.

Elle copiait sa nostalgie, la jouait. Soudain elle fut devant lui, exaucement d'un rêve lointain qu'il salua non seulement de vive voix dans un transport de jubilation, mais dont il la remercia en des lettres hymniques. Elle collectionna ses lettres comme des quittances, exulta lorsque la somme de ses témoignages adressés à elle s'éleva prodigieusement. Ne put s'abstenir de souligner à l'encre les louanges particulièrement énormes qui s'y trouvaient, à l'intention de son futur biographe à lui. S'il se laissait aller à lui écrire des mots comme « ressort moteur de mon œuvre », « ma conscience, toi ma providence », elle sentait s'atténuer pour elle le risque qu'il la reniât plus tard, et elle avait un jour de joie. Elle lui faisait avouer les intimités de sa vie,

---

4. **Sehnsucht :** f. La nostalgie récurrente dans l'œuvre de Rilke est surtout celle « de mon travail et de la solitude » *(Lettres à une amie vénitienne,* éd. Gallimard, p. 22).

5. **Meines Werkes treibende Kraft :** cette expression contournée et grandiloquente est caricaturale ; le véritable Rilke lie le concept d'amour à celui du travail, et enfin à celui de la vie même. Cf. « Je dois avoir assez d'amour pour tous ceux que j'aime, puisqu'il me faut avoir un jour tout l'amour du monde pour mon Œuvre ». *(Lettres à une amie vénitienne,* p. 13).

deponierte sie künftigen Lesern mit gutem Rat, geistrei-
chem Zuspruch von ihrer Hand in ihren antwortenden
Zeilen. Sie prostituierte seine Scham und buchte[1] als
Effekt: schwört er mit tausend Eiden später meine Unzu-
länglichkeit, hier habe ich, heilig von ihm beteuert,
kommenden Geschlechtern meine Bedeutung[2] bewiesen.

Als drei Bände Briefe von ihm, ihr erläuterndes Tage-
buch über vier Jahre im Safe lagen, war sie, mit ihm zu
brechen, bereit. Denn da die fortdauernden Zusammen-
künfte zu keinem Genuß[3] mehr dienten, er alles, worüber
er verfügte, ihr in Ewigkeit schriftlich versichert hatte, sie
außer in Deutschlands Geldwirtschaft für Deutschlands
Kunstgeschichte feststand, glaubte sie, fernere Jahre
ungestört Geschäften, die sie reichlich erwarteten, widmen
zu sollen.

Als sie freundlichen Abschied nahmen, hatte sie des
Siegers[4] Lächeln dem vollkommen Geplünderten gegenüber in den Mundwinkeln, sah ihn als den geleerten Sack,
der erledigt in eine Ecke fällt.

In nächsten Frühjahr ging sie, von Arbeit erschöpft,
nach Baden-Baden[5]. Bäume wollte sie, grüne Flächen
sehen, etwas, das sie für ein Weilchen aus Zahlenreihen
und Entwürfen löste. Keinen Sekretär hatte sie bei sich,
Post und Telephon wurden ihr nicht zugemutet.

---

1. **buchen**: v. 1) au sens commercial *passer en compte*. **Buch führen,**
tenir les comptes 2) *réserver* (tourisme). Mais **die Buche** signifie *le*
hêtre.

2. **Bedeutung**: f. dans toute l'œuvre de Sternheim, est présente la
notion d'affirmation de soi, par rapport aux autres et au monde. Dans
son avertissement à la *Chronique du début du xxᵉ siècle*, Sternheim
écrivait : « *(L'homme) ne sait pas que le vrai chemin conduit vers soi. Que*
nous sommes reliés avec nous-mêmes organiquement, avec le voisin
seulement par les nerfs... Au lieu de jouer lui-même, il est la chanson du
monde beuglée à travers lui » (*in : Napoléon, op. cit.,* pp. 5-6).

3. **Genuss**: m. Effet d'ironie car dans leur relation, ni l'amour ni le
plaisir n'ont été de mise, et ce n'est qu'à la fin de leur histoire que le

les déposait pour des lecteurs futurs avec de bons conseils, d'ingénieux commentaires de sa main, dans ses lignes de réponse. Elle devenait la proxénète de sa pudeur et en escomptait les effets : si, par la suite, il jure mille serments que je suis insuffisante, j'ai ici, selon son assertion sacrée, prouvé mon importance aux générations à venir.

Quand trois volumes de lettres de lui et son journal commentaire à elle, s'étendant sur plus de quatre ans, furent au coffre-fort, elle fut prête à rompre avec lui. Étant donné en effet que les continuelles rencontres ne servaient plus à aucun plaisir, qu'il lui avait confié par écrit pour l'éternité tout ce dont il disposait, qu'en sus de l'économie financière de l'Allemagne, elle était établie dans l'histoire de l'art allemande, elle crut devoir consacrer sans entraves les années suivantes aux affaires qui l'attendaient en nombre.

Quand ils se quittèrent en amis, elle avait aux coins des lèvres le sourire du vainqueur face au spolié complet, elle le voyait comme le sac vidé qui s'affale dans un coin.

Au printemps suivant elle alla, recrue de travail, à Baden-Baden. Elle voulait voir des arbres, des étendues verdoyantes, quelque chose qui pour un temps la détachât des colonnes de chiffres et des prévisions. Elle n'avait pas de secrétaire près d'elle, courrier et téléphone ne lui étaient pas imposés.

---

mot *plaisir* apparaît. Net contraste avec les émotions jubilatoires du poète.

4. **Sieger** : voir la note 2, car cette proclamation du soi est une victoire, cf. le récit *Meta* : « La plus belle chose sur la terre pour moi, c'est moi... » (*in* : *Napoléon...* p. 142).

5. **Baden-Baden** : cette station thermale dans le Bade-Wurtemberg, était alors très réputée et chic.

Sie aß schlief fuhr in einem mit apfelgrauen Schimmeln
bespannten Landauer in die Sonne spazieren, Beine auf
die Gegenbank gelegt ohne Gedanken. Lag sie morgens zu
Bett, spürte sie des Fleisches zunehmende Erholung und
Frische, es fiel ihr ein, sie sei nicht zweiunddreißig Jahre
alt, und, habe sie des Lebens Bilanz gezogen, bleibe dieser
jungen Frau sanftatmender Leib dem Auge angenehm.

Im Zimmer nebenan sprühte mit Tagesanbruch munter-
stes Leben. Silbernes Kichern kitzelte[1] einen Baß aus dem
Schlaf, stürzte in Katarakten[2] über seine gutmütige Empörung. Dann kam Gefauch Geseufz[3], und zum Schluß
sprudelte Wasser aus allen Wänden[4]. Endlich trat auf den
Balkon neben ihren ein Geschöpf[5], dem Morgensonne
durch hellblauen Schlafrock in Blond und Rosa fiel.

Yvette lebte des verrückten Paares Leidenschaft durch
Wände mit. Gipfelten die sich in meckerndem Ächzen,
lächelte sie skeptisch und beteuerte sich: es käme am
Schluß nicht viel dabei heraus. Hinterher müsse man
trübe Konversation machen, während empörte Selbstsucht
Schlacken, die der eigene Leib bei der Verbrennung
angehäuft habe, aufräumte. Des Vorganges Mechanik[6] sei
schlecht in seinem Abschluß balanciert. Höhe Abgrund
Jubel Gähnkrampf lägen zu nah beieinander.

---

1. **kitzeln :** v. *chatouiller,* et au sens fig. *flatter.* Cf. le substantif **der
Kitzel,** et l'adj. **kitz(e)lig.**
2. **stürzte in Katarakten :** le style moins imagé pour les descriptions
touchant aux visées monétaires d'Yvette, regagne ici fantaisie et
vigueur. Amoncellement de termes qui s'associent de manière plus
fantasque.
3. **Gefauch Geseufz :** renforce le côté animal de ces bruits. Le v.
fauchen est utilisé pour un chat, *cracher, feuler.*
4. **aus allen Wänden :** effet d'intensification quasi homérique ici, avec
l'ironie du grand-bourgeois à propos de grands hôtels trop sonores. Le
parallélisme des phrases en assonances se remarque : **Gefauch Geseufz**
et **Wasser... Wänden.**
5. **Geschöpf :** le terme est neutre, contrairement à **die Frau, die**

Elle mangeait-dormait-allait se promener au soleil dans un landau attelé de pommelés, les jambes allongées sur la banquette d'en face, sans penser à rien. Le matin au lit, sentant la récupération croissante et la fraîcheur de sa chair, il lui apparut soudain qu'elle n'avait pas trente-deux ans et que, si elle avait fait le bilan de sa vie, le corps doucement respirant de cette jeune femme restait agréable à l'œil.

Dans la chambre d'à côté s'ébrouait depuis le petit jour la vie la plus allègre. Un rire argentin titillait une basse, la tirant du sommeil, ruisselait en cataractes sur son indigna-tion bonhomme. Puis venaient miaulements-gémissements et pour finir l'eau jaillissait de tous les murs. Enfin apparaissait sur le balcon à côté du sien une créature où le soleil matinal, traversant le peignoir bleu clair, tombait dans du blond et du rose.

Yvette, à travers les cloisons, vécut la passion du couple extravagant. Si les deux autres culminaient en halètements chevrotants, elle avait un sourire sceptique et se disait que pour finir il n'en sortirait pas grand-chose. On devait par après avoir une conversation mélancolique, pendant que l'amour-propre réveillé éliminait les scories que le corps avait accumulées pendant la combustion. Le mécanisme du processus était mal équilibré dans sa conclusion. Sommets-abîmes-transports-bâillements se succédaient de trop près.

Geliebte, et redoublé par des couleurs fades, en correspondance avec les bruits dont le sens n'est pas encore absolument certain.

6. **Mechanik :** f., les termes retenus sont du domaine instrumental, animal **(meckernd, zwischern)** ou élémentaire **(Katarakten, Sturm),** mais jamais du domaine humain.

Doch verebbte ihrer Erwartung entgegen drüben doch nicht der Sturm. Betrat sie mittags abends morgens ihr Zimmer, zwitscherte das Geschnäbel, lächerte es hell, gurgelte des beglückten Mannes sonores Lachen. Dann hüpften flinke Füße, schwere polterten, ein Möbel knarrte, Tür widerstand, ein Schrei schnitt die Luft. Atemlose Stille, bis der Diskant[1] Kaskaden[2] schmetterte.

Nach einer Woche mußte Yvette das Abenteuer als das Phänomen, das es war, anerkennen. Sie, der aus vielfachen Ursachen der Zeit erhabenste Möglichkeiten am reichlichsten gegönnt waren, hatte im Räderwerk[3] von Geltungskämpfen nie nur annähernd die Möglichkeit, der Liebe solche Macht und Selbständigkeit zu geben, gefunden, wie das von dem benachbarten Paar mit entrückter Natürlichkeit und Ausdauer geschah, die sie allmählich empörte.

Denn — gab es das — wäre sie[4], Yvette, die zuerst Berechtigte gewesen, ihrer Schönheit wegen, und weil kein irdischer Mann, den sie für ihr Glück nicht kaufen konnte, lebte. Sie stellte fest: mochte der Frau unbändiges Vergnügen eine zu des Mannes Zufriedenheit gespielte Rolle bedeuten, er aber, der, ein nicht zu Besiegender, immer wieder in des Genusses Wirbel[5] sprang, begann ihres Lebens gemachte Erfahrung in Frage zu stellen, sie zu beunruhigen.

---

1. **Diskant**: m. après les évocations en série de bruits très divers, effet comique ici du terme musical, *voix haute, soprano,* et suivi de **schmettern,** v. utilisé pour la voix ou les cuivres.

2. **Kaskaden**: Après la métaphore sexuelle de la cataracte utilisée plus haut, celle de la chute d'eau est par ailleurs assez convenue, et donc ici à ressort ironique.

3. **Räder-werk**: n., le personnage qui repose sur une mécanique logique, et tombe sur un élément imprévu qui fausse tout, est fréquent dans les récits de Sternheim. Ainsi *Ulrike,* l'aristocrate chrétienne se laisse écarter de son chemin par un artiste juif; le gardien de paix *Busekow* se laisse séduire par une prostituée...

4. **Denn... wäre sie, Yvette...**: l'articulation logique, appuyée et

Pourtant, contre son attente, la tempête ne diminuait pas outre-mur. Qu'elle entrât dans sa chambre matin-midi-ou-soir, le becquetage gazouillait, partait d'un grand rire clair, l'hilarité sonore de l'homme satisfait gargouillait. Puis des pieds légers sautillaient, des pas lourds piétinaient, un meuble grinçait, la porte résistait, un cri tailladait l'air. Un silence essoufflé, jusqu'au retentissement du soprano en cascades.

Au bout d'une semaine, Yvette dut reconnaître l'aventure pour le phénomène que c'était. Elle à qui pour de multiples raisons étaient accordées le plus largement les possibilités les plus sublimes de l'époque, n'avait jamais, dans l'engrenage des luttes pour l'hégémonie, trouvé même de loin la possibilité de donner à l'amour une telle force et une telle autonomie, comme c'était le cas pour le couple voisin avec une spontanéité et une persévérance sereines qui petit à petit la révoltaient.

Car si cela existait, Yvette, elle, y aurait eu droit en première ligne à cause de sa beauté, et parce qu'il ne vivait pas d'homme sur terre qu'elle ne pût s'offrir pour être heureuse. Elle faisait un constat : si le déchaînement du plaisir chez cette femme signifiait qu'elle jouait son rôle pour la satisfaction de l'homme, lui en revanche, qui ne pouvait être vaincu, rebondissait sans cesse dans le remous de la volupté et commençait à mettre en question l'expérience de sa propre vie, non sans l'inquiéter.

---

complexe par sa dissymétrie (caractéristique de ce récit tout entier) reflète le raisonnement d'Yvette — que la réalité est en train d'infirmer. D'où la très simple amorce de la phrase suivante, signalant cette réalité en tant que telle.

5. **Wirbel**: m., 1) sens courant : *tourbillon;* expression figurée **im Wirbel der Leidenschaft,** *dans le trouble de la passion;* 2) *sommet de la tête;* 3) *un roulement de tambour.*

Hatte sie[1] von der beiden Getändel jede Nuance in den Nerven, fleischliche Heiterkeit, des Wortes derbe Freiheit, die immer voll geistiger Distanz blieb, ihrer Wässer, distinguierten Seifen Duft, der Wäsche Knistern, kannte sie vom Balkon her des jungen Weibes Gesicht und Teile ihrer ausgestellten Nacktheit, war kein Schatten vom Sultan[2] sichtbar geworden, und es fing ihres Lebens dringendste Neugier zu werden an: wer war er, der ihre Rechnung mit Männern Lügen strafte?

Als sie eines Morgens aus dem Zimmer kam, trat er aus dem seinen: Bland[3]! Nicht zu Besuch war er bei jenen gewesen, doch er der Wohnung und Frau Gebieter. Ohne Verlegenheit begrüßte er sie, während sie erglühte, als träte der Gott aus Wolken[4] zu ihr. Plaudernd führte er sie zum Haus hinaus durch Alleen in Berge, und plötzlich lag sie über ihn erhöht unter Bäumen grünen Abhang hinan. Noch war sie sprachlos, wie einem kleinen Mädchen[5] klopfte ihr das Herz. Aus seiner geoffenbarten Kraft sollte auch auf sie Souveränes Unwiderstehliches kommen. Zum erstenmal war sie Beute, hatte keinen Vorsatz, nicht den kleinsten Gedanken, es bebten die Beine, die ihm zunächst lagen. Nun mußte die Faust fallen, die sie in ihres Lebens Mitte zerschlug.

Doch blies der Mann gelassen Rauch von sich, zog ihr den hochgeschlüpften Rock über die Waden und sprach:

---

1. **Hatte sie...:** procédé fréquent chez Sternheim, sous-entendre **wenn sie hatte**.

2. **Sultan:** l'image, complétée par **Gebieter,** fait écho à la nouvelle *Ulrike* où l'homme, le révélateur sexuel de l'aristocrate, a fait d'elle ce qu'il voulait : « Le bonheur complet était d'obéir » (p. 207).

3. **Bland :** la rencontre se produit comme dans un vaudeville. Artifice de théâtre habituel chez Sternheim, auteur dramatique avant tout.

4. **der Gott aus Wolken :** après le vaudeville, le kitsch, tous les registres se télescopent, marchant vers le finale. L'allusion se comprend ici comme une parodie de récits païens.

Si du badinage de ces deux-là elle avait chaque nuance dans les nerfs, la gaieté charnelle, la rude liberté de la parole qui demeurait toujours pleine de distance spirituelle, le parfum de leurs eaux, de leurs savons distingués, le froissement des linges, si grâce au balcon elle connaissait le visage de la jeune femme et certaines parties de sa nudité exposée, pas une ombre du sultan n'était apparue, et cela tournait à la curiosité la plus pressante de sa vie : qui était-il, lui qui démentait ses calculs sur les hommes ?

Un matin, comme elle quittait sa chambre, il sortait de la sienne : Bland ! Il n'était pas venu en visiteur chez les autres, mais il était le seigneur du logement et de la femme. Il la salua sans embarras, tandis qu'elle rougissait comme si le Dieu sortait du nuage pour venir à elle. Tout en devisant, il l'entraîna hors de la maison par des chemins dans la montagne, et soudain elle se retrouva étendue au-dessus de lui, sous des arbres, sur une pente verdoyante. Elle était encore sans voix, le cœur lui battait comme à une petite fille. De sa force révélée devait se transmettre à elle aussi quelque chose d'irrésistible — de souverain. Pour la première fois elle était proie, n'avait pas un projet ni la moindre idée ; ses jambes tout contre lui tremblaient. Il fallait à présent que s'abattît le bras qui tranchât sa vie en deux.

Mais l'homme soufflait calmement sa fumée ; il ramena sur les mollets sa jupe qui était remontée très haut, et dit :

---

5. **wie einem kleinen Mädchen:** le contraste entre les mots utilisés, *petite fille, proie,* et de l'autre côté *force, poing,* est très significatif.

» Die Frau, mit der ich lebe, hat die starken Instinkte[1], nach einem Leben von Formeln und Begriffen mich flüssig menschlich zu machen. Ich bin nicht mehr René Maria Bland, mit dem der Tag nicht lohnte: doch bin ich auch keiner, mit dem eine andere Frau Verknüpfungen, in denen er mit der einen lebt, haben könnte. Am wenigsten Sie, Yvette. Umsonst sehe ich Sie in tieferem Sinn für mich bereit. Doch sind Sie wie ich kein Lebensquell[2]. Mit hoher Vernunft[3], klugen Gedanken verharren wir stumpf, und ist unsere gewählte Geistigkeit selten, die Frau, die ich liebe, bleibt das Allerseltenste auf Erden, und ihr männliches Gegenstück ist mir nicht begegnet; so daß ich Ihnen nicht einmal für Ihre Zukunft Hoffnung geben kann.

Diese sprüht[4] an Brüsten. Wo ich sie fasse, ist sie Strom, der mich mit Feuer aus Aufspeicherungen lädt. Immer ist sie kraftvoller Beginn, und hinterher noch scheint ihr Geschlecht das Allernatürlichste. Nichts kommt darauf an, ob sie lacht oder weint, vom Sinn ihrer Worte, von ihrer Entschlüsse Wert hängt nicht das Geringste ab. Sie mag leiden, sich freuen, wachen schlafen — stets entsteigt ihr das Ursprüngliche[5], von dem Gebären und Frucht, Yvette, kommt!«

---

1. **Instinkt**: un autre mot clef dans la prose de Sternheim. La femme est source d'énergie, pile vitalisante. Elle sait. Dans une lettre adressée à sa femme Thea juste après leur divorce, Sternheim lui écrit : « ...tu as représenté pour moi pendant un quart de siècle le départ, le chemin et l'aboutissement d'une vie peu ordinaire... ; ta grandeur de femme et ta bonté humaine ont été, dans ce siècle, sans exemple... »

2. **Doch sind Sie... kein Lebensquell**: le personnage d'Yvette serait ainsi une allégorie de la stérilité d'une vie basée sur l'argent. Le personnage du poète étant lui aussi un être incomplet, malgré sa créativité, car celle-ci n'atteint pas la sphère vitale et essentielle.

3. **Mit hoher Vernunft...** : dans la pièce intitulée *La Culotte*, le héros Maske réussit dans ses entreprises, car il relie le haut et le bas, le cerveau et le sexe ; dans la pièce *Schippel ou le Prolétaire bourgeois*, il ne s'agit pas d'autre chose, la femme est au centre de ce haut et de ce bas.

« La femme avec qui je vis, a des instincts assez forts pour me rendre à l'humaine fluidité, après une vie de formules et de concepts. Je ne suis plus le René Maria Bland avec qui la journée ne valait pas la peine, mais je ne suis pas davantage celui avec qui une autre femme pourrait connaître les liens qu'il entretient avec celle-ci. Vous moins que quiconque, Yvette. C'est en vain qu'en un sens plus profond je vous vois prête pour moi. Car tout comme moi, vous n'êtes pas une source de vie. Nous persistons confusément selon une raison supérieure dans d'intelligentes pensées, et s'il est vrai que soit rare notre intellectualité distinguée, la femme que j'aime reste l'objet le plus rare sur terre, et je n'ai pas rencontré son pendant masculin, si bien que je ne puis, même pour votre avenir, vous donner de l'espoir.

Celle-là étincelle des seins. Où que je la prenne, elle est un courant électrique qui me charge du feu de ses réserves. Elle est toujours un commencement plein de force, et encore après, son sexe semble la chose la plus naturelle qui soit. Peu importe qu'elle rie ou qu'elle pleure ; du sens de ses paroles, de la valeur de ses décisions ne découle absolument rien. Qu'elle souffre, se réjouisse, veille-dorme, constamment émane d'elle l'élément originel d'où proviennent, Yvette, l'enfantement et le fruit. »

---

4. **sprühen :** v. *jaillir, éclabousser,* **Funken sprühen :** *des étincelles jaillissent,* en allemand la formule est poétique et bizarre. Le registre renvoie ici à l'énergie et au feu.

5. **das Ursprüngliche :** adj. substantivé, deux sens : *originel, primitif,* mais aussi *original.* Cf. **der Ursprung :** *l'origine, le principe, la naissance.*

Repères biographiques

1878 (1er avril) - Né à Leipzig ; son père, banquier, et sa mère, ballerine à l'Opéra de Hanovre, ne se marieront qu'un an plus tard. Carl est le premier d'une famille de 7 enfants. Du côté paternel, une branche remonterait vers Heinrich Heine, Felix Mendelssohn-Bartholdy et les Rothschild.

1897 - Carl Sternheim se fait baptiser protestant. Après son baccalauréat, il entame des études de philosophie à Munich, Göttingen et Leipzig. A déjà écrit des pièces de théâtre sans pouvoir les faire jouer.

1900 - Mariage avec Eugenie Hauth, fille d'un marchand de vins de Düsseldorf, et naissance d'un fils, Carl-Hans, en 1901.

1904 - Liaison avec Thea Bauer, fille d'un industriel à Cologne, mariée à l'avocat Löwenstein. Ils ont une fille en 1905, deux ans avant leur mariage.

1906 - En raison d'un « délit sexuel » commis envers une jeune serveuse qui, prise de panique, a sauté par la fenêtre du troisième étage, Sternheim est placé dans une clinique psychiatrique à Fribourg.

1907 - Mariage avec Thea et naissance d'un fils, Klaus.

1908 - Fonde avec Franz Blei et finance la revue « Hyperion » à laquelle il collabore.

1911 - Sa pièce *Die Hose* (*La Culotte*) est représentée au « Deutsches Theater » de Berlin, mise en scène par Max Reinhardt. Cette comédie bourgeoise le consacre comme « notre seul auteur comique aujourd'hui », selon Heinrich Mann. Puis *Die Kassette* ; et dans les années qui suivent *Schippel*, *Der Snob* puis *1913*, quatre pièces qui le rendent célèbre.

1915 - Prix Fontane pour un recueil de nouvelles (écrites entre 1912 et 1918) rassemblées sous le titre *Chronik von des zwanzigsten Jahrhunderts Beginn (Chroniques du début du vingtième siècle)* et où figure *Yvette* ; parution en 1918.

1919 - Il est expulsé de Hollande en raison de ses contacts avec les agitateurs berlinois de « *Die Aktion* ». Il gardera des liens étroits avec les socialistes antiautoritaires groupés autour de Pfemfert jusqu'en 1925, date de leur rupture publique.

1920 - Parution d'un roman *Europa*, et du pamphlet *Berlin oder Juste Milieu*. Dépression nerveuse et traitement psychiatrique.

1921 - Parution de *Tasso oder Kunst des Juste Milieu (Tasso ou l'art du juste milieu)*. Suivent jusqu'en 1925 *der Nebbisch* (*Le Pauvre Type*), *der Fossil, Oskar Wilde*, dans sa propre mise en scène. Il adapte aussi des œuvres françaises (Molière...)

1928 - Après son divorce avec Thea (1927), nouvelle dépression. Internement dans un sanatorium.

1930 - Mariage avec Pamela Wedekind, la fille de l'auteur dramatique. Elle a rompu pour lui ses fiançailles avec Klaus Mann (le fils de Thomas). Ils s'installent à Bruxelles.

1933 - Ses pièces sont interdites et ses livres brûlés.

1935 - Après avoir vécu quelque temps à Londres où il tente de faire jouer son théâtre, retour à Bruxelles. Il a divorcé un an plus tôt. Il continue entre-temps d'écrire.

1936 - Parution dans une maison d'édition hollandaise de son autobiographie *Vorkriegseuropa im Gleichnis meines Lebens* (*L'Europe d'avant-guerre à travers ma vie*).

1940 - À l'occupation de la ville de Bruxelles, Sternheim
       détruit tous ses manuscrits.
1942 - Mort le 3 novembre à Bruxelles.

Indications bibliographiques

En allemand :

Œuvres complètes en dix volumes parus chez Luchterhand, 1976.

En français :

Schippel ou Le Prolétaire bourgeois (comédie), ainsi que
Tabula Rasa, traduits par Jean Launay. Ed. Mercure de
France, 1975.
Napoléon et autres récits, traduit par Jean Launay et
Maurice Betz. Ed. Mercure de France, 1978 (avec une
précieuse Postface de J. Launay).
La Culotte, traduit par Guy Delaporte. Ed. La Rampe,
1985.

Études :

Wolfgang WENDLER : *Carl Sternheim*, Athenäum Verlag,
1966.
Georg Winfried SEBALD : *Carl Sternheim, Kritiker und
Opfer der wilhelminischen Ära*, Kohlhammer Verlag,
1969.
Rudolf BILLETTA : *Sternheim-Kompendium. Werk-Weg-
Wirkung*. Franz Steiner Verlag, Wiesbaden, 1975.
Karl DEIRITZ : *Geschichtsbewusstsein-Satire-Zensur*, eine
Studie zu Carl Sternheim, in Forum Academicum,
1979.
Text und Kritik no 87, hrsg. H.L. Arnold, Juli 1985.

Heinrich Mann

Jungfrauen[1]
Demoiselles

Die letzten Gäste kamen fröstelnd herein. Sie schalten über die erfrorenen Blüten, den Sturmhimmel, die Schwärze des Sees. Auf dem Monte Baldo hatte es geschneit! Italien erfüllte alle mit Bitterkeit.

» Ich dachte überhaupt, hier sei immer blauer Himmel[2]! «

» Seien Sie nur zufrieden! Wir haben wenigstens einen anständigen deutschen Ofen. Tiefer im Land hört einfach alle Kultur auf, und man kriegt Frostbeulen. «

Der alte Bucklige entschuldigte alles, im Namen der Schönheit. Die drei aus verschiedenen Himmelsrichtungen zusammengereisten Töchter redeten schon wieder, über ihre eingeschrumpfte Mutter hinweg, sehr laut von Konzerten, die sie gegeben, von Bildern, die sie ausgestellt hatten. Die Mama der beiden kleinen Mädchen sprach nur von ihnen. Die Frau Geheimrat rühmte das Nachtleben von Berlin[3].

---

1. **Jung-frauen**: f., signifie également *une vierge* ; **die Heilige Jungfrau**, *la Sainte Vierge*, ou **die Jungfrau von Orléans**, *la Pucelle d'Orléans*. Cf. le côté masc. **Jung-geselle**, m. *le vieux garçon, le célibataire*.

2. **blauer Himmel**: de tous temps, le havre italien a été pour les Allemands » das Land, wo die Zitronen blühn «, *le pays où fleurissent les citronniers* (cf. le poème de Goethe, « Mignon »).

3. **das Nacht-leben von Berlin**: d'un côté la vie culturelle — nouvelles techniques théâtrales avec Max Reinhardt ou Piscator, au cinéma avec des films de Robert Wiene ou Fritz Lang, cabarets... — mais aussi la

Les derniers clients rentrèrent en frissonnant. Ils pestaient contre les fleurs gelées, le ciel plein d'orage et le lac tout noir. Il avait neigé sur le Mont Baldo! L'Italie les remplissait tous d'amertume.

« Je croyais, ma foi qu'ici le ciel était toujours bleu !

— Soyez donc satisfait ! Nous avons du moins un poêle décent, à l'allemande. Plus avant dans le pays, la civilisation s'arrête tout simplement, et on attrape des engelures. »

Le vieux bossu excusait tout au nom de la beauté. Les trois filles accourues de différents points cardinaux recommençaient déjà à causer très fort, par-dessus leur mère ratatinée, des concerts qu'elles avaient donnés, des tableaux qu'elles avaient exposés. La maman des deux fillettes ne parlait que d'elles. Madame la Conseillère vantait la vie nocturne de Berlin.

---

vie débridée d'une capitale refusant la morale conventionnelle. Comme le formule le caricaturiste berlinois Georg Grosz, « Les étrangers qui nous rendaient visite à cette époque se laissaient facilement abuser devant cette apparence superficielle, amusante et légère, par la vie nocturne et par la prétendue liberté et l'épanouissement des arts. » (*Un petit oui et un grand non*, Georg Grosz, éd. Jacqueline Chambon, 1990.)

» Mein Mann kennt alles «, wiederholte sie und bedachte nicht, in welche Verlegenheit man sie setzen konnte mit der einfachen Frage, was er denn kenne. Der alte Bucklige stellte nur fest, daß auch in Wien nachts manches los sei.

» Das ist nicht wahr! « rief die Geheimrätin. Und obwohl der Bucklige vor Empörung beinahe flehte: » Wie können Sie mir das sagen! « behauptete sie nochmals: » Das ist nicht wahr! «

Der Redakteur aus Augsburg erklärte die Säule mit dem Markuslöwen am Strande für ein recht anmutiges Werkchen[1]; und Claire und Ada beobachteten, wie er bei dem Wort » Werkchen « die Zähne fletschte.

Alles machte ihnen Erstaunen: die schlechte Erziehung der Frau Geheimrat[2] und das übrige. Sie waren fünfzehn und sechzehn Jahre, noch nie vorher von ihrem Landgut heruntergekommen und hielten der unbekannten Welt ihre hellen Augen groß als Spiegel[3] hin. Niemand sah sehr lange hinein; man schien den Spiegel unzart zu finden und wenig vorteilhaft. Und wenn ihnen ein Blick[4] auswich, lächelten sie einander zu, ohne recht zu wissen, warum.

Am meisten wunderte sie, daß die Mutter sie den Leuten rühmte, und zwar[5] wegen der natürlichsten Dinge, die daheim[6] noch nie erwähnt worden waren. Daß sie sich gegenseitig eine Strafarbeit abnahmen oder einander einen Spaziergang abtraten:

---

1. **Werkchen**: n. littéralement: *petit ouvrage*; l'ironie est sensible dans ce terme trivial pour désigner un monument aussi célèbre! D'ailleurs Augsbourg est une si petite ville par rapport à Venise, ce qui accroît encore le grotesque.

2. **Die Frau Geheimrat**: de **geheim**, *secret* et **Rat**, *conseil*; dans la tradition de l'Ancien Régime, on désigne ainsi un haut fonctionnaire: Goethe était **Geheimrat**, investi d'une « mission de confiance » à Weimar.

3. **Spiegel**, n.: le type romanesque des jeunes « pécores » se double ici du thème de la sororité, très appuyé et symbolisé par le miroir.

« Mon mari connaît tout », réitérait-elle, sans prendre garde à l'embarras où l'on pouvait la mettre en lui demandant simplement ce qu'il connaissait donc. Le vieux bossu se satisfit de constater que Vienne la nuit n'était pas mal non plus.

« Ce n'est pas vrai ! » s'écria la Conseillère. Et bien que le bossu gémît presque d'indignation : « Comment pouvez-vous me dire ça ! », elle affirma une fois de plus : « Ce n'est pas vrai ! »

Le journaliste, qui était d'Augsbourg, déclara que la Colonne au Lion de Saint-Marc au bord de l'eau était un fort gracieux machin ; et Claire et Ada observèrent comme il montrait les dents en disant « machin ».

Tout les étonnait : la mauvaise éducation de Madame la Conseillère, et le reste. Elles avaient quinze et seize ans, n'étaient encore jamais sorties auparavant de leurs terres et tels des miroirs, offraient au monde inconnu leurs yeux lumineux grands ouverts. Pas un regard ne s'y attardait ; on semblait trouver le miroir grossier et peu flatteur. Et quand un regard les fuyait, elles se souriaient l'une l'autre sans trop savoir pourquoi.

Ce qui les ahurissait le plus, c'était que leur mère les vantait aux gens, et ce pour les choses les plus naturelles dont il n'avait jamais été question à la maison. Que réciproquement elles se déchargeaient des pensums ou bien cédaient leur tour pour les promenades :

---

4. **Blick**, n. : le récit s'articule autour du *regard*, puisqu'il s'agit du regard posé autour d'elles et non pas sur elles.

5. **und zwar** : locution qui introduit une explication, une nuance.

6. **da-heim** : adv. syn. : **zuhause**, cf. **daheim bleiben**, *rester chez soi*, **Heim**, n. *domicile, foyer*, et **heim**, adv. *chez soi*, **ich gehe heim**, *je rentre chez moi*. Et **Heimat**, f. *le pays, la terre natale*.

das unterhielt nun die ganze Gesellschaft, und es war genauso, als hätte man ausführlich darüber verhandelt, daß sie Ada und Claire hießen. Die beiden Namen ließen sich nur zusammen aussprechen; einer ohne den anderen hätte einen ganz leeren Klang gegeben. Und so hatten sie selbst nie einen Schritt getan und kein Gefühl gehegt, es sei denn gemeinsam. Jede setzte die andere für sich; und als neulich die Erzieherin, die von ihnen ging, zu Claire gesagt hatte: »Wirst du mich nicht vergessen?«, da hatte Claire geantwortet: »Nein, gewiß nicht, Fräulein. Ada wird Sie doch nicht vergessen!« Weil die Schwester so gut war, fühlte die Schwester sich vertrauenswürdig und voll Güte. Und ein Mensch, den die größere, blühende Ada liebhatte[1], durfte glauben, ihn liebe auch die blasse kleine Claire.

Da ging mit einem Ruck die Tür auf, und plötzlich stand mitten im Zimmer ein neuer Herr[2], als sei eine ganze Garbe von Sonnenstrahlen hereingefallen. Er stand mannhaft aufgereckt[3]. In seinem bis an den Hals zuge-knöpften wollenen Schoßrock war seine Brust breit, und seine Hüften waren schmal. Er führte ein sieghaftes[4] Lächeln über die Köpfe der Gäste hin. Sein großer goldblonder Bart mit den weißen Zähnen darin lächelte geradeso wie seine blitzenden Augen. Auf einmal streckte er eine große schöne, goldig behaarte Hand aus und eilte auf den alten Buckligen zu. »Mein lieber Herr Her-mes[5]!«

---

1. **lieb-haben**: v. *aimer bien*, avoir du goût pour (≠ **lieben**: *aimer d'amour*); cf. **Lieb-haber**, m. *un amoureux*, ou, au théâtre, *un jeune premier*. **Lieb-haberei**, f. *prédilection pour* qqch.

2. **ein neuer Herr**: la traduction littérale rend ici la perspective naïve des jeunes filles, ignorantes de tout.

3. **auf-gereckt**: cf. **der Recke**, *le guerrier héroïque*; les reprises p. 184 **trat aufgereckt neben sie** et **stand aufgereckt im Boot** p. 200, ont un effet comique et caricatural, qui met le doigt sur l'aspect vaniteux du personnage.

voilà qui amusait désormais toute la compagnie, et c'était
exactement comme si on avait discuté en détail pourquoi
elles s'appelaient Ada et Claire. Ces deux noms ne se
laissaient énoncer qu'ensemble ; l'un sans l'autre eût sonné
le vide total. Et c'est ainsi que jamais aucune d'elles
n'avait fait un pas, ni nourri un sentiment qui ne leur fût
commun. Chacune se substituait à l'autre ; et quand
récemment la gouvernante, qui les quittait, avait dit à
Claire : « Tu ne m'oublieras pas ? », Claire avait répondu :
« Non. Certainement pas, Mademoiselle. Ada ne vous
oubliera quand même pas ! » Parce que l'une des sœurs
était si bonne, l'autre sœur se sentait digne de confiance et
pleine de bonté. Et un être qui aimait Ada, plus grande,
épanouie, pouvait croire être aimé aussi de la pâle petite
Claire.

À ce moment, la porte s'ouvrit d'un coup, et soudain un
nouveau monsieur se trouva au milieu de la pièce comme
si était entrée toute une gerbe de rayons de soleil. Il se
tenait dressé, très viril. Dans sa redingote de drap
boutonnée jusqu'au col, sa poitrine était large et ses
hanches étroites. Il promena un triomphal sourire par-
dessus les têtes des pensionnaires. Sa grande barbe d'or
blond, l'écrin de belles dents blanches souriait à l'égal de
ses yeux fulgurants. Tout à coup il tendit une grande et
belle main aux poils dorés et courut au vieux bossu :
« Mon cher Monsieur Hermès ! »

---

4. **sieg-haft** : adj. ; noter l'avalanche de termes guerriers, particulièrement dans la page suivante, **Held, Schlachtfeld...** pour qualifier ce
nouveau venu. Ce procédé d'héroïsation d'un protagoniste revient dans
un autre récit de H. Mann mettant en scène des patients de sanatorium
(*La Tentation du docteur Bieber*, in *Abdication*, éd. Actes Sud).

5. **Herr Hermes** : le choix de ce patronyme — allusion au dieu grec,
mais aussi au terme désignant une statue virile ou un buste — pour le
vieux bossu est un contrepoint ironique et dérisoire au nom bien
allemand de Schumann (p. suivante).

Der Große umarmte den Kleinen und verkündete mit
prächtiger, metallischer Stimme, wo sie sich früher schon
getroffen hätten. Herr Hermes stellte vor: » Herr Schumann «; und der Ankömmling sah allen nacheinander
fest in die Augen. Bei der Geheimrätin sagte er: » Sehr
angenehm «, und es dauerte etwas länger. Mit den beiden
kleinen Mädchen ward er am raschesten fertig.

Kaum saß er nun mit am Tisch, gab er in allem den
Ausschlag. Die drei zusammengereisten Schwestern[1] sprachen weniger und leiser und sahen ihn dabei fast zaghaft
an. Er vermittelte auch zwischen dem Nachtleben von
Berlin und dem von Wien; während er Herrn Hermes
vollkommen zu trösten wußte, gab er doch dem von Berlin
den Preis und verbeugte sich dabei vor der Geheimrätin,
die schmachtend[2] dankte. Unvermittelt rief der alte Bucklige, stolz auf seinen großen Freund: » Und Ihre Stimme!
Er kann auch singen! «

Sofort wollten alle ihn hören; und er ließ sich nicht
bitten. Die Musikkünstlerin unter den Zusammengereisten
setzte sich ans Klavier. Herr Schumann trat aufgereckt
neben sie und sang. Doch brach er sogleich ab und
verlangte, die Tür nach dem Strande zu öffnen. Es blies
kalt herein, aber man nahm es hin; denn schon wußte
man, was er vermochte[3]. Sein Gesang durchtobte[4] die
Stille, wie ein rechter Held auf einem Schlachtfeld, wo
schon alle tot sind.

---

1. **die drei zusammen-gereisten Schwestern:** elles sont toujours
désignées de la même manière, comme un ensemble compact et
indifférencié, représentant le public. C'est aussi une catégorie type
parmi les voyageurs en villégiature.

2. **schmachten:** v. *languir*, cf. **schmachtende Blicke**, *des regards
langoureux*, cf. l'expression ***ein Schmacht-lappen**, *un amoureux transi*,
enfin **eine *Schmacht-locke**, *un accroche-cœur*.

3. **vermochte:** de **vermögen (vermochte, vermocht)**, v. *pouvoir faire
qqch.* **Er vermag viel bei ihm,** ou **über ihn,** *avoir une grande influence sur
lui.* **Was er vermag,** *ce qui est en son pouvoir.*

Le grand embrassa le petit et proclama d'une superbe voix métallique à quel endroit ils s'étaient autrefois rencontrés. Monsieur Hermès fit les présentations : « Monsieur Schumann » ; et le nouveau venu regarda successivement tout le monde droit dans les yeux. Arrivé à la Conseillère, il dit : « Enchanté », et cela dura un peu plus longtemps. Ce fut avec les deux petites jeunes filles qu'il en finit le plus vite.

À peine avait-il pris place à la table commune qu'il donna le ton sur toute matière. Les trois sœurs venues ensemble parlèrent moins et moins fort, en le regardant presque timidement. Il fit aussi le médiateur entre la vie nocturne de Berlin et celle de Vienne ; tout en réconfortant à merveille Monsieur Hermès, il donna pourtant le prix à Berlin et, ce faisant, s'inclina devant la Conseillère qui le remercia, éperdue. Brusquement, le vieux bossu s'exclama, fier de son grand ami : « Et votre voix !... Car il sait aussi chanter ! »

Tous voulurent aussitôt l'entendre ; et il ne se fit pas prier. Celle des trois sœurs venues ensemble qui était musicienne se mit au piano. Monsieur Schumann prit la pose à côté d'elle et chanta. Mais il s'arrêta aussitôt et demanda qu'on ouvrît la porte donnant sur la plage. Il en vint un souffle froid, mais on l'accepta ; car on savait déjà ce dont il était capable. Son chant faisait rage, traversant le silence comme un authentique héros sur un champ de bataille où tout le monde est déjà mort.

---

4. **durch-toben** : cf. du v. **toben**, *se déchaîner, vociférer, faire du tapage*. À l'occasion de ce chant si agressif (cf. note 4, p. 183), on peut se demander si H. Mann ne se livre pas ici à une « charge » du chant wagnérien. Le Walhalla étant précisément là où les guerriers morts sont recueillis par les Walkyries.

Als er geendet hatte, äußerte jeder ein Wort der Anerkennung; nur Claire und Ada hingen stumm mit großen
Augen an seinem nun geschlossenen Munde. Die Geheimrätin sagte: »Das muß wahr sein, Ihre Stimme ist
erstklassig[1].«

Und dankbar, mit einem Anflug von Untertänigkeit,
zog er seinen Stuhl neben ihren. Sie flüsterte ihm etwas
zu, und darauf nickte er, voll überlegener Freundlichkeit[2],
nach den beiden kleinen Mädchen hinüber. Sie erröteten
und sagten sich, zueinander zurückgekehrt, mit den
Augen ihre große Bewunderung des neuen Herrn. Während er sang, war es jeder von ihnen gewesen, als höbe es
sie auf[3] und wirble[4] sie, atemlos, aus der offenen Tür in
die blühende und stürmende Nacht, über den See[5] und wer
weiß wohin. Es war sehr merkwürdig: die eine hatte die
andere aus dem Sinn verloren und war mit sich selbst
allein und mit Herrn Schumanns Stimme. Sie waren froh,
einander nun wiederzufinden und zu merken, daß sie beide
dasselbe empfunden hatten. Sie faßten unter dem Tisch-
tuch nach ihren Händen.

Aber in der Nacht träumte Claire, sie gehe in der
Dunkelheit am See hin, und ihr zur Seite Herr Schumann,
der, über sie gebeugt, schallend sang, so daß sie in seine
Stimme und seinen Atem ganz eingeschlossen war und
heftig bebte. Plötzlich ward es hell, und er zog sich einen
Stuhl neben sie, ebenso beflissen und voll Einverständnis,
wie er sich neben die Geheimrätin gesetzt hatte.

---

1. **erst-klassig**: du voc. familier et même vulgaire; toutes les
remarques de la Conseillère sont d'ailleurs en parfaite contradiction
avec le titre ronflant de son époux.

2. **voll überlegener Freundlichkeit**: l'adj. **überlegen** vient « corriger » et
dire la vérité sur le personnage dont la galanterie soumise (cf. **der
Untertan**, *le sujet*) est de pure forme.

3. **auf-heben (o,o)**: le choix des métaphores se veut précisément
convenu, à la limite du kitsch, toujours pour rendre perceptible le
ridicule. Autre sens fréquent de **auf-heben**, *supprimer, abolir*.

Quand il eut fini, chacun y alla de son compliment ; seules Claire et Ada, muettes, avaient leurs grands yeux suspendus à sa bouche désormais close. La Conseillère dit : « C'est certainement vrai, votre voix est de première classe. »

Et, reconnaissant, avec un soupçon de soumission, il approcha sa chaise vers la sienne. Elle lui chuchota quelque chose, sur quoi il hocha la tête, plein d'une affabilité supérieure, en direction des deux petites jeunes filles. Elles rougirent et, retournées l'une vers l'autre, se dirent par les yeux leur grande admiration pour ce nouveau monsieur. Tandis qu'il chantait, chacune d'elles avait été comme soulevée et projetée en tourbillon, haletante, par la porte ouverte dans la nuit fleurie et tempétueuse, par-dessus le lac et Dieu sait où. C'était très curieux : l'une avait perdu la pensée de l'autre, et était seule avec soi-même et la voix de Monsieur Schumann. Elles étaient heureuses de se retrouver à présent l'une l'autre et de noter qu'elles avaient éprouvé toutes deux la même chose. Sous la nappe, leurs mains se cherchèrent.

Mais dans la nuit, Claire rêva qu'elle marchait dans l'obscurité le long du lac : à ses côtés, Monsieur Schumann penché sur elle chantait d'une voix sonore, si bien qu'elle était captive de sa voix et de son souffle, et qu'elle tremblait fortement. Soudain il faisait jour, et il approchait sa chaise vers elle avec autant d'empressement et de connivence qu'il s'était assis près de la Conseillère.

---

4. **wirbeln** : v. **das Wasser wirbelt**, *l'eau fait des remous ;* fig. **im Wirbel der Leidenschaft**, *dans le trouble de la passion*. **Der Wirbel** signifie aussi un *épi dans les cheveux*.

5. **See** : au masculin, signifie *le lac*, et au féminin *la mer*. Par ailleurs, l'eau et ses dérivés métaphoriques sont au premier plan ici, dans un contexte psychanalytique évident.

Und Claire warf sich im Schlaf herum[1], vor Furcht, die
Geheimrätin könne dazwischenkommen; oder auch Ada.
Eine Wallung[2] von Haß bewegte sie — Haß gegen die
Geheimrätin und gegen Ada. Da wachte sie auf und
erschrak[3]. Adas Atem ging ruhig durch das dunkle
Zimmer. Claire verstand nicht[4], was geschehen war; sie
schluchzte auf. Wie gern wäre sie hingeschlichen und
hätte Ada geküßt. Wenn aber Ada die Augen öffnete: was
sollte sie ihr sagen? Noch lange saß sie aufgestützt und
lauschte hinüber. Nun war ihr etwas geschehen, das Ada
nicht geschehen war und das sie Ada nicht sagen
konnte.

Am Morgen war sie zum erstenmal mit Überlegung
liebevoll gegen Ada. Sie war es so sehr, daß Ada fragte:
»Was hast du eigentlich?« Wie sie sich zum Mittagessen
anzogen, half sie der Schwester und riet ihr von einer
Schleife ab und zu einer anderen, die ihr besser stehe. Ada
zögerte aber, blickte Claire forschend an, wie eine
Fremde[5]: »Wirklich?« Claire sah erschrocken weg, und
Ada errötete tief. Gleich darauf fielen sie einander wortlos[6]
in die Arme.

Herr Schumann begrüßte sie mit flüchtigem Wohlwol-
len, und dann sah er während der ganzen Mahlzeit nicht
mehr herüber; die Geheimrätin beschäftigte ihn vollauf.

---

1. **sich herum-werfen (a, o)**: a aussi une signification maritime,
changer la barre, tourner le gouvernail brusquement. La partic. **herum**
marque l'idée d'un tour effectué, d'un mouvement qui se retourne.

2. **eine Wallung**: terme recherché, signifie plutôt *ébullition, bouillon-
nement*, voire *ondulation*. Cf. au sens figuré **in Wallung geraten**,
s'échauffer.

3. **erschrecken (a,o)**: sens intransitif ≠ **es hat mich erchreckt**, *cela m'a
fait peur*. Cette idée sera reprise un peu plus bas, puis pp. 196-198
comme un signal de la menace d'une séparation entre les sœurs **(ein
Grauen/ein ängstliches Staunen)**.

4. **Claire verstand nicht...**: voir dans *La Tentation du docteur Bieber*,
une jeune fille venue aussi de la campagne, et inquiétée par ses propres

Et Claire se débattait dans son sommeil, craignant que la Conseillère ne survînt ; ou même Ada. Une vague de haine l'animait — haine envers la Conseillère, et envers Ada. Alors elle se réveilla et prit peur. La respiration de sa sœur traversait tranquillement la chambre obscure. Claire ne comprenait pas ce qui était arrivé ; elle eut un sanglot. Comme elle aurait aimé se glisser sans bruit et embrasser Ada... Mais si Ada ouvrait les yeux ? Que devrait-elle lui dire ? Longtemps encore elle resta assise dans son lit, l'oreille tendue. Voici qu'il lui était arrivé quelque chose qui n'était pas arrivé à Ada, et qu'elle ne pouvait pas lui dire.

Le lendemain matin pour la première fois, elle fut délibérément affectueuse avec Ada. Elle le fut tant qu'Ada s'enquit : « Qu'as-tu donc ? » Comme elles s'habillaient pour le repas de midi, elle aida sa sœur et lui déconseilla un ruban au profit d'un autre qui lui irait mieux. Mais Ada hésita, fixa sur Claire un regard interrogateur comme si c'était une étrangère : « Vraiment ? » Claire effrayée détourna les yeux, et Ada rougit beaucoup. Un instant plus tard, elles tombaient dans les bras l'une de l'autre sans un mot.

Monsieur Schumann leur donna le bonjour avec une bienveillance distraite, et ensuite, de tout le repas, n'eut plus un regard dans leur direction ; la Conseillère l'absorbait entièrement.

---

passions : « Que se passe-t-il donc dans cette petite âme candide ? » (in *Abdication*, p. 81).

5. **eine Fremde** : notion différente de **eine Unbekannte**. Cf. **es ist mir ganz fremd**, *je n'y entends rien, cela m'est étranger.*

6. **wortlos** : **ohne Worte**, suffixe **los** privatif ; suggère ici le non-dit qui cache les hostilités, les jalousies, en particulier dans les conflits familiaux.

Claire und Ada liefen nach Tisch hinaus, fühlten sich
seltsam erleichtert und plauderten, umschlungen[1], stundenlang von daheim und ihren eigensten Dingen. Am
Abend aber, wie sie harmlos eintraten, kam Herr Schumann auf Ada los und sagte: » Fräulein, Ihre Bluse ist ein
Gedicht[2]! «

» Es ist noch dieselbe wie heute mittag «, versetzte[3] sie;
und dann erst merkte sie, daß dies ein Vorwurf war, weil
er sie mittags nicht angesehen hatte. Sie färbte sich
dunkel und sah angstvoll zur Seite. Da stand Claire und
machte ein tief unglückliches Gesicht[4].

» So? « entgegnete Herr Schumann, besann sich[5] noch
etwas und ging weiter, ohne mehr gefunden zu haben.

Aber nun sollte er singen. Herr Hermes öffnete eigen-
händig die Tür, und die Geheimrätin sagte: » Für die
Kunst frieren wir gern[6]. «

» Luft ist das erste «, erklärte Herr Schumann. » Die
alten Germanen[7], unsere Väter, sangen im Walde und auf
dem Schlachtfeld. «

Als er mit seinem Liede fertig war, hatte Ada eine
schreckliche Minute zu überstehen; denn ein unerbittli-
ches Pflichtgefühl verlangte von ihr, daß sie sage: » Das
war wunderschön. « Gern wäre sie weit weg und still in
ihrem Bett gewesen; aber sie mußte sprechen; und sie tat
es, unter aller Blicken, heiß und kalt.

---

1. **um-schlingen (a,u)**: *enlacer, enserrer*, comme dans l'autre nouvelle
de ce recueil *Le Cœur*, le vocabulaire physique est prédominant, même
pour renvoyer au domaine émotionnel.
2. **ein Gedicht**: la première phrase rapportée de M. Schumann est
saisissante : à la fois prétentieuse et pseudo-inspirée, affectée et outrée.
La caricature du personnage continue par là.
3. **versetzen**: syn. moins fréquent pour **antworten**, *répondre*.
4. **und machte...unglückliches Gesicht**: cette réaction de la sœur
illustre parfaitement la description donnée p. 182, Claire parlant pour
Ada à la gouvernante.

Après le déjeuner, Claire et Ada sortirent en courant, se sentant étrangement soulagées, et des heures durant, enlacées, parlèrent de chez elles et de leurs affaires les plus personnelles. Mais le soir, comme elles entraient sans méfiance, Monsieur Schumann vint vers Ada et dit : « Mademoiselle, votre corsage est un poème ! »

« C'est le même que ce midi », répliqua-t-elle, et alors seulement elle s'avisa que c'était un reproche, parce qu'il ne l'avait pas regardée à midi. Elle s'assombrit et jeta de côté un regard anxieux. Claire était là et faisait une mine de profond malheur.

« Ah ? » répliqua Monsieur Schumann ; il réfléchit encore un temps, puis s'en alla sans avoir trouvé davantage.

Mais maintenant il devait chanter. De lui-même, Monsieur Hermès ouvrit la porte, et la Conseillère dit : « Nous aimons avoir froid si c'est pour l'art. »

« Ce qu'il faut d'abord, c'est de l'air », déclara Monsieur Schumann. « Les anciens Germains, nos pères, chantaient dans la forêt et sur le champ de bataille. »

Quand il eut terminé son lied, Ada eut à surmonter une minute affreuse ; car un inexorable sentiment du devoir exigeait d'elle qu'elle dît : « C'était merveilleux ». Elle aurait préféré être ailleurs, tranquille dans son lit ; mais il fallait qu'elle parlât et elle le fit, sous les regards de tous, à la fois brûlante et glacée.

---

5. **sich besinnen (a,o)** : v. **wenn ich mich recht besinne**, *si je ne me trompe*, **sich nicht lange besinnen**, *ne pas tergiverser*. Cf. **die Besinnung**, *la réflexion, la conscience*, et **besinnungs-los**, *évanoui, sans connaissance*.

6. **Für die Kunst frieren wir gern** : disproportion comique des termes, mais personne dans cette compagnie ne fait preuve de plus d'esprit que les autres. Le texte rapporte d'ailleurs assez peu de dialogues.

7. **die Germanen** : cf. p. 182, n. 3 et 4, p. 184 n. 4) cette allusion à l'ancien peuple conquérant et barbare est un rappel des « idéologies » du wilhelminisme.

Darauf lächelte[1] ihr Herr Schumann so stark in die Augen, daß sie sie senkte, betäubt[2] und glücklich. Erst als niemand mehr sich mit ihr beschäftigte, fühlte sie neben sich Claires Schweigen, und ihr ward es beklommen[3].

Sie löschten rasch ihre Kerzen und sprachen vor dem Einschlafen kein Wort mehr.

Als Ada erwachte, war Claire schon fort; Ada konnte sich denken, wohin, und ging ihr nach, den Weg gegen Nago hinauf. Da stand Claire, vor dem Sonnenaufgang über dem See. Die Bergkulissen[4] öffneten sich weit dem Endlosen, und in ein Blau, das an schöne Morgenträume erinnerte, rannen ein Rot und ein Gold, bei denen man an das Glück dachte.

Ada ging rascher; sie mochte Claire dort nicht stehen sehen. Nicht Claire war von Herrn Schumann angesprochen worden, sondern Ada. Nur Ada hatte ihm gesagt, daß er wunderschön singe, und ihm dadurch gefallen. Claire aber hatte etwas voraus[5], weil sie vor diesem Himmel stand und ihre Gedanken dachte. Und zuletzt kam Ada ins Laufen, als fürchtete sie, Herr Schumann möchte ihr zuvorkommen und Claire dort stehen sehen.

Sie sagte, noch atemlos: »Findest du das denn so schön? Ich nicht!«

Claires Antwort kam langsam; und das peinigte Ada.

---

1. **darauf lächelte…** : cf. dans le récit *La Tentation du docteur Bieber*, après avoir écouté un concert improvisé de la même manière : « ...que les femmes écoutaient avec ferveur, les mains posées sans force sur leurs genoux, la tête penchée en arrière, un sourire inconscient, éperdu, flottant autour de leur bouche entrouverte », p. 97).

2. **betäubt** : cf. le terme médical **die Betäubung**, *l'anesthésie*, ou **ein Betäubungs-mittel**, n. *un stupéfiant*. Au sens fig. *assourdi, abasourdi*.

3. **beklommen** : adj. **beklommenen Herzens**, *le cœur gros*. **Die Beklommenheit**, *le serrement de cœur, l'oppression*. Cf. aussi **die Beklemmung**, *l'angoisse*.

4. **die Berg-kulissen** : cette scène un peu kitsch n'est pas sans rappeler ironiquement la toile célèbre du peintre romantique allemand Caspar

Là-dessus, Monsieur Schumann lui sourit si droit dans les yeux qu'elle les baissa, étourdie et heureuse. C'est seulement quand personne ne s'occupa plus d'elle qu'elle sentit à ses côtés le silence de Claire, et elle en fut oppressée.

Elles éteignirent promptement leurs bougies et n'échangèrent plus un mot avant de s'endormir.

Lorsque Ada s'éveilla, Claire était déjà partie ; Ada pouvait s'imaginer où, et partit à sa suite sur le chemin montant vers Nago. Claire s'y trouvait, face au soleil levant sur le lac. Le décor des montagnes s'ouvrait largement à l'infini, et dans un bleu rappelant de beaux rêves matinaux couraient un rouge et un or qui faisaient penser au bonheur.

Ada pressa le pas ; elle n'avait pas envie de voir Claire debout là. Ce n'était pas à Claire que Monsieur Schumann avait adressé la parole, mais à elle, Ada. Seule Ada lui avait dit qu'il chantait merveilleusement et lui avait ainsi plu. Mais Claire avait un avantage, car, debout devant ce ciel, elle avait ses propres pensées. Et finalement Ada se mit à courir, comme si elle craignait que Monsieur Schumann ne la devançât et ne vît là-bas Claire immobile.

Elle dit, encore essoufflée : « Tu trouves donc ça si beau ? Moi pas ! »

La réponse de Claire fut lente à venir ; et Ada en fut blessée.

David Friedrich (1774-1840), l'homme tourné devant la nature immense.

5. **voraus** : adv. non au sens concret ici, *en tête, devant*, mais au sens fig., *précéder, dépasser*. **Er ist seiner Zeit** (dat.) **weit voraus**, *il est en avance sur son époque.* Cf. **Vielen Dank im voraus**, *merci d'avance.*

» Du weißt wohl nicht, was du sagst «, meinte Claire;
und Ada: » Oh, sehr gut. «

Dann gingen sie schweigend zurück, Ada immer einen
halben Schritt voraus. Als aber die Frühstücksveranda
vor ihnen lag und man sie sehen konnte, machten sie
gleichzeitig dieselbe Bewegung und breiteten einander die
Arme um die Hüften. Und sie plauderten auf einmal
lebhaft.

» Ein überaus anmutiges Schwesternpaar[1] «, bemerkte[2],
als sie eintraten, der Redakteur aus Augsburg; und die
Geheimrätin erklärte: » Sie stehen sich gut[3]. «

Herr Schumann war nicht anwesend. Er kam erst, als
die Geheimrätin schon fort war. Auch mittags verließ er
den Speisesaal nicht mehr an ihrer Seite, und während sie
die vorigen Tage gemeinsam und unermüdlich den Strand
entlangspaziert[4] waren, schloß jetzt die Geheimrätin sich
den drei zusammengereisten Schwestern an, und Herr
Schumann suchte die Gesellschaft des Herrn Hermes[5].
Manchmal gönnte er Claire ein Wort und dann wieder
Ada eins. Bald aber zog er sich zurück; auch die
Geheimrätin war schon verschwunden.

Dann wanderten Ada und Claire ins Land hinein, in
dem feindlichen Drang, miteinander allein zu sein. Ein
blendendschöner Tag[6] war dahingegangen, inmitten der
Regenwoche; sie erstiegen die Terrassen, auf denen übereinander die Ölbäume grauten.

---

1. **Schwestern-paar**: l'expression est frappante et révélatrice d'une
certaine ambiguïté de ces relations entre adolescentes. Cf. l'adj.
umschlungen p. 190.

2. **bemerkte...**: dans *La Tentation du docteur Bieber*, ou également
dans *Un voyage*, on retrouve cette situation de personnes réunies qui
s'épient et font des commentaires les uns sur les autres. Ils se
supportent plus ou moins bien, c'est « une fosse aux lions ».

3. **sich gut stehen**: à comprendre ici dans le sens de deux couleurs ou
des accessoires qui se marient bien. Autre emploi **sich mit jm gut oder
schlecht stehen**, *s'entendre avec qqn, ou non.*

« Tu ne sais sans doute pas ce que tu dis », émit Claire ; et Ada : « Oh, très bien. »

Ensuite elles rentrèrent en silence, Ada toujours en avance d'un demi-pas. Mais quand la véranda du petit déjeuner fut devant elles et qu'on pouvait les voir venir, elles firent simultanément le même geste et se passèrent les bras autour des hanches. Et tout à coup, elles bavardèrent vivement.

« Un couple de sœurs absolument charmant », remarqua le journaliste d'Augsbourg lorsqu'elles entrèrent ; et la Conseillère opina : « Elles vont bien ensemble. »

Monsieur Schumann n'était pas présent. Il vint seulement quand la Conseillère fut partie. De même, à midi, il ne quitta plus la salle à manger à ses côtés, et tandis que les jours précédents ils avaient dans leurs promenades communes inlassablement arpenté la plage, maintenant la Conseillère s'associait aux trois sœurs venues ensemble, et Monsieur Schumann recherchait la compagnie de Monsieur Hermès. Parfois il avait une parole pour Claire, puis une autre pour Ada. Mais il se retirait bientôt ; la Conseillère elle aussi avait déjà disparu.

Alors Ada et Claire firent un tour dans la campagne avec le désir agressif d'être seules l'une avec l'autre. L'éblouissante beauté du matin s'était évanouie, au milieu d'une semaine de pluie ; elles gravirent les terrasses où les oliviers superposés devenaient grisâtres.

---

4. **entlang-spazieren** : la prép. est suivie de l'acc. ; **entlang-gehen**, *longer*, emploi verbal + acc. ; adv. = *le long de*. Mais quand elle précède un mot, elle régit le dat., **entlang dem Weg**.

5. **die drei zusammengereisten... Herrn Hermes** : le récit s'est rétréci et les personnages secondaires ne sont même plus caractérisés ou animés d'une existence individuelle comme c'était le cas au début : ils réapparaîtront juste un peu vers la fin.

6. **ein blendend-schöner Tag** : c'est toujours environnés d'une nature belle et harmonieuse que les personnages de H. Mann arrivent à pénétrer en eux-mêmes.

Die Laubschleier schlugen gelind[1] zusammen über der
Tiefe des Tales, und sanft und klar durchströmte sie der
Ton einer entfernten Turmuhr.

Claire sagte: » Du bist schrecklich kokett mit Herrn
Schumann. Ich weiß nicht, ich möchte so nicht sein[2]. «

Ada erwiderte spitz: » Wirklich nicht? « Und nach einer
kleinen, bedeutsamen Pause: » Fräulein sagte einmal, du
seiest nicht hübsch. «

Darauf sahen sie beide erschreckt geradeaus. Denn sie
hatten gespürt, wie es sie auseinanderriß[3]. Es stellte sich
heraus, daß die Leute der einen von der anderen so
gesprochen hatten wie von einer Rivalin. Die Schwester,
merkte nun die Schwester, sah sie anders, als sie selbst
sich sah. Und Erinnerungen wurden aufgedeckt, die jede,
ungeahnt, für sich allein hatte und die aus einer der
anderen feindlichen Welt stammten.

Vor den Bergen drüben hing ein purpurvioletter Vorhang[4] aus Luft: das war eine traurige Pracht, einschüch-
ternd und drückend. Ada und Claire wären gern umgekehrt — und stiegen doch immer höher; sie konnten nicht
anders. Über einer grauen Mauer bröckelte eine graue
Kapelle. Das Bild war von Efeu darin eingeschlossen; und
Claire und Ada fühlten ein Grauen im Nacken, weil sie
nicht wußten, welch ein Gesicht[5] ihnen, in der großen
Stille, aus der Kapelle nachsah.

---

1. **gelind**: adj. **ein gelindes Klima**, *un climat doux*. **Eine gelinde Kälte**,
un froid modéré, adv. **gelinde gesagt**, *pour parler gentiment, par
euphémisme.*

2. **Du bist... ich möchte so nicht sein**: cette réflexion montre que le
modèle fusionnel reste déterminant, posé ici comme une évidence, cf.
Schwesternpaar, p. 194, n. 1.

3. **wie es sie auseinanderriß**: remarquable pronom neutre **es**, que le
fondateur de la psychanalyse S. Freud (1856-1939) investit de grand
sens, « le ça »; désigne ici l'affirmation de deux personnalités distinctes
et donc par là même en opposition. N.B. **reissen (i,i)** *arracher,
déchirer.*

Des voiles de feuillage se rejoignaient délicatement sur fond de vallée, là où courait, doux et limpide, le son d'un clocher lointain.

Claire dit : « Tu es terriblement coquette avec Monsieur Schumann. Moi, je ne sais pas si je voudrais être comme ça. »

Ada répliqua, pointue : « Vraiment pas ? » Et après un petit silence lourd de sens : « Mademoiselle disait un jour, que tu n'es pas jolie. »

Là-dessus toutes deux regardèrent droit devant elles, effrayées. Car elles avaient senti ce qui les divisait. Il apparaissait que les gens avaient parlé de l'une à l'autre comme d'une rivale. Sa sœur — remarquait maintenant l'autre — la voyait autrement qu'elle se voyait elle-même. Et des souvenirs furent mis au jour, que chacune, sans s'en douter, détenait pour soi seule, issus d'un monde hostile à l'autre.

Devant les montagnes d'en face tombait un rideau d'air d'un violet pourpré ; c'était une splendeur triste, intimidante et écrasante. Ada et Claire auraient mieux aimé revenir sur leurs pas — et pourtant elles montèrent toujours plus haut ; elles ne pouvaient faire autrement. En haut d'une muraille grise s'effritait une chapelle, grise aussi. À l'intérieur l'image pieuse était entourée de lierre... et Claire et Ada sentirent un frisson dans la nuque, car elles ne savaient pas quel visage, dans le grand silence, les suivait du regard, depuis la chapelle.

---

4. **ein purpur-violetter <u>Vorhang</u>** : le paysage est décidément une scène, cf. déjà **Bergkulissen** p. 192, et page suivante l'allusion aux marionnettes de leur enfance.

5. **welch ein Gesicht** : intervention d'éléments fantastiques, comme un peu plus bas, **ein böses Auge**. Elles se sentent observées, ce qui (cf. p. 180 **niemand sah... hinein**) n'a jamais été le cas jusqu'alors.

Endlich stellte sich ihnen ein verlassenes Haus entgegen, vor zwei Felswänden, die im Winkel zusammen-
stießen. In dem Dreieck des Himmels dazwischen stieg auf
einmal ein großer grüner Stern herauf und öffnete sich,
wie ein böses Auge. Da machten sie, zusammenfahrend,
kehrt[1]. Sie merkten plötzlich, daß der Himmel voll von
Sternen war und das Tal grau, mit Scharen[2] von Lichtern
an seinen Rändern und mit einzelnen, hinter dem
Schwarm zurückgebliebenen, im Lande verlorenen.

Claire sah von einem zum andern und dachte, unbe-
stimmt traurig, daß jedes, jedes für sich allein[3] brenne und
erlösche. Sie sann auch: » Warum gehe ich gerade hier ?
Man kann auf tausend Straßen gehen. Alles ist so weit
und vergeblich. «

Ada dachte an ihr gemeinsames Puppentheater[4] daheim
und daran, daß die Papierfiguren bald mit Claires Stimme
gesprochen hatten und bald mit ihrer eigenen. Herr
Schumann aber sollte nur ihr seine Lieder singen. Und
darüber, daß sie es nicht anders ertragen konnte, verlor
sie sich in ein ängstliches Staunen.

Am nächsten Tag stürmte es wieder, und aus dem
Feuerwerk, das drüben beim Fort abgebrannt werden
sollte, konnte schwerlich etwas werden. Trotzdem lud Herr
Schumann, sobald es dunkel war, die Damen ins Boot
ein[5], zum Hinüberfahren.

---

1. **kehrt-machen** : *revenir sur ses pas.* Cf. **um-kehren**, *rebrousser*
chemin, **heim-kehren**, *rentrer*, **zurück-kehren**, *revenir*. L'adv. **umgekehrt**,
inversement.

2. **Schar** : f. *troupe, légion*. **Eine Schar Vögel**, *une bande d'oiseaux*, **die**
himmlischen Heerscharen, *les légions célestes* (dans les cantates de
Bach).

3. **jedes für sich allein** : une autre constante des récits de H. Mann est
cette découverte de la solitude individuelle, le monde extérieur ne
faisant que ramener encore plus à soi. « Le fait de l'avoir connue lui
aurait permis de comprendre ce qu'il n'avait si longtemps porté avec lui
que comme un destin muet » (*En voyage*, in *Abdication*, p. 56).

Enfin se présenta une maison abandonnée entre deux parois rocheuses qui formaient un angle. Dans l'échancrure triangulaire du ciel monta soudain une grande étoile verte, qui s'ouvrit comme un mauvais œil. Alors, sursautant, elles firent demi-tour. Elles s'aperçurent tout à coup que le ciel était plein d'astres et que la vallée était grise, avec des amas de lumières sur ses bords, et avec quelques-unes, demeurées en arrière de l'essaim, perdues dans la campagne.

Le regard de Claire allait de l'une à l'autre ; elle pensait avec une tristesse indéfinissable, que chacune, chacune brûlait et s'éteignait à part. Elle songeait également : « Pourquoi est-ce que je marche ici ? On peut marcher sur mille routes. Tout est si vaste et si vain. »

Ada pensait à leur commun théâtre de marionnettes, à la maison, et au fait que les personnages de papier mâché avaient parlé tantôt avec la voix de Claire et tantôt avec la sienne. Mais Monsieur Schumann devait chanter ses lieder pour elle seule. Et, ne pouvant l'assumer autrement, elle se perdit dans une stupeur inquiète.

Le lendemain, la tempête revint, et le feu d'artifice qui devait être tiré près du fort, sur la rive opposée, pouvait difficilement avoir lieu. Pourtant dès qu'il fit sombre, Monsieur Schumann invita les dames à s'y rendre en bateau.

---

4. **das Puppentheater :** c'est un souvenir d'enfance partagé avec son frère, Thomas Mann, qui l'évoque dans le récit « Le Paillasse », paru dans la même collection, in *Tristan*, p. 28, note 3 et p. 34.

5. **Trotzdem lud... ins Boot ein :** Comme dans *La Tentation du docteur Bieber*, la société de ces gens réunis, pétrifiée dans un train-train journalier, est avide de nouvelles émotions, à tout prix, même si le but est déjà désamorcé **(schwerlich etwas werden).**

Die Geheimrätin nahm Claire und Ada an ihre beiden Seiten, reichte jeder einen Arm, und so folgten sie Herrn Schumann. Er arbeitete lange, bis er das Boot losgemacht hatte, denn die Wellen rissen ihm die Kette immer wieder aus der Hand; und als er es endlich unter das Bollwerk des kleinen Hafens herangezogen hatte, machte es Sprünge, und die Geheimrätin konnte den Zeitpunkt des Einsteigens nicht finden.

» Geben Sie mir die Hand! «

Aber Herr Schumann saß und hielt sich selbst fest.

» Es ist doch etwas ängstlich «, meinte sie. Herr Schumann schwor, er habe ganz andere Wellen gebändigt[1], aber sie entgegnete und lachte geringschätzig[2]: » Da verlasse ich mich doch lieber auf Ihren Kehlkopf. «

Herr Schumann hatte plötzlich das Gleichgewicht, stand aufgereckt[3] im Boot und reichte Ada und Claire seine beiden Hände. » Dann fahre ich also mit meinen jungen Freundinnen. Nur rasch, meine Damen, ehe[4] das Boot wieder abgestoßen wird! «

Sie waren drin, und er hatte noch nicht ausgesprochen[5]. Fast hätten sie sich ins Wasser gestoßen, so eilig hatten sie es. » Verhalten Sie sich ruhig! « rief Herr Schumann mit ganz unbekannter Stimme. » Wir wären beinahe umgeschlagen! « Und gleich darauf, sehr wohltönend[6]: » Haben Sie denn auch Mut, Fräulein Claire? Und Sie, Fräulein Ada? «

---

1. **bändigen**: v. au sens fig. *réfréner*. **Ein Bändiger**, *un dompteur*. La phrase fait ressortir le côté ridicule du personnage, son côté matador.

2. **gering-schätzig**: **ein geringschätziger Ausdruck**, *une expression de dénigrement*. De **gering**, adj. *minime, infime*, et **schätzen**, *évaluer, estimer*. Cf. le v. **etwas/jdn. gering-schätzen**, et à l'inverse **hochschätzen**.

3. **stand aufgereckt**: troisième occasion ici de prendre cette « pose » héroïque, cf. pp. 182-184.

4. **ehe**: conjonct. *avant que*, à distinguer du comp. **eher... als**, *plutôt que*, et de **die Ehe**, *le mariage*. Adv. de comparaison **eher**.

La Conseillère se plaça entre Claire et Ada, tendit à chacune un bras, et elles suivirent ainsi Monsieur Schumann. Il fut longtemps à l'ouvrage avant d'avoir détaché le bateau, car les vagues lui arrachaient sans cesse la chaîne des mains ; et quand il l'eut enfin halé sous la digue du petit port, le bateau tressautait et la Conseillère ne pouvait trouver le bon moment pour embarquer.

« Donnez-moi la main ! »

Mais Monsieur Schumann était sur son siège et se cramponnait lui-même.

« C'est tout de même un peu inquiétant », opina-t-elle. Monsieur Schumann jura qu'il avait dompté de tout autres vagues, mais elle riposta dans un rire méprisant : « Je fais tout de même davantage confiance à votre larynx. »

Monsieur Schumann, ayant soudain trouvé son équilibre, se tenait debout dans le bateau, les bras tendus, et avançait ses deux mains vers Claire et vers Ada. « Alors j'irai avec mes deux jeunes amies. Pressons, Mesdames, avant que le bateau ne s'écarte à nouveau ! »

Elles étaient dedans avant qu'il eût fini de parler. Elles se seraient presque jetées à l'eau, tant elles avaient de hâte. « Tenez-vous tranquilles ! » s'écria Monsieur Schumann d'une voix tout à fait inconnue. « Nous avons failli chavirer ! » Et tout de suite après, très mélodieux : « Avez-vous donc aussi du courage, Mademoiselle Claire, et vous Mademoiselle Ada ? »

---

5. **aus/sprechen (a,o)** : v. sens particulier ici déterminé par la partic. **aus**. Noter les sens les plus fréquents, *prononcer, articuler*, **seine Meinung aussprechen**, *donner son avis*. Idée d'exhaustivité, par ex. **aus/schlafen**, *dormir de tout son saoul*, **aus-trinken**, *vider son verre*.

6. *****wohl-tönend** : cet adj. renvoie au registre musical qui correspond à la belle image que le personnage se donne en société. La réalité est grossière et brutale sans doute, cf. **mit ganz unbekannter Stimme**.

» Claire verträgt es nicht; sie soll lieber dableiben «, sagte Ada.

Claire wollte sich empört widersetzen, aber ein starker Stoß warf Herrn Schumann auf die Knie; sein großer Bart strich ihr kühl über das ganze Gesicht; und sie konnte nicht mehr sprechen.

Er entschuldigte sich gar nicht. Er redete, und die Worte liefen ihm davon. » Wir sind schon aus dem Hafen heraus, wir werden vom Lande abgetrieben[1]. Das geht doch nicht!« Und ohne Umschweife, wild bei der Sache: » Helfen Sie mal mit! Ich habe keine Lust zu ertrinken!«

Sie arbeiteten[2] im Dunkeln. Schwarzes Wasser spritzte ihnen ins Gesicht, und Herr Schumann keuchte wütend. Sobald sie sich aber um den Steindamm zurückgewunden hatten, bekam er milde Überlegenheit. » Ich hätte es vor Ihrer Mutter nicht verantworten können. Mit Ihrem Leben dürfen Sie nicht spielen, liebe Freundinnen... Nun steigen Sie einmal aus. Ich bleibe bis zuletzt im Boot. Das ist meine Pflicht als Kapitän. «

Claire setzte hinter Ada den Fuß auf die Stufe. Sie taumelte; und innerlich hatte sie gar den Boden verloren[3]. Ihr Gesicht, das Herrn Schumanns kühler Bart gestreift hatte, brannte[4] nun. Ihr stilles Herz öffnete alle seine Verstecke. Alle Gesetze fühlte sie umgestoßen, die Welt schwindelnd emporgehoben, im Dunkeln etwas Großes wild aufgeblüht.

---

1. **ab-treiben (ie, ie)**: au sens intransitif ici ; sinon *détourner, chasser qqch.*, ou bien au sens médical, *avorter*. Cf. **die Abtreibung**, *l'avortement*.

2. **sie arbeiteten...**: on ne sait pas exactement qui fait quoi, on entend surtout M. Schumann. Le verbe **a.** souligne que ce n'est guère une partie de plaisir, ce qu'aurait pu être l'excursion. Y aurait-il quelque souvenir du récit de A. Döblin *La Sortie en voilier* ? (Cf. dans cette collection bilingue, *L'Assassinat d'une renoncule*, p. 96, 98). — H. Mann et Döblin siègaient tous deux à l'Académie des Arts de Berlin.

«Claire ne le supporte pas, elle devrait plutôt ne pas venir», dit Ada.

Claire indignée voulut s'insurger, mais un fort remous jeta Monsieur Schumann à genoux; sa grande barbe très fraîche l'effleura par tout le visage; et elle ne fut plus en mesure de parler.

Il ne fit aucune excuse. Il parlait, et les mots lui sortaient tout seuls de la bouche. «Nous voici déjà hors du port, nous dérivons loin de la terre. Ça ne va pas du tout!» Et sans aucune circonlocution, se démenant comme un fou: «Aidez-moi donc! Je n'ai pas envie de me noyer!»

Ils s'échinaient dans l'obscurité. Une eau noire leur éclaboussait le visage, et Monsieur Schumann haletait rageusement. Mais dès qu'ils furent revenus en contournant la digue de pierre, il reprit un ton de supériorité calme. «Je n'aurais pu en répondre devant votre mère. Vous ne devez pas jouer avec votre vie, chères amies... Maintenant, descendez. Je reste le dernier dans le bateau. C'est mon devoir de capitaine.»

Claire sauta sur la marche après Ada. Elle chancelait; et intérieurement elle avait complètement perdu pied. Son visage qu'avait effleuré la barbe fraîche de Monsieur Schumann brûlait à présent. Son cœur paisible ouvrait toutes ses cachettes. Elle sentait toutes les lois renversées, le monde soulevé jusqu'au vertige, quelque chose de grand éclos sauvagement dans les ténèbres.

---

3. **den Boden verlieren**: mélange de deux niveaux, au propre et au figuré, *perdre son équilibre, ne plus savoir où l'on est*, l'ironie est sensible, car cette expression surgit juste au moment où les personnages retrouvent la terre ferme, *le sol*, sens premier du mot **Boden**.

4. **brennen (brannte, gebrannt)**: rappel du moment où Ada a parlé devant l'assemblée, p. 150 *in fine*.

Sie meinte zu rufen: » Mein Leben[1], Herr Schumann! Wie gern gäb ich es Ihnen!«

Aber sie hatte nur geflüstert; der Wind trug ihre Worte nach vorn, in Adas Richtung; und Herr Schumann fragte: » Wie? Sie sind wohl noch etwas schwach von der Angst? Das gibt sich[2]; stützen Sie sich auf mich!«

Er machte noch das Boot fest. Ada und Claire gingen voraus. Und plötzlich beugte Ada sich über Claire. » Ich habe ganz gut gehört, was du zu Herrn Schumann gesagt hast«, versetzte sie, zischend[3]. Claire antwortete nicht; aber beide fingen an, ganz rasch zu atmen. Sie wandten die Gesichter weg, in der schrecklichen[4] Gewißheit, daß sie, hätten sie sich erblickt, übereinander hergefallen[5] wären. So gingen sie durch eine lange, ganz finstere Laube[6].

Drüben bei der ersten Laterne wartete die Geheimrätin. Wo sie denn Herrn Schumann hätten. Er kam; und sie lachte wieder. » Sie sind blaß... Am See wehte es unanständig: wenn Sie meinen, ich will mich erkälten... «

» Singen Sie lieber «, sagte die Geheimrätin, » das hätten Sie gleich tun können. « Herr Schumann war bereit; er wartete nur, bis man die Tür öffnete. Die Geheimrätin tat es nicht mehr selbst; sie erklärte es heute sogar für albern. Aber Herr Hermes bediente seinen großen Freund. » Er braucht Luft. « Ada und Claire saßen zwischen dem Ofen, der geheizt war, und der offenen Tür.

---

1. **Mein Leben :** contre-utilisation ironique après la tirade de M. Schumann : « Vous ne devez pas jouer avec votre vie. »

2. **das gibt sich :** syn. ici de **geschehen (a, e)** *se produire*. Autre sens, *s'arranger, se résoudre*. À ne pas confondre avec l'expr. plus fréquente **es gibt.../ so etwas gibt es,** *il y a.../ce genre de chose existe.*

3. **zischen :** v. **die Schlange zischt,** *le serpent siffle.* Au théâtre, cela signifie *huer.* Ne pas confondre avec le v. **zischeln,** *chuchoter.*

4. **schrecklich :** l'adj. signale la peur que leur inspire un possible conflit entre elles, cf. p. 188, n. 3.

Elle eut l'impression de s'écrier : « Ma vie, Monsieur Schumann ! Comme j'aimerais vous la donner ! »

Mais elle n'avait que chuchoté ; le vent porta ses paroles en avant, vers Ada ; et Monsieur Schumann demanda : « Comment ? Vous défaillez sans doute un peu, de peur ? Cela arrive, appuyez-vous sur moi ! »

Mais il devait amarrer le bateau. Ada et Claire partirent devant. Et soudain Ada se pencha vers Claire : « J'ai très bien entendu ce que tu as dit à Monsieur Schumann », jeta-t-elle, sifflante. Claire ne répondit pas ; mais toutes deux se mirent à respirer précipitamment. Elles détournèrent leurs visages, dans l'affreuse certitude qu'elles se seraient jetées l'une sur l'autre au premier regard. Elles parcoururent ainsi une longue et très sombre pergola.

Tout au bout, près du premier réverbère, la Conseillère attendait. Qu'avaient-elles donc fait de Monsieur Schumann ? Il arriva, et elle rit de nouveau : « Vous êtes pâle... Un vrai scandale, comme cela soufflait au bord du lac ! Si vous croyez que je veux attraper un refroidissement... »

« Chantez plutôt ! », dit la Conseillère, « cela, vous auriez pu le faire tout de suite ». Monsieur Schumann était prêt, il attendait seulement que l'on ouvrît la porte. La Conseillère ne le fit plus elle-même ; elle alla jusqu'à déclarer cette fois que c'était idiot. Mais Monsieur Hermès était au service de son grand ami : « Il a besoin d'air. » Ada et Claire étaient assises entre le poêle qui était allumé et la porte ouverte.

---

5. **her-fallen (ie, a)** : v. *assaillir*, fig. *accabler*. La partic. **her** marque le rapprochement.

6. **finstere Laube** : autre ingrédient théâtral utilisé ici, avec jeu d'ombres et de lumières, apartés, déclarations emportées qui font passer d'une scène à l'autre.

Jede hatte Lust, sich ihren Mantel zu holen, aber keine mochte die andere allein lassen in dem Zimmer, worin Herrn Schumanns Stimme[1] stieg und fiel. Die drei zusammengereisten Schwestern redeten auf sie ein. Sie sähen schlecht aus. Sie müßten sich auf dem See überanstrengt haben; und nun säßen sie in der Zugluft. Wenn ihre Mama zugegen wäre, würde sie es ihnen verbieten. Sie sollten zu Bett gehen. Aber sie saßen da, bis Herr Schumann gegangen war, und bevor sie nicht in ihrem Schlafzimmer waren, wichen[2] sie, wortlos, nicht voneinander.

Am Morgen hatten sie Halsschmerzen und schwere Köpfe. Gegen Abend ging das Fieber an. Es stieg heftig, und in der Nacht redeten sie und warfen sich umher. Claire sah Ada[3] mit Herrn Schumann auf den See hinausfahren. Sie selbst stand machtlos am Ufer und schrie gegen den Sturm: » Du hast mich immer betrogen! Du sollst nicht hübscher sein als ich[4]!« Der Drang, ihrer Feindin nach, krampfte sie zusammen, erstickte sie. Aber da, auf einmal, war sie befreit und konnte laufen, über das Wasser laufen, die andere töten, sie töten! — In diesem Augenblick hörte sie Ada schreien. Ada schrie und schlug gegen die Wand; sie röchelte.

Claire fuhr empor, starrte und wußte nicht: was hatte sie getan? Hatte sie etwas getan? Sie hatte Ada getötet. Sie wand sich, das Gesicht im Kissen. Von fern, in allem Sausen, hörte sie Ada: »Ich will nicht sterben! Du sollst sterben!«

---

1. **Herrn Schumanns Stimme...**: cette fois-ci, les réactions de l'assemblée n'intéressent plus le narrateur, la voix ne semble plus trouver d'écho, elle est réduite à son activité propre, renvoyée à son jeu narcissique.

2. **weichen**: le v. peut avoir une conjugaison faible, **(weichte, geweicht)** *amollir, faire tremper*, mais c'est très rare. Et en conjugaison forte **(wich, gewichen)** *céder, fléchir*. Ici dans le sens de l'expr. **nicht von jemands Seite weichen**, *ne pas quitter qqn d'une semelle*.

Toutes deux avaient envie d'aller chercher leurs man-
teaux, mais aucune ne voulait laisser l'autre seule dans la
pièce où montait et descendait la voix de Monsieur
Schumann. Les trois sœurs venues ensemble les sermon-
naient. Elles avaient mauvaise mine. Elles avaient dû se
surmener sur le lac ; et maintenant elles étaient dans le
courant d'air. Si leur maman était là, elle le leur
interdirait. Elles devraient aller se coucher. Mais elles
restèrent assises jusqu'à ce que Monsieur Schumann fût
parti et, sans mot dire, elles ne se lâchèrent pas d'une
semelle, avant de se retrouver dans leur chambre à
coucher.

Le lendemain matin, elles avaient mal à la gorge et la
tête lourde. Vers le soir, la fièvre se déclara. Elle monta
fortement, et dans la nuit elles parlaient et se démenaient
en tous sens. Claire voyait Ada partir en bateau sur le lac
avec Monsieur Schumann. Elle-même était debout,
impuissante, sur le rivage et criait dans la tempête : « Tu
m'as toujours trompée ! Tu ne dois pas être plus jolie que
moi ! » Le besoin de suivre son ennemie la crispait,
l'étouffait. Mais voilà que tout à coup elle était libérée et
pouvait courir, courir sur l'eau, tuer l'autre, la tuer ! — À
cet instant, elle entendit crier Ada. Ada criait et tapait
contre le mur ; elle râlait.

Claire bondit, fixant le vide, sans rien savoir : qu'avait-
elle fait ? Avait-elle fait quelque chose ? Elle avait tué Ada !
Elle se retourna, le visage dans l'oreiller. De loin, dans tout
un tumulte, elle entendit Ada : « Je ne veux pas mourir !
C'est toi qui dois mourir ! »

---

3. **Claire sah Ada** : le rêve est lui-même une pièce de théâtre, dans la
plus grande tradition mélodramatique. De rivale, la sœur est devenue
une ennemie. C'est le deuxième grand rêve essentiel du récit.

4. **du sollst nicht hübscher... ich** ! : la jalousie sur l'aspect physique (cf.
déjà p. 196) est l'un des ressorts de la sororité agressive.

...Als Claire zu sich kam, war Adas Bett leer. Claire
begriff: » Ada ist tot!« Und langsam fand sie sich zurück:
» Ich habe es gewünscht!« Aber wie das hatte geschehen
können und durch welche zerrissenen Wege sie zu dem
argen[1] Wunsch gelangt[2] war: das hatte sie für immer
verloren. Herr Schumann lag, merkwürdig verblaßt,
dahinten, als sei er einmal vorzeiten[3] ein wunderschönes
Spielzeug gewesen, um das sie sich mit Ada gestritten und
das sie im Streit zerrissen hatten. Das war gleichgültig;
denn viel Wichtigeres war nun verdorben, da Ada tot war.
Und jedesmal, wenn Claire dessen gedachte, würde sie
hinzudenken müssen, daß sie es gewünscht habe. Adas
Tod und Claires Wunsch waren so gut Brüder, wie Claire
und Ada Schwestern gewesen waren[4]. Und blieben es
ewig. Claire lag und staunte, daß sich so viel tragen lasse;
daß sie weiterlebe, nur müde sei und am liebsten nichts
gewußt hätte.

Dann ward sie aus dem Bett gehoben, eingehüllt und,
ohne daß sie gesprochen hätte, in die Veranda geführt.
Wie sie, die Sonne auf ihren blassen Händen, im Sessel
lehnte, stürzte Ada herein, die Augen wirr und ratlos, und
machte, unter verhaltenem Weinen, tonlose Bewegungen
mit den Lippen. In ihren Händen, die sie, vor Claire
hingeworfen, um Claires Hände wand, fühlte die Schwester die Angst der Schwester, ihr könne nicht verziehen
werden. Da ließen sie ihre Tränen ausbrechen und küßten
einander.

---

1. **arg**: adj. syn. **böse**, *méchant*. **Er hat mich in eine arge Lage
gebracht**, *il m'a mis dans de beaux draps*, cf. sens religieux, **der Arge**, *le
Malin*.

2. **gelangen**: cf. **ans Ziel gelangen**, *atteindre son but*. À ne pas
confondre avec **gelingen (a, u)**: **es ist ihm gelungen**, *il a réussi à le
faire*.

3. **vorzeiten**: adv. *autrefois*, cf. **die Vor-zeit**, *la nuit des temps*, *les
temps lointains*, **in grauer Vorzeit**, *dans les temps les plus reculés*.

...Quand Claire revint à elle, l'autre lit était vide. Claire comprit : « Ada est morte ! » Et lentement elle retrouva ses esprits : « Je l'ai souhaité ! » Mais comment cela avait-il pu se faire et par quelles voies chaotiques en était-elle venue à ce souhait malin : ça, elle l'avait perdu pour toujours. Monsieur Schumann, singulièrement pâli, était là derrière, comme si un jour il avait été un jouet d'une merveilleuse beauté, ayant fait l'objet d'une dispute avec Ada, et qu'elles avaient déchiré en se disputant. C'était indifférent, car une chose beaucoup plus importante était désormais ruinée puisque Ada était morte. Et chaque fois que Claire y penserait, elle devrait se rappeler qu'elle l'avait souhaité. Le trépas d'Ada et le souhait de Claire étaient tout aussi frères que Claire et Ada avaient été sœurs. Et le restaient pour l'éternité. Claire étendue sur son lit s'étonnait qu'on puisse en supporter tant : qu'elle survécût, n'étant que fatiguée, et qu'elle eût préféré ne rien savoir.

Puis on la tira du lit, on l'enveloppa d'une couverture et, sans qu'elle eût dit un mot, on la mena sur la véranda. Comme elle s'adossait dans son fauteuil, avec du soleil sur ses mains pâles, Ada fit irruption, les yeux troublés, désemparés, et tout en contenant ses pleurs, elle remua les lèvres sans émettre un son. Dans ses mains qu'elle mêlait, agenouillée devant elle, à celles de Claire, la sœur sentit l'inquiétude de la sœur redoutant qu'il ne lui fût pas pardonné. Alors elles laissèrent jaillir leurs larmes et s'embrassèrent.

---

4. **Adas Tod... Schwestern <u>gewesen waren</u>** : on remarque le plus-que-parfait, qui suggère que le lien étroit et primitif entre les sœurs n'aura pas résisté aux pulsions fortes et au désir d'individuation que relate le récit.

Nun waren alle mit Italien zufrieden[1]; es war blau und gelind, es sang, fächelte und plätscherte mit seinem See, seiner Luft und seinen Menschen. Die drei zusammengereisten Schwestern malten alles mit Herablassung ab, sich bewußt, daß der Süden doch nur billige Wirkungen[2] biete. Der Redakteur aus Augsburg genoß alles mit Kennerschaft. Herr Hermes ruderte auf dem glatten Wasser, und sein Buckel durchsägte[3] den Morgendunst.

Hinter dem Haus, im großen Gemüsegarten, hing Claires Hängematte zwischen zwei blühenden Apfelbäumen. Ada saß vor ihm im Gras, schaukelte sie und las manchmal einige Sätze aus Andersens Märchen[4]. Aber sie hörte immer wieder auf und sah in die Luft, die von Schwalben durchstrichen war. Eine Magd kam vorbei und riet den Fräulein, in den Schatten zu gehen: es werde heiß. Ada und Claire fanden es so mild und so leicht zu leben, als lösten sie sich[5] auf in den Frühling. So mild, als wären sie vorher durch Feuer gegangen.

Auf einmal hörten sie drüben beim Gartenhaus Herrn Schumanns Stimme. Sie konnten, ohne sich zu rühren, durch die Johannisbeerhecken spähen und die Geheimrätin erkennen, die sich in Herrn Schumanns Armen umherwand. Ihr Hund mißverstand sie und fuhr Herrn Schumann an die Beine, der im Schreck wegsprang.

1. **Nun... mit Italien zufrieden:** formule en contraste direct avec **Italien erfüllte alle mit Bitterkeit,** p. 178 ; les activités normales sont reprises, les âmes apaisées.

2. **nur billige Wirkungen:** là aussi, mise à distance ironique du mythe italien par H. Mann.

3. **durch/sägen:** v. du voc. technique, *couper à la scie, die Säge.* Image superposée à la métaphore habituelle de la voile fendant l'air. Pointe au milieu de « l'idylle », dont relève le mot poétique **Morgendunst.**

4. **Andersens Märchen:** lecture typique des demoiselles. Vogue de la Scandinavie. Cf. *Nils Holgerson* aussi et le poète danois Jacobsen (1847-1885) évoqué par Rilke dans *Lettres à un jeune poète* (cf. collection

À présent, tous étaient satisfaits de l'Italie : elle était bleue et douce, elle chantait, folâtrait et clapotait avec son lac, son air et ses gens. Les trois sœurs venues ensemble dépeignaient tout avec condescendance, conscientes que le sud n'offre, n'est-ce pas, que des effets à bon marché. Le journaliste d'Augsbourg goûtait tout, en connaisseur. Monsieur Hermès ramait sur l'eau lisse et sa bosse fendait les vapeurs matinales.

Derrière la maison, dans le grand potager, le hamac de Claire était suspendu entre deux pommiers en fleur. Ada était assise dans l'herbe par-devant ; elle la balançait et lisait de temps à autre quelques phrases des *Contes* d'Andersen. Mais elle ne cessait de dresser l'oreille et regardait le ciel parcouru de vols d'hirondelles. Une servante passa et conseilla aux demoiselles de se mettre à l'ombre : la chaleur venait. Ada et Claire trouvaient la vie très douce et aussi facile que si elles se dissolvaient dans le printemps. Aussi douce que si auparavant elles avaient traversé un feu.

Tout à coup, elles entendirent du côté du pavillon de jardin la voix de Monsieur Schumann. Sans bouger, elles pouvaient épier à travers les groseilliers et reconnurent la Conseillère qui se contorsionnait dans les bras de Monsieur Schumann. Son chien, qui se méprenait, bondissait dans les jambes de Monsieur Schumann et celui-ci, effrayé, sautait sur le côté.

---

bilingue, p. 44, note 3) qui a aussi influencé Thomas Mann et que Heinrich connaissait sûrement.

5. **als lösten sie sich...** : Cf. un autre récit de H. Mann où ressort cette fusion avec le paysage : « Car ce pays merveilleux... lui avait pourtant, en cet instant, fait éprouver l'une de ces expériences intérieures qui ressemblent à une seconde vie... » (*En voyage*, p. 47.)

Die Geheimrätin rief: » Kusch!«, und Herr Schumann faßte wieder Vertrauen[1]. Ada hatte das Gesicht in Claires Kleid[2] gedrückt und hielt verzweifelt den Atem an. Es war die höchste Zeit, daß Herr Schumann und die Geheimrätin in das Gartenhaus verschwanden, denn Claire und Ada konnten das Lachen keine Sekunde mehr halten. Sie umarmten sich und lachten fassungslos. Davon wurden sie müde, vergaßen das Paar im Gartenhaus und kehrten zurück zu den Märchen.

Erst bei Tisch erinnerten sie sich wieder. Was dieser Herr Schumann für Pickel im Gesicht hatte! Die Geheimrätin machte heute eine matte Piepstimme[3]: zu komisch. Herr Schumann sah immer alle der Reihe nach an, als sei er die Sonne selbst und fragte: » Na, seid ihr nun glücklich, weil ich euch bescheine?« Ada und Claire stießen sich an; jetzt kamen sie dran. Und richtig, er trank ihnen zu, seinen kleinen Freundinnen. Sie platzten aus, es ging nicht anders; doch blieb er sonnig und unberührt. Die Geheimrätin fragte, unruhig: » Was haben sie nur?«

Aber Claire und Ada hatten sich gefaßt und hielten[4] der unbekannten Welt ihre hellen Augen groß als Spiegel hin. Niemand sah sehr lange hinein; man schien den Spiegel unzart zu finden und wenig vorteilhaft. Und wenn ihnen ein Blick auswich, lächelten sie einander zu, ohne recht zu wissen, warum[4].

---

1. **Vertrauen:** après le grand péril maritime, il doit affronter désormais un nouveau danger. Le terme de **Vertrauen** tourne ici en dérision sa nature lâche et plutôt apeurée.

2. **in Claires Kleid:** l'attitude physique des sœurs est encore ici le révélateur. Cf. plus loin **umarmen** qui rappelle **umschlungen**.

3. **Piepstimme:** Piep, m. *pépiement*. Cf. le v. **piepsen**, *pépier*, cf. expr. **kein Piep sagen**, *ne pas piper mot*, et **einen Pieps haben**, *être un peu fou*. C'est aussi le deuxième élément après les boutons de M. Schumann, qui montre le recul critique des adolescentes.

La Conseillère s'écria : « Couché ! » et Monsieur Schumann reprit confiance. Ada avait enfoui son visage dans la robe de Claire et retenait désespérément son souffle. Il était grand temps que Monsieur Schumann et la Conseillère disparussent dans le pavillon du jardin, car Claire et Ada ne purent retenir leur rire une seconde de plus. Elles s'embrassèrent et rirent comme des folles. Puis elles s'en lassèrent, elles oublièrent le couple dans le pavillon du jardin et retournèrent à leurs contes.

C'est seulement à table qu'elles s'en ressouvinrent. Ce que ce Monsieur Schumann avait comme boutons sur le visage ! Et la Conseillère émettait aujourd'hui un pépiement las : trop drôle. Monsieur Schumann passait toujours la compagnie en revue, comme s'il était le soleil en personne, et demandait : Hé bien ? Êtes-vous heureux que je vous illumine ? Ada et Claire se poussèrent du coude, maintenant c'était leur tour. Et en effet, il leur porta un toast, à ses petites amies. Elles éclatèrent de rire, pas moyen de faire autrement ; mais il resta solaire et impassible. La Conseillère, inquiète, demanda : « Qu'est-ce qu'elles ont donc ? »

Pourtant, Claire et Ada s'étaient ressaisies, et tels des miroirs, offraient au monde inconnu leurs yeux lumineux grands ouverts comme des miroirs. Pas un regard ne s'y attardait ; on semblait trouver le miroir grossier et peu flatteur. Et quand un regard les fuyait, elles se souriaient l'une l'autre sans trop savoir pourquoi.

---

4. **und hielten... : warum :** passage identique à la page 180 (note 3) où les demoiselles sont décrites pour la première fois. Ce procédé narratif suggère que rien n'a changé pour l'extérieur ; que ce récit, cette brève nouvelle correspond bien au genre littéraire relatant dans un cadre temporel et géographique limité un épisode singulier, inouï, **eine unerhörte Begebenheit**, comme le formulait Goethe.

HEINRICH MANN

Das Herz

Le Cœur

I

Gleich nach bestandener Matura[1] legte Christoph bei zwei Gelegenheiten solche Proben[2] geschäftlicher Befähigung ab, daß sogar der alte Pacher betroffen war. Er ließ den Sohn mit neunzehn Jahren mündig sprechen und erteilte ihm die Aufgabe, das Egerer Haus in Wien zu vertreten. » Nach den Beweisen, die ich von dir habe, wirst du in Wien sowenig wie anderswo unser Werk gefährden ; ich verlasse mich auf dich. « Damit war Christoph allein und ging still und fest seinen männlichen Weg. Er tat, umschwärmt von Vergeudung und Vergnügen, keinen Schritt[3], der nicht Erwerb und Nutzen galt.

Eines Abends, als er, wie jeden Abend, um zehn Uhr nach Hause kam, stieß er im Dunkeln der Treppe mit den Fingerspitzen an einen Körper, der leise aufzuckte. Christoph schlug Licht[4] : da flammte großes rotes Haar auf und ein zu weißes Gesicht[5] sah ihn aus umschatteten Augen wie blind an. Er hob die Frau vom Geländer.

---

1. **Matura :** f. désigne couramment **die Maturität** (comme *bac* en français). Indice montrant qu'on est en Autriche.

2. **Probe :** f. sens premier, *échantillon*, d'où, par extension, *donner des preuves de… ;* cf. voir plus bas **Beweis**, m.

3. **Er tat… keinen Schritt… galt :** m. à m., *il ne fit aucun pas qui ne touchât au gain et au profit.*

4. **Licht schlagen :** on dit plus couramment **Licht machen** ou

I

Dès qu'il eut réussi son baccalauréat, Christoph, en deux occasions, montra si bien son aptitude aux affaires que même le vieux Pacher en fut touché. Il fit émanciper son fils à l'âge de dix-neuf ans et lui confia la tâche de représenter la maison Egerer à Vienne. « Si j'en crois les preuves que tu m'as données, tu nuiras à notre entreprise à Vienne aussi peu qu'ailleurs ; je compte sur toi. » Ainsi Christoph se retrouva seul et alla son chemin en homme calme et assuré. Dans le bourdonnement des dilapidations et des plaisirs, il ne fit rien qui n'eût pour objet le gain et le profit.

Un soir où, comme chaque soir, il rentrait vers dix heures chez lui, il heurta de la pointe de ses doigs, dans l'obscurité de l'escalier, un corps qui sursauta légèrement. Christoph alluma la lumière : alors s'enflamma une grande chevelure rousse, tandis qu'un visage blême aux yeux cernés le regardait, comme aveugle. Il releva la femme de la balustrade.

---

an/machen, et à l'inverse **löschen** ou **aus/drehen. Feuer oder Funken schlagen**, *faire jaillir des étincelles, battre le briquet.*

    5. **ein zu weisses Gesicht :** cette femme qui apparaît soudain est décrite de manière contrastée : faible et forte par le signal sensuel des cheveux roux.

» Sie sind krank? Ich will einen Arzt holen. «

» Es ist unnütz. Ich habe nichts gegessen. «

Sie hatte seit fünf Tagen kaum gegessen. Christoph stützte sie bis in ihr Zimmer, holte seine Vorräte und zog sich zurück. Am Morgen, es war Sonntag, klopfte er und fragte, was sie zu tun gedenke[1]. Sie sagte, sie wisse nichts mehr; ihr Mann trinke und habe sie verlassen. Sie wollte anständig[2] bleiben. Er schwieg, er berechnete rasch, wie weit sein Einfall ihn führen könne; dann entschloß er sich.

» Ich will Ihnen in einem Restaurant die Pension bezahlen. «

Nachher sprach er mit der Hausmeisterin. Es lag tatsächlich am Mann. Die Frau Melanie Gall hätte Kavaliere genug haben können, und der berühmte Makart[3] wollte sie malen. Aber nicht einmal ihr Haar gab sie her.

Am nächsten Sonntag kam er wieder, um sie zu unterhalten, und darauf am Abend des Donnerstag, der ein Feiertag war. Er sprach von Schiller, sagte einen im letzten Schuljahr verfaßten Aufsatz her, der seine politische Überzeugung[4] enthielt — und einen höheren Sinn als in der Nachtstunde, da er sie ersann, schienen die Sätze zu tragen, nun die Frau ihnen lauschte. Sie saß weich vorgebeugt, das Kinn in der weißen, wie muskellosen[5] Hand, und sah von unten in seine Augen, die gelassen glänzten.

---

1. **gedenken**: (**gedachte, gedacht**) + gén., 1. *se proposer de*, 2. *se souvenir, ne pas oublier*. Syn. le plus fréquent **sich erinnern an.** + accus. Cf. **das Gedenken**: *pensée, mémoire*. **Seit Menschengedenken**, *de temps immémorial*.

2. **an-ständig**: adj. *correct, convenable;* **die Anständigkeit**, *la bienséance, la convenance*.

3. **Hans Makart (1840-1884)**: peintre qui symbolise désormais l'esthétisme viennois. Il s'est illustré par d'immenses toiles avec des nus scandaleux pour l'époque, et notamment des femmes très sensuelles. Il

« Vous êtes malade ? Je vais chercher un médecin.

— C'est inutile. Je n'ai rien mangé. »

Elle n'avait presque rien mangé depuis cinq jours. Christoph la raccompagna chez elle, jusque dans sa chambre, alla chercher ses propres provisions et se retira chez lui. Le lendemain, c'était un dimanche, il frappa et lui demanda ce qu'elle comptait faire. Elle dit qu'elle n'en savait plus rien, son mari buvait et l'avait quittée. Elle voulait rester honnête. Il se tut, calcula rapidement jusqu'où son idée pourrait l'entraîner ; puis il se décida.

« Je vais vous payer votre pension dans un restaurant ».

Ensuite il parla à la concierge. Effectivement, cela tenait au mari. La dame Melanie Gall aurait pu avoir pas mal de galants, et le célèbre Makart voulait la peindre. Mais elle ne cédait même pas ses cheveux.

Le dimanche suivant il revint pour parler avec elle, puis encore le soir du jeudi, qui était férié. Il parla de Schiller, récita une rédaction datant de sa dernière année scolaire et qui exprimait ses convictions politiques — et maintenant que cette femme les écoutait avec attention, les phrases semblaient comporter un sens plus profond qu'à l'heure nocturne où il les avait imaginées. Elle était assise le buste un peu penché en avant, le menton dans sa main blanche diaphane, et levait son regard vers ses yeux qui luisaient calmement.

---

a prêché une fusion entre l'art et la vie. Avoir un style, un costume, un intérieur... « à la Makart » était alors le comble du prestige.

4. **seine politische Überzeugung** : la mention de la politique n'est pas à ignorer. C'est en 1924 — seulement 4 ans après ce récit — que Heinrich Mann publiera *Le Sujet*, critique féroce de l'Allemagne impériale.

5. ***muskel-los** : cet adj. curieux signale la force d'inertie de la femme, cette paralysie apparente, cette fausse immobilité qui enserrent.

Seine Stimme[1] und seine Stirn waren fest und rein. Ihre Stirn, ihre Büste näherten sich langsam. Er sagte:

» Wir sollten uns alle für gleich halten und einander helfen; wozu sonst alle Arbeit. «

Da fühlte er ihren Atem, und ehe er erschrecken konnte, schlugen schon ihre Arme[2] um seinen Hals.

Diese Nacht irrte er in den Straßen umher, schrieb am Morgen an seinen Vater, und noch vor Mittag stand er vor ihr.

» Meine Melanie, wir werden fort müssen. «

Sie sagte:

» Du hattest noch nie eine Frau besessen[3], wie? «

Da er den Kopf bewegte:

» Ich weiß, was ich getan habe! « — und sie umarmte[4] seinen Kopf. Er entzog ihn ihr.

» Du wirst es schwer haben mit mir. Wir werden arm sein und in der Fremde leben. «

» Ich bin älter als du[5]. «

» Vier Jahre, was bedeutet das. «

» Ich wundere mich. Du Kind, du willst mein Mann sein? — Nein, ich wundere mich nicht. «

Sie maß ihn[6]. Er war nicht größer als sie, aber er hielt die schmalen Schultern gespannt, und wie kräftig lagen die Lippen aufeinander! Mit einem stockenden Lächeln der Bewunderung sagte sie:

» Ich bete dich an. «

---

1. <u>Seine Stimme</u>... : en allemand le pronom possessif au masculin est distinct du féminin : <u>ihre</u> **Stirn** ; la traduction doit recourir à d'autres moyens.

2. **ihre Arme** : le récit est construit autour de ce pouvoir physique exercé par la femme sur le jeune homme, et au sens propre, car elle le serre contre lui, l'enlace, le « capture » physiquement...

3. **besitzen (a, e)** : ce point sur l'i, assez brutal, est à la mesure de la présence presque vulgaire de la femme, charnelle avant tout.

4. **um/armen** : v. insép., littéralement : *passer ses bras* — **Arm**, m. — *autour de*, cf. **die Umarmung**, *l'embrassement, l'étreinte, l'accolade.*

Il avait la voix et le front fermes et purs. Elle se rapprochait lentement, son front, ses seins. Il dit :

« Nous devrions tous nous tenir pour égaux et nous entr'aider ; sinon, pourquoi tout ce travail ? »

Alors il sentit son souffle et, avant qu'il eût pu tressaillir, elle nouait déjà ses bras autour de son cou.

Cette nuit-là, il erra dans les rues, écrivit le matin à son père et avant midi, il était devant elle.

« Ma Melanie, nous allons devoir partir. »

Elle dit :

« Tu n'avais encore jamais possédé une femme, n'est-ce pas ? »

Comme il hochait la tête :

« Je sais ce que j'ai fait ! », dit-elle en étreignant sa tête. Il se dégagea.

« Tu auras du mal avec moi. Nous serons pauvres et nous vivrons à l'étranger.

— Je suis plus âgée que toi.

— Quatre ans, qu'est-ce que c'est !

— Ça m'étonne. Toi, enfant, tu veux être mon mari ?... Et puis non, cela ne m'étonne pas. »

Elle le considéra. Il n'était pas plus grand qu'elle, mais il roidissait ses épaules étroites, et quelle énergie dans ses lèvres serrées ! Avec un hésitant sourire d'admiration, elle dit :

« Je t'adore. »

---

5. **älter als du :** rappelle un autre récit de Heinrich Mann où la femme, plus âgée, joue le rôle de séductrice *(Une histoire d'amour,* in *Abdication (op. cit.).* La trame en est d'ailleurs assez similaire.

6. **sie maß ihn : messen (a, e) :** *mesurer* ; l'affrontement entre un homme et une femme chez H. Mann est d'abord physique et concret.

Er schloß die Augen. Als er sie öffnete, war seine
Stimme ganz leise und so ernst wie eine Drohung[1].

» Es ist fürs Leben. «

II

Die Antwort seines Vaters sah aus, wie er's erwartet
hatte. Er fuhr nach Hause; und bei seiner Rückkehr sagte
er zu ihr:

» Ich bin also enterbt und entlassen: wir können reisen. «

Sie fuhren auf einem Tandem[2] über den Semmering[3]
nach Italien; es war im November.

» Aber hier ist es kalt «, sagte Melanie. » Wo ist die
Sonne, wo sind die Blumen[4] ? «

Er erwiderte:

» Ich weiß bestimmt, daß hier etwas für mich zu machen
ist. «

Er hatte sich die Agentur einer Fahrräderfabrik ver-
schafft und brachte mit Verkäufen sie und sich von einer
Stadt zur anderen fort[5]. In Brescia ging er zu dem
Geschäftsfreund seines Hauses.

» Ihr Herr Vater hat mir schon geschrieben «, sagte der
Mann. » Es ist Geld für Sie da, falls Sie die Frau, mit der
Sie sind, verlassen wollen. Ich rate Ihnen, vernünftig zu
sein. In einem Lande, dessen Sprache... «

---

1. **eine Drohung** : en filigrane des récits de H. Mann, il y a toujours
cette idée de danger menaçant que représente l'amour, voir la nouvelle
Les Traîtres, in *Abdication (op. cit.)* : « Chacun dans son monde à lui,
qui est un refuge devant celui de l'autre » (p. 230).

2. **auf einem Tandem** : le récit oscille entre le caricatural et le kitsch,
toutes les données de l'invraisemblable étant ici réunies.

3. **der Semmering** : col des Alpes orientales, en Autriche, entre
Vienne et Graz. Il se situe à 936 m.

Il ferma les yeux. Quand il les rouvrit, sa voix fut très sourde et aussi grave qu'une menace :

« C'est pour la vie. »

II

La réponse de son père fut telle qu'il l'avait attendue. Il alla le voir chez lui et à son retour, il dit à Melanie :

« Je suis donc déshérité et congédié : nous pouvons partir. »

Ils s'en allèrent en tandem par le Semmering vers l'Italie ; c'était en novembre.

« Mais il fait froid ici », dit Melanie. « Où est le soleil ? Où sont les fleurs ? »

Il répondit :

« Je sais fort bien qu'il y a quelque chose à faire ici pour moi. »

Il s'était procuré la représentation d'une usine de cycles et grâce à ses ventes, il se débrouillait en allant avec elle d'une ville à l'autre. À Brescia, il s'en fut trouver le correspondant de sa maison.

« Monsieur votre père m'a déjà écrit », dit l'homme. « Il y a de l'argent ici pour vous, au cas où vous voudriez quitter la femme avec qui vous êtes. Je vous conseille d'être raisonnable. Dans un pays dont la langue... »

---

4. **Wo sind die Blumen** : le personnage féminin apparaît dès l'abord plus léger, voire inconscient. Après l'annonce mélodramatique de Christoph — déshérité... — elle évolue dans leur histoire d'amour comme un cliché mièvre et inconsistant.

5. **fort-bringen : (brachte, gebracht)** v. *emporter* ; ici au sens figuré **sich fort-bringen** : *faire son chemin, se tirer d'affaire.*

Christoph hörte nicht weiter, er hatte die Tür zugeschlagen.

In Mailand[1] bezogen sie eine Kammer, auf einen Hof hinaus, und Christoph lief die Stadt ab nach einer Anstellung. Des Abends kam er heim, abgehetzt, beschmutzt durch kleine niedrige Gelegenheitsarbeiten, die Augen noch voll von den Gesichten des Elends — und da ging, gleich hinter dieser schwarzen Tür, die Feensonne ihres Haares[2] auf! Sie streckte ihm diese weißen Arme entgegen, und ein warm blühender Garten[3] umfing ihn. Er aber schlug nicht die Augen nieder.

'Sie ist reich', dachte er, 'aber auch ich bin es. Ich werde ihr einen Palast bauen. Eines Tages[4] wird sie mir sagen, daß es das klügste war, was sie tun konnte, daß sie mit mir kam.'

Es ward so kalt und die Arbeit so selten, daß er es vorzog, im Bett italienisch zu lernen. Nach zwei Monaten war eines Morgens ihre Kammer ein wenig heller. » Ob die Sonne scheint ? « Seit acht Tagen[5] lebten sie von dem Rest einer Polenta, die Melanie von einer Nachbarin zum Kosten bekommen hatte. » Die Frühlingsluft wird uns guttun. «

Auf der Straße nach Monza sahen sie einander, noch blinzelnd, in die Gesichter: sie waren schmäler und blasser — und gleich rasch umschlang einer des andern Arm.

» Wir haben einen guten Winter verlebt. Wir werden Glück haben. «

» Da — «, und Melanie lächelte wie eine Zauberin. » Was schenke ich dir ? «

---

1. **Mailand**: de 1893 à 1898, Heinrich Mann voyagea beaucoup en Italie ; ce pays s'identifie donc à sa jeunesse, et à son inspiration d'alors, dans le sillage de D'Annunzio. Ce sera le naturalisme français qui l'orientera autrement.

2. **die Feensonne ihres Haares**: une autre constante chez H. Mann, cet attrait pour une chevelure spectaculaire, d'un « blond chaud » (in

Christoph n'écoutait plus ; il avait claqué la porte.

À Milan, ils prirent une chambre donnant sur une cour, et Christoph courut la ville en quête d'un emploi. Le soir il rentrait fourbu, sali par de minables petits travaux, les yeux encore pleins du spectacle de la misère — et juste derrière cette porte noire, se levait le soleil féerique de ses cheveux ! Elle lui tendait ses bras blancs, et un chaud jardin fleuri l'entourait. Pourtant il ne baissait pas les yeux.

« Elle est riche », pensait-il, « mais je le suis aussi. Je lui construirai un palais. Un jour elle me dira que le plus sage qu'elle ait pu faire était de venir avec moi. »

Il se mit à faire si froid et le travail était si rare qu'il préféra apprendre l'italien dans son lit. Après deux mois, un matin, leur chambre fut un peu plus claire. « Le soleil brillerait-il ? » Depuis huit jours, ils vivaient du reste d'une polenta qu'une voisine avait fait goûter à Melanie. « L'air printanier nous fera du bien. »

Sur la route de Monza, ils se regardèrent en face, clignant encore des paupières : leurs visages avaient minci et pâli — et aussitôt ils se prirent les bras l'un l'autre.

« Nous avons passé un bon hiver. Nous aurons de la chance.

— Tiens... » Melanie souriait comme une enchanteresse...

« Que vais-je t'offrir ? »

Jeux amoureux) qui laisse apparaître d'autant plus joliment un front « scintillant » *(Une histoire d'amour)*.

3. **ein warm blühender Garten...** : En 1910, H. Mann a déjà publié *Professor Unrat* (1905) où le style est plus satirique, proche parfois d'un certain grotesque. Ici, ces touches précieuses et d'un lyrisme volontairement plat, peuvent se comprendre de manière ironique.

4. **eines Tages** : cf. p. 226, où il se projette également dans l'avenir ; avec un désir de s'affirmer formulé ici comme dans un conte.

5. **seit acht Tagen** : cette seconde indication temporelle, après **nach zwei Monaten**, laisse percer, sous son invraisemblance, une intention bien sûr ironique.

Im Staub lag ein Zweilirestück. Welch ein Fest! Und wie
sie gesättigt nach Hause kamen, wartete auf dem Tisch
ein Brief; eine Hanffabrik in Ferrara, der Christoph sich
angeboten hatte, berief ihn; und das Reisegeld reichte für
zwei Billette dritter Klasse!

In Ferrara fand es sich, daß Buchhalter und Geschäftsführer in Angst lebten vor dem nahen Besuch ihres Herrn,
des Abgeordneten Bizzari[1]. Er war jähzornig[2], und die
Bücher waren schlecht geführt. Christoph erbot sich, sie
mit Hilfe der Nächte in Ordnung zu bringen. Melanie
arbeitete mit ihm.

» Wenn ich dich nicht hätte, würden diese viertausend
Francs mir entgehen. «

Eines Nachts[3] trat der Geschäftsführer ein.

» Sie sind verheiratet, Herr Pacher? Aber dann bekommen wir ja eine schöne Frau mehr in unsere etwas
eintönige Gesellschaft. «

Zwei Jahre[4] lang lebten sie geachtet und in Frieden.
Dann begegnete Melanie zögernden Grüßen, man richtete
halbe Worte an Christoph. Ein Reisender seines Vaters
war in der Stadt gewesen.

» Wie er hinter uns her ist[5]! « sagte Melanie, zusammen-
gebrochen. » Welcher Haß! «

Christoph dachte: 'Ich begreife ihn; aber eines Tages
werde ich ihm gegenübertreten, reicher als er selbst.' Und
er richtete sie auf, er küßte sie.

» Ich habe schon ein kleines Kapital, wir sind auf dieses
Nest nicht angewiesen. Wir gehen nach Bologna, und ich
etabliere mich. «

---

1. **Bizzari**: le choix du nom est évidemment ironique, comme celui
un peu plus bas de leur ami, Grappa.

2. **jäh-zornig**: formé de l'adj. **jäh**, *soudain, subit* (mais aussi *abrupt,
escarpé*) et de **Zorn**, m. *colère* (au plur. **Zornausbrüche**), littéralement *des
accès de colère*.

3. **eines Nachts**: complément au gén. par assimilation au masculin
eines Tages, et bien que **die Nacht** soit féminin; idem pour l'adv. **nachts**.
Cf. le v. **nächtigen**: *passer la nuit*.

Dans la poussière il y avait une pièce de deux lires. Quelle fête ! Et quand ils rentrèrent rassasiés au logis, une lettre les attendait sur la table : une fabrique de chanvre de Ferrare où Christoph avait offert ses services le convoquait ; et l'argent du voyage suffisait pour deux billets de troisième classe !

À Ferrare, il se trouva que le comptable et le gérant vivaient dans l'angoisse à la pensée de la visite prochaine de leur patron, le député Bizzari. Il était irascible, et les livres mal tenus. Christoph proposa de travailler la nuit pour les mettre en ordre. Melanie travaillait avec lui.

« Si je ne t'avais pas, ces quatre mille francs m'échapperaient. »

Une nuit, le gérant entra.

« Vous êtes marié, Monsieur Pacher ? Mais alors nous aurons une belle femme de plus dans notre société quelque peu monotone. »

Deux ans, ils vécurent respectés et en paix. Puis Melanie reçut des saluts réticents, on s'adressa à Christoph à demi-mot. Un voyageur de son père était passé par la ville.

« Comme il nous poursuit ! » dit Melanie, effondrée ; « Quelle haine ! »

Christoph songeait : « Je le comprends ; mais un jour je paraîtrai devant lui, plus riche qu'il ne l'est lui-même. » Et, l'ayant réconfortée, il l'embrassa.

« J'ai déjà un petit capital, nous ne sommes pas rivés à ce trou. Nous irons à Bologne et je m'établirai. »

---

4. **Zwei Jahre** : le temps narratif ne se précise que sur une durée plus longue, en termes d'années comme ici ; sinon le cadre temporel est assez lâche, avec des conventions respectées pour la forme.

5. **Wie er hinter... sein** : + dat. Syn. **jdn** (acc.) **verfolgen**. Cf. autres expressions, **hinter jds Rücken**, *à l'insu de qqn*, ou l'exp. **mit etwas hinter dem Berge halten**, *tenir qqch. secret, en faire mystère*.

Alles ging gut. Durch den Abgeordneten Bizzari ward[1] Christoph mit einem jungen Mann von großem Einfluß bekannt, der ihm sogleich[2] Freundschaft zeigte. Gaetano Grappa war aus einer mächtigen Familie der Stadt, und er lebte in Rom als Sekretär eines Ministers. Er verschaffte Christoph Kredit und Konzessionen; einmal führte er den Minister in die Fabrik.

» Nie habe ich einen solchen Freund gehabt«, sagte Christoph. Melanie sah ihn tief an.

» Wer weiß, was er von dir will. Du hast eine Freundin: ist das nicht genug? «

Im Sommer machten sie Fahrten in den Apennin; Gaetano kam für einen Tag von Rom her, um dabeizusein. Eines Sonntags saßen sie ohne Melanie droben in Abetone. Gaetano war schweigsam gewesen, und jetzt trank er.

» Ich habe dich nie so viel trinken gesehen«, sagte Christoph.

» Ich bin nicht, der du glaubst « — und Gaetano starrte ihn entsetzt an. » Zwischen uns ist ein Geheimnis[3]. Welch Geheimnis! «

Flüsternd:

» Ich liebe deine Frau. «

Da Christoph heftig[4] erbleichte:

» Oh! Fürchte nichts. Deine Frau ist eine Heilige[5]. Sie würde mich sterben sehen. «

Er schluchzte auf.

---

1. **ward**: prétérit vieilli de **werden (wurde, geworden)**.
2. ***so-gleich***: adv. cf. ***so-fort***, adv. *aussitôt, tout de suite* — dans un temps encore plus immédiat — et ***so-eben***, adv. *à l'instant même*.
3. **Geheimnis**: n. le registre conventionnel de ce secret dévoilé, qui va menacer à la fois l'idylle de l'amitié et celle de l'amour, nous autorise à l'interpréter comme un clin d'œil ironique de la part de l'auteur. La fiction avance en se jouant de ses propres aspects figés, ainsi dans l'exclamation en écho « et quel secret ! ».
4. **heftig**: adj. **eine heftige Leidenschaft**, *une passion impétueuse*, **ein**

Tout alla bien. Par le député Bizzari, Christoph fit la connaissance d'un jeune homme très influent qui lui marqua tout de suite de l'amitié. Gaetano Grappa appartenait à une puissante famille de la ville, et il vivait à Rome comme secrétaire d'un ministre. Il procura à Christoph du crédit et des marchés ; un jour, il amena le ministre à l'usine.

« Jamais je n'ai eu pareil ami », dit Christoph. Melanie le regarda avec insistance.

« Qui sait ce qu'il veut de toi. Tu as une amie, n'est-ce pas assez ? »

Durant l'été, ils firent des excursions dans l'Apennin ; Gaetano vint de Rome pour une journée afin d'en être. Un dimanche, ils étaient sans Melanie dans la montagne, à Abetone. Gaetano avait été taciturne, et maintenant il buvait.

« Je ne t'ai jamais vu tant boire », dit Christoph.

« Je ne suis pas celui que tu crois... » et Gaetano le regardait fixement, effaré. « Il y a un secret entre nous. Et quel secret ! »

À voix basse :

« J'aime ta femme. »

Comme Christoph blêmissait violemment :

« Oh ! Ne crains rien, ta femme est une sainte. Elle me laisserait plutôt mourir. »

Il eut un sanglot.

---

heftiger Sturm, *une bourrasque*, cf. adv. **heftig weinen**, *pleurer à chaudes larmes*, et le subst. **Heftig-keit**, f. *véhémence, impétuosité*, voire *violence* au sens figuré.

5. **eine Heilige :** les règles du mélodrame sont soigneusement distribuées, la confidence scandaleuse se fait grâce à l'alcool, mais la femme, objet de désir, est intouchable, toutes ces conventions étant trop criantes pour être prises au sérieux.

» Und nimm hinzu[1], daß ich in Wahrheit dein Freund bin. «

Nach einer stummen Weile, da Christoph aufstand:

» Nimm es nicht wichtig; ich habe getrunken. Aber du sollst sehen, daß ich sicher auf dem Rad sitze: ich fahre die Abkürzung. «

» Sie ist lebensgefährlich! «

Der andere hielt an, am Rande des Abhanges.

» Du warnst mich? «

Christoph wandte sich ab.

Er hörte einen Sturz und eilte hinzu: Gaetano war unverletzt. Christoph berührte seine Schulter.

» Du dauerst[2] mich. «

» Aber es wäre besser für uns alle, ich wäre umgekommen. «

» Ja «, sagte Christoph[3].

Sie führten ihre Räder. Gaetano begann plötzlich:

» Gib mir deine Frau! Ich spreche nicht zu dir wie ein Gentleman, aber danach frag ich nicht mehr. Gib sie mir und verlang, was du willst. «

Christoph erwiderte mit ruhiger Stimme:

» Du hast nicht nötig, mich zu bezahlen[4]. Sie mag wählen zwischen uns. «

» Es gibt etwas Neues «, sagte er zu Melanie. » Der Gaetano liebt dich. «

Und mit einem Blick in ihre Augen:

---

1. **hinzu/nehmen (a, o):** la partic. sép. **hinzu,** *de plus, en outre* se combine avec plusieurs verbes, par ex. **hinzu-kommen,** *s'ajouter,* **hinzu kommt noch, daß,** *à cela s'ajoute encore que...* **hinzu-fügen, er hat nichts mehr hinzufügen,** *il n'a plus rien à ajouter.*

2. **dauern:** v. dans son premier sens *durer,* **das dauert lange, bis** *il se passe du temps jusqu'à ce que...* mais dans un deuxième sens, comme ici: *faire pitié, faire de la peine* (construit avec un acc.) **er dauert mich.**

3. **Ja, sagte Christoph:** le jeune protagoniste parle en réalité assez peu, il ne fait que répondre, mais il n'a pas d'initiative, son existence est validée par ses faits et gestes, et non par son discours.

« Et de surcroît, sache-le, je suis vraiment ton ami. »

Après un instant de silence, comme Christoph se levait :

« Ne prends pas cela au tragique, j'ai bu. Mais tu vas voir comme je tiens bien sur ma bicyclette : je prends le raccourci.

— Mais il est très dangereux ! »

L'autre s'arrêta, juste au début de la pente.

« C'est toi qui me mets en garde ? »

Christoph se détourna.

Il entendit une chute et courut voir : Gaetano était indemne. Christoph lui prit l'épaule.

« Tu me fais pitié.

— Mais il aurait mieux valu pour tous les trois que je sois mort.

— Oui », dit Christoph.

Ils menaient leurs bicyclettes à la main. Gaetano reprit brusquement :

« Donne-moi ta femme ! Je ne te parle pas comme un gentleman, mais après je ne demanderai plus. Donne-la-moi et exige ce que tu voudras. »

Christoph répondit d'une voix calme :

« Tu n'as pas besoin de me payer. Qu'elle choisisse entre nous. »

« Il y a du nouveau », dit-il à Melanie. « Gaetano t'aime. »

Et, en la regardant dans les yeux :

---

4. **bezahlen** : le choix entre les affaires et l'amour est un thème traité dans d'autres nouvelles de H. Mann. Cf. *Une histoire d'amour* : « Ce n'est que lorsqu'ils ont atteint un certain âge que l'amour fait connaître aux hommes d'affaires un certain danger. »

» Ah! Es ist nichts Neues für dich: ich dachte es mir. «
Sie nahm seine Hand.

» Verzeih! Ich wollte dich nicht erzürnen[1] gegen ihn, du
solltest deinen Freund behalten. «

» Lassen wir's[2]. Jetzt hast du die Wahl. «

» Was willst du sagen? «

» Er ist reich, er bietet dir eine große Zukunft: meine ist
unsicher. Sein Einfluß reicht bis zum Papst, mag sein, daß
er deine Scheidung bewirkt, was ich nicht könnte. Dann
wird er dich heiraten. «

» Was geht das alles mich an. Ich soll wählen? Ich habe
doch gewählt, als ich dir folgte. Hast du vergessen, was
du damals sagtest? Es ist fürs Leben. «

» Mag sein — aber wir sind älter geworden[3] und so oft
schon enttäuscht. Mir ahnt, daß wir auch von hier werden
fortmüssen. Willst du immer ohne Heimat bleiben? «

» Du bist meine Heimat[4], du! « — und sie schüttelte
seine Schultern. » Denke an unsere Kammer in Mailand,
als wir noch ganz fremd waren und allein. Oh! All die
Fremden, durch die wir hindurchgegangen sind: ihre
Masse hat uns aneinandergepreßt. Was will uns noch
trennen! «

Sie sah seine Schläfen weniger hart, sein Mund zuckte[5]
— und sie jubelte auf, sie riß ihn an sich.

» Ah! Du hast gezweifelt. Du hast Angst gehabt. Wie ich
dich dafür liebe! Du bereitest mit das Glück, daß ich mich
dir noch einmal geben darf! «

---

1. **erzürnen**: v. dérivé de **Zorn**, m. *la colère*, **zürnen**, *être fâché, irrité.*
Jm (dat.) **zürnen**, *en vouloir à qqn*, **über etwas zürnen**, *s'irriter contre
qqch.*

2. **lassen wir's**: comme **mag sein** un peu plus bas, les réponses de
Christoph restent volontairement floues, comme s'il attendait quelque
chose de plus essentiel qu'il n'entend pas.

3. **wir sind älter geworden...**: dans la mise à l'écart du trop grand
trouble amoureux, son personnage s'apparente désormais au vieux

« Ah ! Ce n'est pas du nouveau pour toi... C'est bien ce qu'il me semblait. »

Elle lui prit la main.

« Pardonne ! Je ne voulais pas te fâcher contre lui... tu devais garder ton ami.

— Laissons cela. Maintenant, tu as le choix.

— Que veux-tu dire ?

— Il est riche, il t'offre un grand avenir : le mien est incertain. Son influence va jusqu'au Pape ; et il se peut qu'il obtienne ton divorce, ce que je ne pourrais pas. Ensuite il t'épousera.

— Qu'est-ce que tout cela peut me faire ! Je dois choisir ? Mais j'ai déjà choisi quand je t'ai suivi. As-tu oublié ce que tu as dit alors ? C'est pour la vie.

— Peut-être... mais nous avons vieilli, et nous avons été déjà si souvent déçus. Je pressens qu'il nous faudra aussi partir d'ici. Veux-tu rester toujours sans patrie ?

— C'est toi qui es ma patrie, toi ! »... et elle lui secouait les épaules. « Pense à notre petite chambre de Milan quand nous étions encore sans connaître personne. Oh ! Tous ces endroits inconnus que nous avons traversés : tout cela nous a soudés. Qu'est-ce qui peut encore nous séparer ? »

Elle vit ses mâchoires se décrisper et trembler sa bouche... Éperdue de joie, elle le pressa contre elle.

« Ah ! Tu as douté. Tu as eu peur. Comme je t'aime pour cela ! Tu m'offres le bonheur de pouvoir me donner encore une fois à toi ! »

---

dandy vieillissant dans le récit *En voyage*, qui ne s'attache vraiment nulle part et qui se contente d'ébauches.

4. **du bist meine Heimat** : persiflage de l'élan amoureux ; de plus c'est un « topos » du couple illégitime qui se tient lieu de tout.

5. **zucken** : v. cf. **mit den Achseln zucken**, *hausser les épaules,* ou aussi **ohne mit der Wimper zu zucken**, *sans sourciller.* Cf. le subst. **das Zucken**, signifiant aussi un mouvement brusque et court, *un tic, un spasme.*

III

Der junge Grappa warf mit dem Wagen um[1] und lag zwischen Leben und Tod. Als er gerettet war, kam das Haupt der Familie zu Christoph und bat ihn, abzureisen mit seiner Frau.

» Wir würden hier kein Glück mehr haben «, sagten sie zueinander, » wozu den Armen quälen. Recht weit fort[2]! Etwas ganz Neues! «

Sie fuhren nach New York. Alte Bilder, die Christoph in Italien zusammengebracht hatte, trugen ihm ein erstes Kapital ein. Er ließ Melanie in der besten Pension von Baltimore und zog aus[3], um Geld zu machen. Er erwarb Wald und Land, stach Torf[4], ward Mitbegründer einer Stadt, auf einer Farm von Räubern niedergestreckt[5] — und sobald er vom Bett aufgestanden war und einen sicheren Wohnort hatte, holte er sie zu sich.

In vier Jahren stieg der Wert der zweihundert Baustellen, die ihm in Springtown gehörten, um das Zwölffache. Sie bewohnten ein ganz städtisches Haus.

» Was ist heute im Theater? « sagte Melanie eines Abends, und sie seufzte. » Hundertfünfzig Meilen vom nächsten Theater entfernt zu leben, welch Geschick! «

» Wir werden uns später dafür entschädigen. Inzwischen genießen wir hier den Vorzug, daß niemand sich um uns bekümmert. «

---

1. **mit dem Wagen werfen**: ce deuxième accident du jeune Grappa a des allures parodiques et invraisemblables dans la répétition (du vélo à la voiture).

2. **recht weit fort**: le thème du voyage s'inscrit dans de nombreux récits de H. Mann: du dépaysement à la fuite en avant, de l'errance oisive et dégoûtée à la recherche d'autre chose: « De vieux globe-trotters comme nous se rencontrent toujours quelque part dans le monde » (in *En voyage*, p. 52, in *Abdication*).

III

Le jeune Grappa fit valdinguer sa voiture et resta longtemps entre la vie et la mort. Quand il fut sauvé, le chef de famille vint trouver Christoph et le pria de partir avec sa femme.

« Nous n'aurions plus aucune chance ici », se dirent-ils, « à quoi bon tourmenter le malheureux... Mais alors très loin ! Quelque chose de tout à fait nouveau ! »

Ils partirent pour New York. Des tableaux anciens que Christoph avait rassemblés en Italie lui constituèrent un premier petit capital. Il laissa Melanie dans la meilleure pension de Baltimore et partit faire de l'argent. Il acheta des bois et des terres, se mit à extraire de la tourbe, fut co-fondateur d'une ville, puis révólvérisé dans un ranch par des gangsters... Dès qu'il fut remis sur pied et qu'il eut un domicile sûr, il la fit venir auprès de lui.

En quatre ans, la valeur des deux cents terrains à bâtir qui lui appartenaient à Springtown fut multipliée par douze. Ils habitaient une maison en plein centre.

« Qu'y a-t-il au théâtre aujourd'hui ? » dit un soir Melanie, et elle soupira. « Vivre à cent cinquante milles du premier théâtre, quelle destinée !

— Nous nous rattraperons plus tard. Entre-temps nous goûtons ici l'avantage que personne ne se soucie de nous.

---

3. **aus-ziehen (o, o) : auf Abenteuer a.,** *partir à l'aventure,* dans le vaste monde ; courant sous la forme pronom., *se déshabiller.*

4. **Torf (m.) stechen :** la traduction exacte serait *extraire de la tourbe* (en briquettes) mais le v. *extraire* n'ayant pas de passé simple, on a recours à une périphrase.

5. **von Raübern niedergestreckt :** le mélodrame s'étoffe ici d'un western rocambolesque, mais en pure toile de fond.

» Das ist freilich sehr wahr. Hierher verirrt sich kein Reisender deines Vaters. Aber mit dreißig Jahren verzichten müssen auf Menschen, Musik, Luxus[1]! «

Da er nicht mehr antwortete:

» Später, sagst du? Aber können wir denn unverheiratet hinüber? Und du willst nicht, daß wir heiraten — obwohl meine kirchliche Ehe hier gar nicht hindert. Aber du bist ein zu guter Geschäftsmann, und dein Pflichtteil ist dir lieber als mein Glück. «

» Es ist nicht der erste Abend, daß wir dies alles besprechen. «

Sie hörte nicht.

» Noch später? Dann werde ich alt sein. Wirst du dann noch bei mir sein? «

» Wie du dich langweilst! « sagte er im Ton des Mitleids[2]. Aber soviel Unvernunft machte ihn ratlos und ärgerlich; er ging hinaus.

Sie sprang auf, sie holte ihn von der Schwelle zurück.

» Bleibe! Du läßt mich zuviel allein[3] mit meinen Gedanken. «

» Wenn ich nicht eine vernünftige Frau hätte, wir hätten uns nie durchgekämpft[4] bis hierher. «

Sie stützte beide Hände fest[5] auf seine Schultern, sie sah ihm in die Augen.

» Du willst mich nicht heiraten? « Und ehe er antworten konnte:

---

1. **Menschen, Musik, Luxus**: dans la plupart des récits, les personnages féminins — femmes et non jeunes filles — ont les pieds sur terre, et aussi fort que soit l'amour, elles n'abdiquent ni leur rôle ni leurs privilèges au sein de la société.

2. **im Ton des Mit-leids**: cf. p. 230 sa réponse au jeune Grappa, il plaint les autres pour leur excès et leur véhémence, et lui-même reste imperturbable.

3. **zuviel allein...**: Dans le récit intitulé *Une héroïne* (in *Abdication* p. 209), le personnage féminin est dévoré de la même manière: « Le sentiment d'être intérieurement rongée par une foule de pensées était pour elle une source de tourments. »

— C'est bien sûr tout à fait vrai. Aucun représentant de ton père ne s'égare par ici. Mais à trente ans, devoir renoncer aux gens, à la musique, au luxe ! »

Comme il ne répondait plus rien :

« Plus tard, dis-tu ? Mais pourrons-nous y aller, sans être mariés ? Et tu ne veux pas que nous nous mariions, bien que mon mariage religieux ne soit plus un obstacle ici. Car tu es un homme d'affaires trop avisé, et tu préfères ta réserve légale à mon bonheur.

— Ce n'est pas la première soirée où nous parlons de tout cela. »

Elle n'entendit pas.

« Plus tard encore ? Alors je serai vieille. Est-ce qu'alors tu seras encore près de moi ?

— Comme tu t'ennuies ! » dit-il sur le ton de la compassion. Mais tant de déraison le rendait perplexe et chagrin ; il sortit.

Elle se leva d'un bond et l'empêcha de franchir le seuil.

« Reste ! Tu me laisses trop seule avec mes pensées.

— Si je n'avais pas eu une femme raisonnable, nous n'aurions pas tenu le choc jusqu'ici. »

Elle appuya fermement ses deux mains sur ses épaules et le regarda dans les yeux.

« Tu ne veux pas m'épouser ? » Et avant qu'il eût pu répondre :

---

4. **sich durch/kämpfen** : v. au sens figuré ici : *se tirer d'affaire en se bagarrant*, cf. **der Kampf**. Syn. de **durch-fechten**, expr. jur., **einen Prozess durch-fechten**, *gagner un procès*.

5. **beide Hände fest** : toujours la même tentative de contrôle par une emprise physique, au sens premier et concret. Cf. p. 220, n. 2 et 4 l'enlacement du début de leur relation.

» Überlege, was du sagst! Wir kennen uns so lange, und doch ist mir's jetzt, als habest du dich[1] nie viel um mich bekümmert. «

» Ich verstehe dich immer weniger[2]. «

Er führte ihre Hand an die Lippen.

» Darf ich jetzt gehen ? «

Sie ließ ihn plötzlich los.

» Ja «, sagte sie in einem Ton, daß er sich umsah.

Als er am Morgen erwachte, war sie fort. Ein Brief lag da.

» Du liebst mich nicht mehr, ich befreie dich von mir. Ich gehe mit einem Mann, den ich nicht liebe, aber der mich heiratet. «

Er hielt sich am Tisch, ihn schwindelte[3] es heftig. Gleichwohl[4] tat er seine Arbeit wie immer. Mittags, wie er heimkam, schüttelte ihn das Fieber. Er unterdrückte es und machte einen Ritt. Es kam, ging und kam wieder, er mußte nachgeben. Da ließ er auf einmal das Essen, blieb im Schlafzimmer und schloß die Läden.

Kameraden zogen ihn hervor, einer, ein Franzose, der in New York wohnte, nahm ihn mit dorthin, zerstreute ihn und drängte ihn in Unternehmungen. Zwei Monate später fuhr Christoph nach dem Westen, um eine Kupfermine zu kaufen. Sie war solange kaum ausgebeutet[5]; die hohen Frachtsätze der zu Goulds Trust gehörigen Bahn hatten es verhindert; aber eine zweite, unabhängige Linie war, ganz nahe seiner Mine, im Bau.

---

1. **als habest du dich...** : le subj. II **als hättest** serait plus attendu et plus classique ici, pour exprimer l'irréel.

2. **ich verstehe dich immer weniger...** : même allusion dans le récit *Une histoire d'amour* sur la non-compréhension de l'autre : « ...ils acceptaient difficilement d'entamer l'image que chacun avait de lui-même et de l'autre » (in *Abdication*, p. 243).

3. **schwindeln** : la construction impersonnelle est de rigueur avec l'acc. Cf. l'adj. **schwindelig**, *sujet au vertige.* Autre sens, *faire le charlatan, bluffer,* cf. l'adj. **schwindel-haft**, *trompeur, tape-à-l'œil*

«Réfléchis à ce que tu vas dire! Nous nous connaissons depuis si longtemps, et pourtant il me semble à présent que tu ne t'es jamais beaucoup soucié de moi.

— Je te comprends de moins en moins.»

Il porta la main de Melanie à ses lèvres.

«Puis-je m'en aller maintenant?»

Elle le lâcha brusquement.

«Oui», dit-elle sur un ton tel qu'il détourna les yeux.

Quand il se réveilla le matin, elle était partie. Une lettre était là.

«Tu ne m'aimes plus, je te libère de moi. Je pars avec un homme que je n'aime pas, mais qui m'épouse.»

Il se retint à la table, pris d'un violent vertige. Néanmoins il fit son travail comme toujours. À midi, en rentrant chez lui, il tremblait de fièvre. Il n'en tint pas compte et fit une sortie à cheval. La fièvre le prenait, s'arrêtait, revenait: il dut céder. Il finit par renoncer à manger, resta dans sa chambre volets clos.

Des camarades l'en tirèrent; l'un d'eux, un Français qui habitait New York l'y emmena, le divertit et le poussa dans les affaires. Deux mois plus tard, Christoph partait dans l'Ouest pour acheter une mine de cuivre. Pendant longtemps elle avait été à peine exploitée; les coûts élevés du transport par chemin de fer appartenant au Gould Trust y avaient fait obstacle; mais une seconde ligne indépendante était en construction tout près de sa mine.

---

4. **gleich-wohl**: adv. *toutefois, cependant* = **jedoch**, syn. **trotzdem**. À distinguer de la conj. de subord. *bien que, quoique*: **obgleich, obwohl**.

5. **aus/beuten**: au sens concret ici, mais aussi économique, cf. le subst. **die Ausbeutung**, *l'exploitation*, **die Ausbeute**, *le bénéfice, le rendement*. **Die Beute**, *le butin* mais aussi par anal. *proie*, et fig. *la victime*.

Nach einem Jahr blieb der Bau plötzlich[1] liegen: die
Gesellschaft hatte sich mit Gould verständigt. Christoph
verkaufte mit Verlust und kehrte nach New York
zurück.

» Ich habe es satt«, sagte er zu seinem Freund, » ich
gehe wieder hinüber[2]. Vier Wochen, um alles abzu-
schließen. «

» Du wohnst solange bei mir«, sagte der Freund, » und
du arbeitest auf meinem Büro. «

Eines Tages empfing er Christoph:

» Eine Frau hat nach dir gefragt: schlank, dreißig
Jahre, kupferrotes Haar... Ah! Ich wußte es«, sagte er, da
Christoph erbleichte.

Der Freund begann wieder, mit halber Stimme:

» Sie hat dir viel Leid zugefügt[3]? «

Christoph zuckte die Achseln.

» Es ist wahr, daß ich ihretwegen[4] herübergekommen
bin, und es war umsonst. Meine zweihundert Baustellen in
Springtown, die ich damals verkaufte, würden mich schon
heute zum Millionär machen. Ich bin enterbt, meine
Gesundheit hat gelitten, ich habe meine Jugend verbraucht[5]. «

» Das alles aber«, sagte der Franzose, » ist nichts,
verglichen mit dem, was sie dir in diesem Augenblick
antut, da sie wieder erscheint. «

Er trat, die Arme verschränkt, vor Christoph hin.

» Ich bin dein Freund, und ich sage dir: Wenn du sie
noch ansiehst, lieber schlag ich dich tot. «

» Sei unbesorgt«, und Christoph sah vom Schreibtish
auf. » Sie ist gegangen, das konnte sie. Zurückzukehren
steht nicht in ihrer Macht. «

---

1. **plötzlich**: il y a toujours des retournements théâtraux et brusques
dans les écrits de H. Mann. Thomas Mann remarquait lui-même à quel
point les nouvelles de son frère étaient d'essence dramatique : « On
pourrait jouer toutes ses nouvelles », in *Questions et réponses*, Thomas
Mann, éd. Belfond, p. 34.

Au bout d'un an, la construction cessa brusquement : la compagnie s'était entendue avec Gould. Christoph vendit à perte et retourna à New York.

« J'en ai assez », dit-il à son ami. « Je repars de l'autre côté. Quatre semaines pour tout régler.

— D'ici là, tu habites chez moi », dit l'ami, « et tu travailles dans mon bureau ».

Un jour il fit venir Christoph.

« Une femme t'a demandé : mince, la trentaine, les cheveux roux cuivré... Ah ! Je le savais », dit-il, comme Christoph blêmissait.

L'ami reprit à mi-voix :

« Elle t'a fait beaucoup de mal ? »

Christoph haussa les épaules.

« Il est vrai que c'est à cause d'elle que je suis venu par ici, et tout ça pour rien. Mes deux cents terrains à bâtir de Springtown que j'ai vendus à ce moment-là me rendraient déjà millionnaire aujourd'hui. Je suis déshérité, ma santé en a pâti, j'ai gâché ma jeunesse.

— Mais tout cela n'est rien, dit le Français, comparé à ce qu'elle te fait en cet instant où elle réapparaît. »

Il se planta, les bras croisés, devant Christoph.

« Je suis ton ami et je te le garantis : si tu la revois encore, j'aime mieux t'assommer.

— Ne t'inquiète pas », dit Christoph en relevant les yeux, jusque-là fixés sur le bureau. « Elle est partie, elle le pouvait. Mais revenir n'est pas en son pouvoir. »

---

2. *hin-über* : adv. et partic. sépar. ; sens particulier, **hinüber sein**, *être mort*.

3. **zu/fügen** : v. *infliger*. **jm Böses zufügen**, *faire du mal à qqn*. À distinguer de **hinzu/fügen** qui signifie *ajouter* (p. 230, n. 1).

4. *ihret-wegen* : loc. figée (pour le féminin ou le plur.) syn. **ihret-halben**, et au masculin, **seinet-wegen**, **seinet-halben**.

5. **...meine Jugend verbraucht** : dans la thématique de H. Mann, la relation amoureuse se solde souvent par un échec, après avoir mêlé frayeur, rage et désir. — **verbrauchen** : sens courant, *consommer*.

Wie er am Tage darauf drunten aus dem Lift trat, stand sie da. Sie fiel sogleich nieder[1].

» Nimm mich zurück ! «

» Wenn du nicht aufstehst —«, und er wollte an ihr vorbei.

Aber sie umklammerte seine Füße, sie küßte sie.

» Verzeih ! Nimm mich zurück ! «

Er zerrte sie in die Höhe.

» Ich habe es nicht ausgehalten bei jenem[2]. Ich liebe dich, immer werde ich dich lieben. «

Da er abwehrte :

» Du willst mich von dir stoßen ? Du ? « — die Hände gerungen. » Aber du begreifst doch, daß ich nicht wußte, was ich tat. «

» Du hättest es wissen sollen «, sagte er. Sie zog den Schleier von den Augen und sah ihn an[3].

» Jener hat mir sein halbes Vermögen verschrieben für den Fall, daß ich fort will. Ich lasse mich scheiden, das Geld ist dein. «

Da sah er auf einmal, daß sie eine andere war : sah die Erfahrungen in ihrer Miene[4], das Abenteurerleben hinter ihr. Er spürte brennendes Mitleid[5] — und eine Lockung, die ihm das Blut in die Stirn trieb. Sie schrie auf, sie griff nach ihm.

» Ah ! Du liebst mich noch[6] ! «

Er riß sich los, und er floh.

» Ich habe gezeigt, daß ich stark bin «, sagte er zu seinem Freunde.

---

1. **sie fiel sogleich nieder** : rappel de leur première rencontre, où il la voit affaissée et la relève (p. 216). Côté toujours très théâtral.

2. **jener** : adj. ou adv. démonstr. Cf. **dieses und jenes**, *ceci et cela*, **zu jener Zeit**, *en ce temps-là*. Melanie ne nommera pas l'autre explicitement, cf. un peu plus bas : « **jener hat mir sein halbes Vermögen...** »

3. **und sah ihn an...** : prépondérance du regard, de l'un à l'autre : C'est en fermant les yeux qu'il avait décidé que leur amour serait pour

Le lendemain, comme il sortait de l'ascenseur, elle se tenait là. Aussitôt elle tomba à ses genoux.

« Reprends-moi !

— Si tu ne te relèves pas... », et il voulut passer outre.

Mais elle se cramponna à ses pieds qu'elle baisa.

« Pardonne-moi ! Reprends-moi ! »

Il la remit debout.

« Je n'ai pas tenu le coup, avec l'autre. Je t'aime. Je t'aimerai toujours. »

Comme il se défendait :

« Tu veux me rejeter loin de toi ? Tu ferais ça ? »... en se tordant les mains. « Mais tu comprends pourtant que je ne savais pas ce que je faisais.

— Ça, tu aurais dû le savoir », dit-il. Elle releva la voilette qui couvrait ses yeux et le regarda.

« L'autre m'a garanti par écrit la moitié de sa fortune, au cas où je voudrais partir. Je divorce, l'argent est à toi. »

Alors il vit tout à coup qu'elle était une autre : il lut dans son expression tout ce qu'elle avait vécu, la vie aventureuse qu'elle avait traversée. Il éprouva une brûlante compassion... et une attirance qui lui fit bourdonner les tempes. Elle jeta un cri, tendit les bras vers lui :

« Ah ! Tu m'aimes encore ! »

Il s'arracha, et il s'enfuit.

« J'ai montré que je suis fort », dit-il à son ami.

---

la vie (p. 222), et elle l'avait *toisé du regard* : **sie maß ihn** (p. 220). Voir aussi les pp. 244-246.

4. **sah... in ihrer Miene...** : cf. p. 246 où il la voit « épuisée par la maladie et la passion ».

5. **brennendes Mitleid** : vocabulaire « sentimental » un peu convenu, avec *le feu, le sang*, p. 246 **die Flamme...**

6. **ah : Du liebst mich noch** : le grotesque du mélodrame apparent va culminer dans cette fin caricaturée ; elle est partie et elle est revenue, il s'enfuit et il la recherchera encore.

» Da nun mein Platz auf dem Schiff belegt[1] ist : wir waren sieben Jahre zusammen, hilf sie mir suchen, ich muß Abschied von ihr nehmen. «

Nach tausend vergeblichen Schritten erfuhren sie die Straße. Christoph durchsuchte sie, Haus für Haus, Treppe für Treppe. In ihrer Wohnung sagte man ihm, sie liege seit drei Wochen im französischen Hospital[2].

Sie lächelte ihm aus dem Bett gütig entgegen.

» Ich bin nicht mehr sehr krank... Du reist ? Schon heute ? «

» Um sechs Uhr «, sagte er. Sie schien nicht zu hören, ihre Augen forschten in seinen. Leise und dringend :

» Du hast sehr gelitten, als ich fort war ? «

Er zögerte.

» Ich bin damit fertig geworden. Dafür bin ich ein Mann[3]. Vielleicht hast du es noch schwerer. Darum eben komme ich. «

» Du reist. So soll es denn aus sein[4]. «

Sie sprach mit starrem Blick vor sich hin.

» Sieben Jahre. Vielleicht wirst du doch einmal denken, daß es die besten waren. «

» Das denke ich schon jetzt «, sagte er und gab ihr die Hand. Sie nahm sie beide.

» Denn wir haben uns sehr geliebt... Wirklich ? Du verläßt mich ganz ? «

---

1. **belegen :** v. *mettre, placer qqch.* Nombreux sens, par ex. **eine Vorlesung belegen**, *prendre une inscription*, **durch Buchstellen belegen**, *donner des citations de livres.* Le part. passé, adj., **eine belegte Stimme**, *une voix voilée.*

2. **Hospital :** intervention du dernier ingrédient mélodramatique, la maladie. Mais c'est manifestement pour renvoyer ces éléments à leur propre imposture et les faire imploser dans cette fin sans cesse reportée.

3. **dafür bin ich ein Mann :** encore un poncif qui relaye l'ensemble. On remarque dans chaque phrase de cette réponse les mots **damit, dafür** et **darum** qui n'expliquent pourtant rien et restent pures allusions.

« D'ailleurs, ma place est déjà retenue sur le bateau... mais nous avons été sept ans ensemble, aide-moi à la chercher, il faut que je lui dise adieu. »

Après mille démarches vaines ils découvrirent sa rue. Christoph l'inspecta maison par maison, escalier par escalier. Là où elle habitait, on lui dit qu'elle était depuis trois semaines à l'hôpital français.

De son lit, elle lui fit un gentil sourire.

« Je ne suis plus très malade... Tu pars ? Dès aujourd'hui ?

— À six heures », dit-il. Elle ne parut pas entendre ; ses yeux questionnaient les siens. Tout doucement, de manière pressante :

« Tu as beaucoup souffert quand je suis partie ? »

Il hésita :

« J'en suis venu à bout. En revanche, je suis un homme. C'est peut-être encore plus difficile pour toi. C'est justement pour ça que je suis venu.

— Tu pars. Ainsi donc, c'est fini. »

Elle parlait, le regard figé droit devant elle.

« Sept années... Peut-être penseras-tu pourtant un jour que ce furent les meilleures.

— Je le pense dès à présent », dit-il et il lui donna la main. Elle lui prit les deux.

« Car nous nous sommes beaucoup aimés... Vraiment ?... Tu me quittes tout à fait ? »

----

4. **so soll es denn aus sein** : toujours le ton mélodramatique lourd et ampoulé, qui renvoie ici à une certaine fatalité **(sollen)**.

Plötzlich öffnete die Angst ihr weit die Augen, ihre Stimme flog[1].

» Du kannst nicht bleiben? Du kannst nicht vergessen? «

» Ich würde es dir später vorwerfen. Ich will dich als eine Entwürdigte[2] nicht wiederhaben. Dafür habe ich die noch immer zu lieb, die du warst. «

» Wie hart du bist«, murmelte sie, und ihre Züge sanken ein.

Er sah sie auf einmal tief ermüdet von Krankheit und Leidenschaft. Er dachte: 'Wenn ich sie behielte: in zehn Jahren wäre ich noch jung, und ich hätte eine alte Frau... Auf was für Gedanken ich komme!' — und er wandte sich ab und beugte das Gesicht in die Hände[3].

Sie begann wieder:

» Einen Augenblick des Vergessens nach so vielen Jahren der Gemeinschaft: und du verurteilst mich! «

Sie erhob die Stimme. Eine Flamme der Feindschaft trat in ihren Blick.

» Aber du hast mich immer nur aus Stolz geliebt, aus Trotz gegen deinen Vater und die Welt, aus Eigenliebe. «

Sie arbeitete sich empor[4]. Die Hand in die Brust gekrallt:

» Was bin ich dir. Ich hasse dich! «

» Und du? « sagte er, bleich. » Ich könnte dir sagen, daß du nur so lange zu mir gehalten hast, als wir verfolgt wurden und ich dir Opfer zu bringen hatte. «

---

1. **ihre Stimme flog**: sens partic. ici de **fliegen (o, o)**, qui signifie en général *voler*, cf. **das Flug-zeug**, *l'avion*.

2. **eine Entwürdigte**: la relation amoureuse n'est jamais exempte chez H. Mann d'un sentiment d'horreur et de dégoût. Dans *Jeux amoureux*, le héros s'avoue qu'il aime ces femmes qui « lui faisaient entrevoir, derrière la diète de sa vie confortablement bourgeoise, d'horribles monstruosités perverses » (p. 128, in *Abdication*).

Soudain l'angoisse lui élargit les yeux et fit trembler sa voix.

« Tu ne peux pas rester ? Tu ne peux pas oublier ?

— Je te le reprocherais plus tard. Je ne veux pas te reprendre déshonorée. Pour cela, j'aime encore trop celle que tu étais.

— Comme tu es dur », murmura-t-elle, et ses traits s'affaissèrent.

Il la vit tout à coup profondément épuisée par la maladie et la passion. Il pensa : « Si je la gardais, dans dix ans je serais encore jeune et j'aurais une femme vieille... Il me vient de ces idées ! » — et il se détourna, cachant son visage dans ses mains.

Elle reprit :

« Un instant d'aberration, après tant d'années de vie commune, et tu me condamnes ! »

Elle éleva la voix, et une flamme hostile brillait dans son regard.

« Mais tu ne m'as jamais aimée que par orgueil, par défi contre ton père et le monde, par égoïsme. »

Elle s'efforçait de se redresser. Et, lui agrippant la poitrine :

« Que suis-je pour toi ? Je te hais !

— Et toi ? », dit-il, blême. « Je pourrais te dire que tu n'as tenu le coup avec moi qu'au temps où nous étions persécutés et que je faisais pour toi des sacrifices. »

---

3. **er beugte das Gesicht...** : geste caractéristique de Christoph qui cherche à échapper à toute emprise qui passerait par le regard de cette femme.

4. **Sich empor/arbeiten** : la partic. sép. **empor**, *vers le haut*, cf. **empor/blicken**, *regarder en l'air*, **empor/kommen**, *s'élever*, **empor/schnellen**, *monter en flèche...* ; le v. **arbeiten** ici signale l'effort physique accompli.

Sie schrie auf.

» Nein! Nein!«

Und plötzlich leise, zusammengesunken:

» Wirklich? Ist es so? Wer sind wir denn, und welchen Feind tragen wir im Herzen[1]?«

Aber sie umklammerte seine Arme.

» Ich will nicht! Ich will nicht untergehen! Du wirst mich nicht verlassen — da ich dir doch sage, daß ich dein bin[2]. Hörst du? Ich stehe auf, ich bin gesund, wir gehen fort, ich arbeite mit dir, ich bin deine Frau!«

Da er sie ins Bett zurückdrängte:

» Ach, nicht? Deine Magd also, deine Magd. Reise und nimm mich mit, im Zwischendeck!«

Er drückte sie auf das Kissen, und er strich ihr leise über das Haar. Sie betastete ihre Lider[3].

» Verzeih!« sagte sie. » Ich weiß wohl, daß du recht hast. Wenn du mich zurücknähmest, du wärest ein Gott. Jetzt aber liebe ich dich, denn du bist ein Mann. Ich liebe dich, ich liebe dich!«

Sie verschränkte die Hände um seinen Nacken und hob sich langsam an ihm empor. So blickte er wieder ganz nahe in dies Gesicht[4], in das er länger[5] geblickt hatte als in alle anderen Menschengesichter. Diese Lippen, denen er sich auf den Kopfkissen aller Länder anvertraut hatte, atmeten wieder in seine. Alles, was er sein Leben lang schön genannt hatte, kehrte zurück unter seinem Kuß.

---

1. **welchen Feind... im Herzen**: phrase importante qui justifie le titre du récit. Le thème de l'agressivité dans les liens affectifs est très présent dans toute cette fin du récit, cf. p. 246 **eine Flamme der Feindschaft** et **Ich hasse dich**!

2. **daß ich dein bin**: cette formule rituelle dans *Une histoire d'amour* rappelle Christoph disant, le premier matin, **Meine Melanie** (p. 220).

3. **sie betastete ihre Lider**: au sens concret et physique, elle touche ses yeux qui ne lui donnent pas la possibilité de retenir ceux de l'autre.

Elle eut un cri.

« Non, non ! »

Et soudain, à voix basse, effondrée :

« Réellement ? Est-ce ainsi ? Qui sommes-nous donc et quel ennemi portons-nous dans le cœur ? »

Mais elle s'accrochait à ses bras, convulsivement.

« Je ne veux pas ! Je ne veux pas sombrer ! Tu ne me quitteras pas... puisque je te dis que je suis tienne. Entends-tu ? Je me lève. Je suis guéric, nous partons, je travaille avec toi. Je suis ta femme ! »

Comme il la repoussait dans le lit :

« Ah ! Non ? Ta servante alors, ta servante. Pars et emmène-moi dans l'entrepont ! »

Il la maintenait sur son oreiller, et il lui caressait doucement les cheveux. Elle-même se passait la main sur les paupières.

« Pardonne ! », dit-elle. « Je sais bien que tu as raison. Si tu me reprenais, tu serais un dieu. Mais maintenant je t'aime, car tu es un homme. Je t'aime, je t'aime ! »

Elle le prit par la nuque et se haussa lentement jusqu'à lui. De la sorte il regarda de nouveau ce visage, tout près, ce visage qu'il avait regardé plus longtemps que tout autre. Ces lèvres auxquelles il s'était confié sur les oreillers de tous les pays respiraient contre les siennes. Tout ce qu'au long de sa vie il avait nommé beau revint sous son baiser.

---

4. **dies Gesicht** : le visage offre une révélation possible, cf. *Jeux amoureux* : « ... et tout en frémissant, il se mit à fixer (ce visage), comme on fixe un champ de cadavres, avec l'idée qu'à présent, son tour était venu », in *Abdication*, p. 127.

5. **länger... als in alle anderen Menschengesichter** : pareille allusion « au reste du monde », appuyée par « aller Länder » apporte la note pathétique qui convient bien ici...

Das Wesen, das seine Seele, seine Jugend, das Beste seiner Kraft empfangen hatte, es schlang noch einmal[1] zehrend[2] um ihn die Arme... Ihre Lippen stießen aufeinander. Er sank nieder zu ihr, mit dem Gesicht an ihres.

» Christ ! «

» Lani[3] ! «

Und sie weinten. Durch Schleier von Tränen sagten sie einander Liebesworte von einst, Erinnerungen ferner Stunden; und sie flüsterten leise, leise, als hätten diese Dinge keine laute Stimme mehr.

Eine Uhr schlug; er richtete sich auf.

» Leb wohl[4] ! «

Sie sah ihn an, wieder voll Angst.

» Ich kann nicht. Nie werde ich diese Liebe verwinden[5]. «

» Doch «, sagte er, » und du wirst wieder glücklich werden. Man wird dich lieben. Wir leben weiter. «

» Ich will unglücklich bleiben. Wozu leben wir weiter. Ich habe doch eine Seele. Mein Gott ! «

Von der Tür her sah er zurück: sie schluchzte abgewandt. Er tat einen raschen Schritt ins Zimmer, er öffnete den Mund. Aber er schüttelte, die Lider geschlossen, den Kopf, kehrte um und ging hinaus, wie im Traum[6].

---

1. **noch einmal**: la juxtaposition est révélatrice, **noch einmal** renvoyant à la nostalgie des moments heureux, mirage qui pourrait resurgir.

2. **zehrend**: cf. le v. **verzehren**, *dévorer, consumer* (le feu). Ce participe présent rappelle la volonté de puissance exercée par elle sur lui, le désir de le posséder, qu'il refuse désormais. D'où l'expression ensuite **Ihre Lippen stießen aufeinander**, ce verbe signifiant au sens propre *se heurter, se cogner*.

3. » **Christ — Lani** « : il s'agit bien sûr des diminutifs de leurs deux prénoms.

4. » **Leb wohl** « = littéralement *vis bien, porte-toi bien !* — cf. le subst. **das Lebewohl**, syn. **der Abschied**.

5. **verwinden** = plus courant est le syn. **überwinden (a, u)** au même sens fig. *dépasser, triompher de*.

L'être qui avait accueilli son âme, sa jeunesse, le meilleur de sa force, cet être l'enlaçait encore une fois de ses bras voraces... Leurs lèvres s'affrontèrent. Il se laissa glisser vers elle, le visage contre le sien.

« Christ !

— Lani ! »

Et ils pleurèrent. À travers des voiles de larmes ils se dirent les mots d'amour de jadis, souvenirs d'heures lointaines, et ils parlaient à voix basse, tout bas, comme si ces choses ne pouvaient plus se dire qu'en sourdine.

Une horloge sonna ; il se redressa.

« Adieu ! »

Elle le regarda, de nouveau envahie par l'angoisse.

« Je ne peux pas. Je ne surmonterai jamais cet amour.

— Si », dit-il, « et tu seras heureuse à nouveau. On t'aimera. Nous continuons à vivre.

— Je veux rester malheureuse. À quoi bon continuer à vivre. J'ai quand même une âme... Mon Dieu ! »

À la porte il la regarda encore une fois : elle sanglotait, le visage détourné. Il fit un pas rapide dans la chambre, ouvrit la bouche. Mais, paupières closes, il secoua la tête, se retourna, et sortit, comme dans un rêve.

---

6. **Traum** : cette fin ouverte sur le rêve est une clef pour ce récit : l'imposture de la réalité et le mensonge de l'amour ne trouvant en effet d'issue possible que dans un imaginaire, aussi fabriqué soit-il.

Repères biographiques

1871 - Naissance à Lübeck de Heinrich Mann, premier fils d'un négociant influent. Sa mère est d'origine brésilienne.

1875 - Naissance de Thomas Mann.

1877 - Le père est élu sénateur.

1885 - Premières tentatives littéraires, avec des nouvelles.

1891 - Il fait un stage auprès de l'éditeur Fischer à Berlin, après avoir arrêté son apprentissage en librairie.

1892 - Suit des cours de philosophie et de sciences humaines à l'université de Berlin. Problèmes de santé pulmonaires qui le mènent à Wiesbaden et à Lausanne.

1893-1898 - Premier voyage à Paris, et multiples séjours en Italie, au cours desquels s'affirme son goût pour le monde « latin ».

1894 - Roman, *In einer Familie*.

1895-1896 - Il édite un mensuel intitulé *Das zwanzigste Jahrhundert, Blätter für deutsche Art und Wohlfahrt (Le Vingtième Siècle, Cahiers pour l'âme et le salut public allemand)*.

1896-1898 - Séjour à Rome et en Palestine avec son frère Thomas.

1900 - Parution du roman *Im Schlaraffenland (Au pays de cocagne)*.

1905 - Parution de *Professor Unrat, oder das Ende eines Tyrans (Professeur Unrat ou la Fin d'un tyran)*.

Traduit *Les Liaisons dangereuses* de Choderlos de Laclos, et publie un essai *Eine Freundschaft : Flaubert und George Sand*.

1909 - Parution de *Die kleine Stadt (La Petite Ville)*, roman considéré par son frère Thomas comme le plus abouti de son œuvre.

1910-1913 - Ses drames sont joués sur scène : *Variété, Schauspielerin (L'Actrice)*, *Die grosse Liebe (Le Grand Amour)*.

1914 - Son roman *Der Untertan (Le Sujet)* paraît sous forme d'épisodes dans la revue *Zeit und Bild*, mais est interrompu par le début de la guerre.

1917 - L'ensemble de son œuvre paraît en 10 volumes chez Kurt Wolff.

1919 - Il fait un discours public après l'assassinat de Kurt Eisner et interviendra en démocrate, les années suivantes, dans les affaires de la République de Weimar.

1931 - Il est élu à la présidence de la section poésie, à l'Académie des Arts de Berlin.

1933 - Avec Käthe Kollwitz et Albert Einstein, il signe un appel pour le ralliement du KPD et du SPD contre le fascisme. Puis il est contraint de s'enfuir en France, d'où il écrira maints articles et appels contre le national-socialisme.

1936 - Il obtient la citoyenneté tchèque.

1938 - Exil aux États-Unis où il retrouve son frère Thomas qui l'y a précédé de deux ans. À partir de 1948 jusqu'à sa mort, il habitera Santa Monica.

1950 - Nomination à la première présidence de la nouvelle Académie des Arts à Berlin. Mais il meurt un peu avant la date de son départ pour Berlin (le 12 mars).

Indications bibliographiques

En allemand :

Œuvres complètes : 24 volumes, Aufbau Verlag, 1965.
Meistererzählungen (choix de récits, avec des dessins de G. Grosz), Diogenes Verlag, Zürich, 1973.

En français :

Le Roman d'Henri IV, traduit par Albert Kohn. 1. *La Jeunesse du roi,* 2. *Le Métier du roi,* 3. *Le Guerrier pacifique.* Ed. Gallimard, 1972.
Le Sujet de l'empereur, traduit par Paul Budry. Ed. Les Presses d'aujourd'hui, 1982.
Professeur Unrat, traduit par Charles Wolff, éd. Grasset et Fasquelle, 1983.
Liliane et Paul, traduit par A. Hella et O. Bournac. Ed. Actes Sud, 1989.
Abdication et autres nouvelles, traduit par Chantal Simonin. Ed. Actes Sud, 1989. Avec *En voyage, Le Lion, La Tentation du docteur Bieber, Jeux amoureux, L'Inconnu, Une héroïne, Les Traîtres, Une histoire d'amour.*

Ouvrages critiques

André Banule : *Heinrich Mann, le poète et la politique.* Ed. Klinsieck, Paris, 1967.
Karl Lemke : *Heinrich Mann,* Colloquium Verlag Berlin, 1970.
Hugo Dittberner : *Heinrich Mann, eine kritische Einführung in die Forschung.* Ed. Fischer, Athenäum Taschenbücher, 1974.
Rudolph Wolff : *Heinrich Mann, das Werk im Exil,* Bouvier Verlag Herbert Grundman, Bonn, 1985.
Heinz Ludwig Arnold : *Text und Kritik,* 1986.

Composition réalisée par COMPOFAC - PARIS

IMPRIMÉ EN FRANCE PAR BRODARD ET TAUPIN
Usine de La Flèche (Sarthe).
LIBRAIRIE GÉNÉRALE FRANÇAISE - 6, rue Pierre-Sarrazin - 75006 Paris.

ISBN : 2 - 253 - 05940 - 4 ✦ 30/8750/9